オーストラリア多文化社会論

移民・難民・先住民族との共生をめざして

関根政美
塩原良和
栗田梨津子
藤田智子

編著

法律文化社

■オーストラリア全図

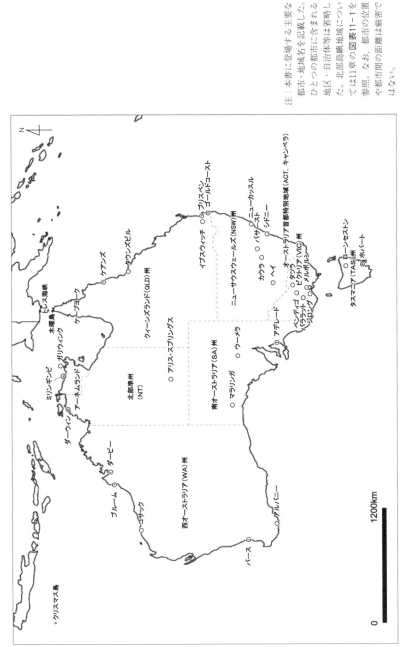

N

クリスマス島

木曜島
トレス海峡

ブルーム
コサック
パース
オルバニー

ダービー
ダーウィン
ミリンギンビ
ガリウィンク
アーネムランド

1200km

西オーストラリア（WA）州

北部準州
（NT）

南オーストラリア（SA）州

アリススプリングス

マラリンガ
ウーメラ

ポートオーガスタ
ポートピリー
ベンディゴ
（ブラッド
ポートリンカーン

アデレード

クイーンズランド（QLD）州

ケアンズ
タウンズビル

ブリスベン
イプスウィッチ
ゴールドコースト

ニューサウスウェールズ（NSW）州

カウラ
ヘイ

ニューカッスル
シドニー
オーストラリア首都特別地域（ACT、キャンベラ）

ビクトリア（VIC）州
メルボルン

タスマニア（TAS）州
ローンセストン
ホバート

注：本書に登場する主要な都市・地域名を記載した。ひとつの都市に含まれる地区・自治体等は省略した。北部蘭地域について11章の図表11-1を参照。なお、都市の位置や都市間の距離は厳密ではない。

はじめに

　オーストラリアの歴史は，多様な文化と言語をもっていたアボリジニの住む白人入植以前のブラック・オーストラリアの時代（約4万〜6万年前-1788年），英国系白人入植者を中心としたホワイト・オーストラリアの時代（1788年-1960年代），そして，第二次世界大戦後の世界中からの移民を受け入れるマルチカルチュラル・オーストラリアの時代（第二次世界大戦後-現在）の3つに分けられる。本書では第Ⅰ部でアボリジニの歴史と現在があつかわれている。第Ⅱ部ではホワイト・オーストラリア流刑植民地開拓から連邦形成，そしてホワイト・オーストラリア（白豪）からマルチカルチュラル・オーストラリアへの歴史的変化と現在があつかわれる。第Ⅲ部では，ホワイト・オーストラリア時代の日本人移民とマルチカルチュラル・オーストラリア時代の日本人移民を中心にして日豪関係もあつかわれている。以上から，移民国家オーストラリアはその歴史を通してずっと多文化社会であったことがわかるようになっている。

　では，オーストラリア多文化社会論の出版がなぜ必要なのか。その理由は，単にオーストラリアについて知りたいという，日本人の好奇心を満たすためなのかというとそうではない。大体オーストラリアに興味をもつ日本人は少ないだろうから，出版社だっていやだろう。では，なぜ出版するのかというと，日本が今後，急速に多文化社会化していくという現状を考えると，多文化社会オーストラリアについて一冊の本を出すことには十分な理由があるのではないかということになる。まず，日本のことから少し書く。

　現在の日本は，「少子高齢化」のおかげで「人口減社会」となっていることは，多くの日本人が承知しているはずである。では，毎年どのくらい減っているのかというと，意外と知らない人が多い。日本の人口は2008年ごろをピーク（約1億2800万人）にして現在減少中である。昨年（2018年）は，40万以上が減少している。減少し始めたころは年に15万から20万人ほどだったが，その後30万

以上となり，ついに昨年は40万人を超えたのである。2018（平成30）年末の日本人人口は１億2405万8000人で，前年同月に比べ43万8000人減少（0.35％減），となっている。2060年ごろには人口9000万人を割り込むと予測されているが，生まれてくる日本人は今では100万人を切り，亡くなる日本人は130万を超えているのだから，差し引き30万から40万が減少分となる。

　しかし，新聞には人口減少は30万人超と書かれていることが多い。実は日本人の人口減少に対して，外国人人口は年々増えており，その増え幅も拡大しているのである。最近では毎年10万から20万人増となっている。日本人人口は減っているが，外国人人口は増加しているので，人口減の数字は多少小さくみえることになる。なお，2019年４月より新在留資格が追加され外国人労働者受け入れが拡大する。この傾向が続けば当然，外国人人口が増え日本は名実ともに「多文化社会」となり，多文化共生が重要な課題となる。このような変化は，2019年９月から11月に日本で開催された「ラグビーＷ杯2019」で活躍した日本代表メンバー31名のうち15名が海外出身（うち８名は日本国籍取得者）であったということにも反映されている。そうなると，多文化共生を実践しているどこかほかの国の理念・政策・経験・社会的影響などをみて見習うべきことや課題についての熟考が必要になる。その検討・みならうべき対象として，多文化主義カナダやオーストラリア，そして米国，ニュージーランドがまず念頭に浮かぶ。このためオーストラリア研究者の中で，多文化社会オーストラリア関連のテーマをもつ研究者が集って，作ったのが本書である。

　日本にはオーストラリア研究者の集まりであるオーストラリア学会があり，毎年２日間にわたり全国大会を開き，ゲストスピーカーを海外より（主にオーストラリアからだけど）招聘し講演してもらった後，オーストラリア関連の時々の話題を中心にシンポジウムを開くと同時に，会員による２日目の午前を中心に自由報告セッションを多数設けている。２日目の午後に２回目のシンポジウムを開催することもある。報告やシンポジウムのテーマは多様で，オーストラリアの経済・産業・労働・政治・外交・軍事・法律・社会・文化（文学・映画）・歴史などが網羅されている。しかし，筆者の印象によると，かつて，日豪経済関係が大きく展開することを受け（1970年代），経済・日豪関係研究者が

増え（1980年代），そして学会が立ち上げられた（1989年）のだけれど，皮肉なことにそのころには経済・産業・労働問題があつかわれる報告はむしろ少なくなり，代わりに，オーストラリアの移民・難民・多文化主義・先住民問題などの社会問題の報告が増え始めたのである。

このような現象が起きたのは，まずオーストラリアでの変化に関連する。1970年代に白豪主義が終焉して非差別的移民・難民政策（移民に対するポイント・テスト）が実施されると同時に，多文化主義政策が1980年ごろより本格化したということがあった。そして，ほぼ同じころに日本でも，人口減対策として外国人労働力の導入をめぐり，日本の労働市場の開国と鎖国をめぐる議論が大きくなり始めたころには，イランやパキスタンなど南アジアから観光ビザで入国した人々の一部が不法就労している，あるいは，非合法ドラック密売人として暗躍しているという報道すら生じていて，社会問題になっていた。ちょうど学会が立ち上がったころに，日本政府が出入国管理及び難民認定法を修正して，日系労働者の受け入れと，限られた職に対してではあったが，短期滞在外国人労働者，そして技能実習生を受け入れることにしたのである。

両国のこうした変化は，欧米先進諸国の間でも生じていたことでもあり，本格的な国際移民の時代になったことを意味する。グローバルに展開するこの変化の下で，日本でも多文化共生が課題となり，オーストラリアの多文化主義とその下での移民・難民政策の変化や，多文化主義の下での移民・難民系国民を含むオーストラリア国民の生活・文化がどのように変容したのか関心をもつ若手研究者が増えたのである。なかにはテーマを変更したベテラン研究者さえいた。このような動きは，筆者が関係した日本の国際政治学会・政治学会・社会学会等でも生じていた。急に欧米諸国の移民・難民・少数民族問題の研究報告が増えたのである。筆者も若いころは，さまざまな学界から招聘されオーストラリア多文化主義について報告したものだ。

実は，オーストラリア多文化社会論の出版は，前世紀からの課題であった。しかし，オーストラリア入門の書物さえきちんと揃っていない時代でもあり（当時は関根政美・竹田いさみほか『概説オーストラリア史』有斐閣，1988年が出版されていたのみであった），学会関係者はオーストラリア入門を先に出版すること

になった。それは，竹田いさみ・森健編『オーストラリア入門』である。初版は1998年に，第2版（森健・永野隆行・竹田いさみ編）は2007年に東京大学出版会より刊行されている。そこで，次は多文化社会論ということになるわけだが，なかなかその機会がなかったが，今回は法律文化社の方からのお誘いもあったので，「やっちゃいましょう!!」ということになった。ただ，その前に，早稲田大学オーストラリア研究所編『オーストラリア研究——多文化社会日本への提言』がオセアニア出版社より2009年8月に刊行されており，先を越されたのだけれども，内容に多少重複があるとしても，類書は何冊あってもよいということを考えると，「やるっきゃない!!」ということになる（なお，早稲田大学オーストラリア研究所によるものとして本書と関係するものに『オーストラリアのマイノリティ研究』オセアニア出版社，2005年，『世界の中のオーストラリア——社会と文化のグローバリゼーション』オセアニア出版社，2012年があるので参照）。

さらに気になることについて一言。最近先進諸国では非ヨーロッパ系移民・難民の増加と定住が進み，移民・難民の増加に不安を感じる国民の支持を受けたポピュリズム政党やポピュリスト大統領の台頭が進み，多文化「凶生」がさらに拡大するのではないかとの懸念が生じ政治不安が拡大している。特にムスリム系移民・難民の増加は「イスラム嫌い（嫌悪）」を生み出している。この動きはオーストラリアにも及んでいる。多文化主義のお陰でその勢力・影響力は大きくないが，多文化主義国家でもポピュリズムや白人至上主義が台頭することは大いに気になるところである。

最後に，本書作成にあたり3人の若手・中堅の編者諸君（栗田梨津子，藤田智子，塩原良和）や執筆者の皆様の献身的な仕事振りに加え，法律文化社の舟木和久氏の適切で寛容なる指摘や助言があってはじめて完成したものである。本書により日本でも十分な対応がとれるようになるとよいと思う。

　　　2019年9月

　　　　　　　　　　　執筆者を代表して　関根　政美

目　次

Key Word

┃ 多文化社会オーストラリアを
読み解くために

Introduction

　オーストラリアは「多文化社会」と呼ばれ，「外国」生まれ，そして「移民」の第二世代も多い。一方，先住民からみれば，18世紀後半以降に入植してきたヨーロッパ人も含めて非先住民はすべて「移民」ととらえることも可能であろうが，先住民はそれらの入植者とは形質的にも文化的にも異なっていたため，殺戮され，差別を受けてきた。いかに先住民と「和解」し，先住民と非先住民との社会的・経済的格差を縮小していけるのか，どのように移民や難民を受け入れ，オーストラリア社会に包摂していくのか，そして，そのような多文化間の共生をいかに実現していけるのかは，多文化社会オーストラリアにとって非常に重要な課題となっている。

　一方，以下でも述べるように，日本においても社会の多文化化が進んでいる。「多文化共生」は日本においても喫緊の課題である。オーストラリアの経験はさまざまなかたちで日本に示唆を与えるだろう。

　本書は，特に人種・民族・エスニシティの視点から多文化社会オーストラリアの歴史や現状，そして日本との関係について概説するものである。具体的には，「多文化社会オーストラリアと先住民族」（第Ⅰ部），「多文化社会オーストラリアと移民・難民」（第Ⅱ部），そして「多文化社会オーストラリアと日本」（第Ⅲ部）の3部で構成される。主にはオーストラリアについて学ぶ大学の学部生を対象とするが，日本で多文化共生の問題に取り組む人，さらには他の地域をフィールドとしつつも先住民や移民・難民の問題をあつかう研究者などにも読んでもらいたい。

　本章では，本格的な議論に入る前に，多文化社会オーストラリアの現状を確認する。その上で，本書の趣旨，構成，そして読み方について説明し，最後に本書で用いる用語，特に先住民に関する語彙についてその注意点等を記す。

1　多文化社会オーストラリアの現状

　本節では，主に統計データ，特に国勢調査などの政府統計を利用して，オーストラリア多文化社会の現状を確認していく。なお，政府統計に関しては，国

家／政府の政治的意図が介入する可能性が高いため，使用には慎重さが必要であるが，ここではオーストラリア社会の概況をマクロな視点でつかむため，便宜的に使用する。

「最初のオーストラリア人（First Australians）」である先住民は，大陸先住のアボリジニと，パプア・ニューギニアとオーストラリア北東部の間にある海峡に点在する諸島住民であるトレス海峡諸島民に大別できる。白人による入植の時点で，アボリジニは600以上の地域集団に分かれ，主に狩猟採集による生活を営んでいた。しかし，入植が進むにつれ，先住民の土地ははく奪され，独自の社会体系も破壊された。急激な近代化の波にさらされた先住民は，新しい環境に柔軟に適応していたが，次第に先住民政策の影響を強く受けるようになり，政治的に抑圧され，経済的に搾取されるようになった（⇨第1章を参照）。その結果，先住民の子孫の多くは，貧困や差別にさらされ，主流社会において「社会問題」とみなされるようになったのである。

一方で，1980年代後半以降，オーストラリアが建国200周年を前に，ナショナル・アイデンティティを模索する中で，先住民の文化が国民的遺産として賞賛されると，先住民はオーストラリアの独自性を主張する要素として位置づけられる。国家における先住民の文化に対する注目が高まると，先住民の側でもアボリジニ・アートの制作や観光産業などを通して，多文化社会における先住民としての差異の承認を求める動きがみられた（⇨第5章を参照）。しかし，このようにオーストラリア社会における先住民の存在感が高まった現在においても，先住民の大半が，教育レベルの低さ，失業率の高さ，社会福祉への「依存」の問題に直面している。以下では，現在のオーストラリア社会で先住民がおかれた状況について，非先住民との比較で概観する。

2016年の国勢調査によると，オーストラリアの先住民人口は約79万8400人で，全人口約2400万人の3.3％を占めている（ABS 2018a）。先住民人口は2011年時点よりも19％増加しているが（ABS 2018a），それは自然増によってのみ説明できるものではなく，先述のオーストラリア国内での先住民文化に対する評価の高まりや，国際社会における先住民の権利を求める運動の高揚などにより（⇨第4章を参照），以前よりも先住民として自己同定する人の数が増えたこと

が主な要因として考えられる。

　先住民の人口構成は，非先住民と比べて若年層の割合が高い。2016年6月末時点の先住民の中央年齢は23.0歳であり，非先住民の中央年齢（37.8歳）に比べて大幅に低いが，これは先住民の出生率と死亡率の相対的な高さによるものである（ABS 2018a）。たとえば，2014年の時点で先住民の死亡率は人口10万人当たり約1000人であり，非先住民の死亡率（人口10万人当たり約600人）に比べて若干高い（AIATSIS 2018）。さらに，同時期における先住民と非先住民の死亡率の比率を年齢別にみると，先住民男性の場合，40歳から44歳，45歳から49歳の年齢層が，先住民女性の場合は，30歳から34歳，35歳から39歳の年齢層が，それぞれ同じ年齢層の非先住民の男性，女性の約4倍であり，すべての年齢層の中で最も高い（ABS 2018b）。このことから，非先住民と比較して，より若い年齢層における死亡が高いことが先住民の中央年齢の低さの一因であることが考えられる。

　先住民の死亡率の高さに関連して，先住民と非先住民の間の平均寿命（life expectancy）の差もいまだに大きい。2013年から2015年の先住民の平均寿命は，男性が54.9歳，女性が61.5歳であり，これは2003年から2005年の男性50.9歳，女性58.4歳と比較して上昇しているが，同じ時期の非先住民の平均寿命が81.9歳であったことを考えると，格差は大きくは改善されていない。このような先住民の平均寿命の低さ，ひいては健康状態の悪さは，医学的観点のみから説明できず，教育レベルの低さ，失業率の高さ，収入レベルの低さ等の社会経済的要因や，植民地化とそれに伴う土地のはく奪，人種差別等の歴史的要因が複雑に絡み合っているといえる（AIATSIS 2018）。

　先住民がおかれた経済的状況について，現在，先住民の中には専門職に就き，経済的に成功をおさめている人々も一部存在するが，大多数の人々の経済的地位は，非先住民と比べると依然として低い。たとえば，2016年の時点で，15歳以上の先住民の失業率は18％であり，これは同年の非先住民の失業率の約3倍にあたる。失業率の高さは収入の低さに直結する。2014年から2015年にかけて，15歳以上の先住民における1週間当たりの平均世帯所得は556ドルであり，それは非先住民の831ドルよりも低かった（AIATSIS 2018）。また，先住民

の所得は居住地によっても異なる。2016年の時点で，オーストラリア北部，中央部をはじめとする遠隔地域には先住民の約20％が居住し，南東部をはじめとする主要都市と地方町を含む都市部で生活する先住民は約80％を占めるが（ABS 2018a），遠隔地で生活する先住民の平均世帯所得が1週間当たり400ドルであったのに対し，主要都市に居住する先住民の場合は671ドルであった（Australian Institute of Health and Welfare 2017）。この背景には，主要都市に比べ，遠隔地における雇用機会が依然として限られていることなどが考えられる。

　このような経済的状況を反映し，先住民は失業手当等の政府からの福祉給付金を受給する人の割合が相対的に高い。2014年から2015年にかけて，主な収入源が政府からの福祉給付金である15歳以上の人の割合は，非先住民が25％であったのに対し，先住民は52％であった。また，非先住民の場合，福祉給付金の受給率と居住地の相関関係はみられなかったのに対し，先住民は遠隔地になるほど受給率が高くなることが明らかにされている（Australian Insitute of Health and Welfare 2017）。政府は2000年代後半以降，先住民の「福祉依存」の問題に対処するために，北部準州をはじめとする遠隔地に居住する先住民の市場経済への包摂に向けた措置をとっているが（⇨第2章を参照），その成果は明確なかたちでは表れていないといえる。

　つづいて，移民・難民についてみてみよう。1788年にアーサー・フィリップ率いる英国からの第一船団がシドニー湾に上陸して以降，しばらくの間はオーストラリアへの移民は，アングロ・ケルティック系の白人が大半を占めていたが，19世紀後半にはゴールドラッシュなどにより，中国人等の流入もみられた。1901年にオーストラリア連邦が形成されてから1960年代まで，オーストラリアは白豪主義政策をとり，有色人種の受け入れを拒否して，英国系移民とその子孫による同質的な国民国家の形成を目指していた（⇨第7章を参照）。しかしながら，第二次世界大戦後，連邦政府は戦後の労働力不足の問題に対処するために，大量移民政策を導入し，英国からの移民のみならず非英語系のヨーロッパ移民や難民も受け入れるようになった（⇨第8章を参照）。1960年代後半からはトルコやレバノンなどから，1970年代後半からはインドシナ難民も受け入れた（⇨第11章を参照）。1970年代終わりからはポイント・テストを導入し，

図表0-1　オーストラリアにおける人口増加

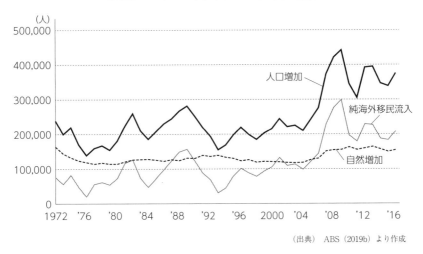

（出典）　ABS（2019b）より作成

　人種ではなく，移住希望者の年齢や能力，職歴などに基づいた受け入れも行われるようになった（⇨第9章を参照）。そして，1980年代には本格的に多文化主義政策が展開されるようになった。これらの政策転換などにより，オーストラリア社会は同質的な社会から多文化社会へと変容していったのである。

　オーストラリアは現在，技能移住や家族呼び寄せ移住などからなる「移住プログラム」および「人道的受入プログラム」を中心に移民政策を行っている（⇨第9章を参照）。移住プログラムにおいては，特に1990年代後半以降，技能移民の受け入れが増加し，家族呼び寄せ移住を上回るようになっている。2018年6月末までの1年間では，技能移住が約11万1000件，家族呼び寄せ移住が約4万8000件であった（DOHA 2019: 2）。一方，人道的受入プログラム，つまり広義の難民に対するビザの発給は約1万6000件であった（DOHA 2019: 2）。

　オーストラリアが多くの移民・難民を受け入れていることの影響は，人口増加と移民の流入の関係にみることができる（図表0-1）。特に近年は自然増加に比べて純海外移民流入（net overseas migration: NOM，なお NOM には非永住移民の出入国も含まれる）の人口増加に占める割合が高まっている。2019年3月末までの1年間における人口増加に NOM が占める割合は64.2％であり，自然増加

5

の35.8％を大きく上回った（ABS 2019a）。

　移民・難民はオーストラリアの多文化状況を支え，促進している。人口に占める外国生まれの人の割合は，戦後，増加傾向にあり，特に2000年代以降は一貫して上昇している（ABS 2019c）。2018年6月末時点でオーストラリアの人口の29％が外国生まれである。OECDのデータによれば，2013年時点でその割合は英国，米国，カナダ，ニュージーランドよりも高い（**図表0-2**）。2016年の国勢調査によれば，約半分のオーストラリア人が，移民の第一世代または第二世代である（ABS 2017a）。また，外国生まれの人の出生国は，英国とニュージーランドにつづいて，中国，インド，フィリピン，ベトナムが多い（ABS 2017b）。さらに，同調査においては，オーストラリア人の21％が家で英語以外の言語を話し，その中には中国語やアラビア語，ベトナム語，イタリア語，ギリシャ語などが含まれることがわかった（ABS 2017b）。宗教に関しても約半分はキリスト教徒であるが，8.2％はイスラム教や仏教などのその他の宗教を信仰し，約30％は無宗教であるという（ABS 2017a）。

　このように，オーストラリアにおいては外国生まれの割合が上昇しているのであるが，そこに占める英国からの移民の割合が減少し続ける一方で，近年は特にアジアからの移民が増加傾向にある（**図表0-3**）。オーストラリアにおける多文化な状況はより複雑化しているのである。

2　本書の趣旨

　すでに述べたように，本書は，特に人種・民族・エスニシティの視点からオーストラリアの歴史や現状，日本との関係について論じるものである。その目的は，第1に，大学学部レベルの学生に，オーストラリアの先住民・移民・難民について学ぶための基本的な知識を提供することである。主に対象とするのは専門科目としてオーストラリアについて学ぶ学生であるが，キーワード解説などを利用すれば，初学者にも読んでもらえるものとなっているはずである。

　また，本書の各章はいずれもオーストラリア研究を専門とする研究者によっ

図表0-2　OECD加盟国における海外生まれの人口割合（2013年）

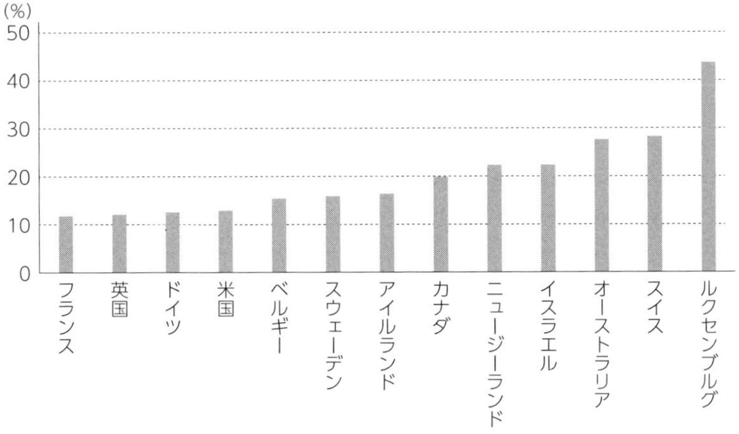

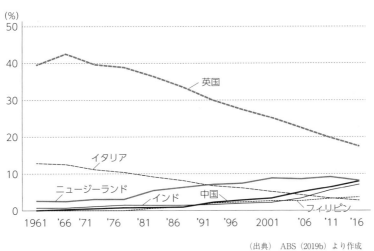

（出典）　OECD（2019）より作成

図表0-3　各国出身者が外国生まれの人口に占める割合

（出典）　ABS（2019b）より作成

て執筆されている。その意味で，本書は日本におけるオーストラリア研究の蓄
積の一端を示し，その裾野を拡大することを目指すものでもある。したがっ
て，大学院でオーストラリア研究に取り組む学生にも十分読み応えのあるもの

となっているだろう。

　さらに，オーストラリアが多文化社会化を通して直面した課題，その政策などを紹介することで，日本の多文化社会化を考える視点を提供することも，本書の目的のひとつである。法務省によれば，2018年12月末時点の日本の在留外国人は273万1000人を超え，過去最高となり（法務省 2019），それは日本の総人口の約2％を占める。国籍・地域別にみると，中国，韓国，ベトナムの順で多く，また在留資格別にみると「永住者」，「留学」，「技能実習」の順で多かった。2018年12月には「出入国管理及び難民認定法」が改正され，新たな在留資格「特定技能」が創設され，2019年4月から施行された。これは日本社会における人手不足の問題を解消するためにつくられた制度であり，介護やビルクリーニング，建設，造船・舶用工業，外食業などの人手が不足する「特定産業分野」において「相当程度の知識又は経験を必要とする技能を要する業務に従事する活動」（特定技能1号）または「熟練した技能を要する業務に従事する活動」（特定技能2号）を行う外国人に与えられる在留資格である。これによって外国人労働者が増加する可能性は高いが，一方で，「特定技能」制度については，これまでにさまざまな問題が指摘されてきた「技能実習制度の延長」（朝日新聞 2018年12月8日）として機能するのではないかとの懸念も強い。労働力として受け入れた外国人をいかに支援し，どのように彼ら／彼女たちと共生していくべきかという問題に，日本社会はすでに直面しているのである。本書は多文化化する日本社会にも示唆を与えるものと考える。

3　本書の構成

　本書は3部からなる。第Ⅰ部においては先住民の歴史と現状，先住民政策，さらに先住民の社会と文化についてさまざまな角度から考える。なお，最初に先住民を取り上げる理由については若干の説明が必要であろう。第1に，先述した通り，現在のオーストラリアにおいて先住民の存在感が高まる中で，先住民をめぐる事象は同国の多文化社会について考える上で不可欠な要素だからである。第2に，本書はオーストラリアの多文化社会をあつかうものであるが，

同国において多文化社会とは多文化主義政策以降に成立したものではなく，白人による入植のはるか前から先住民やアジア人移民をはじめとする多文化社会が形成されていた。従来のオーストラリアの多文化社会に関する研究において，先住民は移民・難民に付帯する存在としてあつかわれることが多かったが，本書ではこのように「多文化」を広義にとらえ，最終的に西洋中心主義的な思想からの脱却を図ることを目指す。第Ⅰ部の構成は以下の通りである。

　第1章では，白人入植以前から1980年代までのオーストラリア先住民の歴史について，とりわけ先住民社会と入植者との関係の多様性や，日本人を含むアジア人移民との関係に着目しながら論じられる。オーストラリア北部において，17世紀ごろから先住民とアジア人移民の交易世界が形成されたことは，同国が早い時期からすでに多文化社会であったことに加え，同国の先住民の現在のあり方に日本人も関与していることを想起させてくれる。

　第2章では，オーストラリアで1990年代から提唱された先住民との「和解」の意義と，それが先住民社会にもたらした変化や先住民の実状に焦点をあてる。「和解」は，多文化国家オーストラリアに先住民を包摂するための理念であったが，非先住民との格差是正を主眼におく「実用的和解」が先住民の連帯を弱体化させ，自己決定をも後退させるものであったことが示される。

　第3章では，白人入植以来，先住民を対象に打ち出された一連の政策の展開をたどる。まず先住民政策自体を相対化した上で，政策の意図と実践との乖離や政策の評価のあり方などの問題を取り上げる。とりわけ，2000年代後半に北部準州で施行された包摂・介入政策（北部準州への緊急対応政策）に関して，自己責任をめぐる一部の先住民指導者と主流社会との邂逅をいかに評価するかという問題は，今後の先住民政策を考える上で重要な鍵となるだろう。

　第4章では，オーストラリア先住民の権利をめぐる動きを国際的に展開される先住民運動の中に位置づけながら紹介する。特に，2007年に採択された「先住民族の権利に関する国連宣言」のオーストラリア先住民にとっての意義や，オーストラリア先住民による運動が日本のアイヌ民族に与えた影響についての考察は，日本における多文化共生のあり方に関しても重要な示唆を与えるものである。

第5章では，オーストラリア北部の遠隔地に居住する先住民の歴史を踏ま
え，先住民と国家の関係の変化に着目しながら，現在人々が直面する問題につ
いて論じられる。1980年代後半以降，オーストラリアで先住民への注目が高ま
る中で，遠隔地の先住民は先住民の代表的なイメージの担い手となった。一方
で，南部の先住民との過去の不正義に対する受けとめ方の違いや，近年の政治
的介入や社会福祉のプロジェクトが，現地社会にさまざまな混乱や困難をもた
らしていることが明らかにされる。

　第6章では，オーストラリア南部の都市に居住する先住民の実態に注目す
る。都市の先住民はこれまで，権利回復運動において重要な役割を担い，その
中で先住民独自の集団的アイデンティティを構築してきた。しかし，都市貧困
層の非先住民とのかかわりの中で形成される多層的なアイデンティティが，今
後多文化社会の中で移民や難民との新たな関係を切り開く可能性を有すること
が示される。

　第Ⅱ部では移民と難民を取り上げ，その歴史，移民政策や支援政策（多文化
主義を含む），移民や難民が政治や経済，文化に与えた影響などについて論じ
る。第7章では，ヨーロッパ人の入植から，植民地の発展，連邦化と白豪主義
オーストラリアの成立，国民意識の形成など，ヨーロッパからの移住者の歴史
を中心に概観される。その上で，オーストラリアにおいては，民主主義的な国
民国家の形成と白豪主義に基づく人種主義とが表裏一体の関係にあったことが
示される。

　つづく第8章では，多文化主義政策の導入，展開，成熟の歴史が説明され
る。多文化主義は1970年代に導入され，1980年代に本格的に展開されるように
なったが，早くも1980年代より政策に対する批判がみられるようになった。
1990年代半ば以降，政府主導の多文化主義政策は衰退の兆しをみせたが，草の
根レベルで多文化社会を実現しようという「日常的多文化主義」は成熟して
いった。

　第9章では，移民・難民の受け入れとその支援について，出入国管理政策と
定住支援政策の観点から論じられる。近年，オーストラリアにおける移民・難
民の受け入れは，国益に貢献し，経済的・社会的コストが少ないとみなされる

移民を優先するものへとシフトしてきた。そのことが，庇護希望者や家族呼び寄せを通した移民，技能移民，さらには移民への定住支援政策のあり方にも表れていることが明らかにされる。

　第10章では，オーストラリア政治がいかに移民・難民の問題に取り組み，そしてこれらの問題が政治にどのような影響を与えてきたのかについて分析がなされる。白豪主義から多文化主義，そして政府主導の多文化主義の衰退へという流れの中で，移民や難民に関する言説がいかに変化し，欧州におけるような極右ポピュリスト政党の台頭をオーストラリアが免れたのはなぜかなどについて論じられる。

　第11章では，1970年代以降の庇護希望者，特に密航船で上陸を試みるボートピープルに対する政策がどのように変化してきたのかについて概観される。とりわけオーストラリアのボートピープル政策が「難民問題の安全保障化」，「国境管理の軍事化」，「強制収容と難民審査の海外移転」という特徴を有していたことが明らかにされ，そのようなボートピープルを排除する政治が批判的に論じられる。

　第12章では，先住民や移民，難民による文学作品が取り上げられ，文学の視点から多文化社会オーストラリアについて考察される。オーストラリアにおける「主流」の文学はアングロ・ケルティック系作家による作品とされるが，ここでは「多文化文学」，「マイノリティ文学」，「エスニック文学」などに分類される作品に焦点があてられ，それらの文学がオーストラリア文学に与えた影響やそれらの文学作品がもつ可能性が論じられる。

　第13章では，技能移民と経済について，特に住宅価格の観点から考察される。オーストラリア最大都市のシドニーを事例に，住宅価格の高騰と移民の流入との関係，価格高騰の背景にある政策と一般市民への影響が論じられ，さらに「移民受け入れと海外からの投資の急増が住宅価格の高騰と（一般住民の）住宅難を生み出している」という言説について検討が加えられる。

　第Ⅲ部では，日豪関係を軸にオーストラリアの多文化社会について検討する。第14章では，19世紀後半から白豪主義が終焉を迎える20世紀半ばごろまでにオーストラリアへ移住した日本人の歴史について取り上げられる。白豪主義

以前，オーストラリアには「芸人」や，特定の産業に従事する日本人が一定数存在していた。しかし，太平洋戦争を機に，それ以前に形成されていた日本人コミュニティが消滅したことが，現在のオーストラリアの多文化社会に占める日本人の相対的な少なさの遠因となっていることが論じられる。

第15章では，20世紀半ばからこんにちにいたるまでの日本からのオーストラリア移住と，オーストラリア社会で形成されてきた日系コミュニティの特徴について紹介される。第二次世界大戦以降，オーストラリアへ移住した日本人の移住の動機や背景が多様化する中で，人々は個々の目的や方針に沿った多彩な活動を展開することにより，オーストラリア多文化社会の発展に参加していることが明らかにされる。

第16章では，オーストラリアの映画・演劇と日本との関係に着目し，同国の映画・演劇における日本に関する語りがもつ意味や日本人の表象のされ方の変容が分析される。また，映画・演劇を通じた日豪間の対話や交流が，両国の枠を超え，他のアジア地域の演出家や先住民をも巻き込みながら発展しつつあり，それによって西洋演劇の枠を超えた新たな演劇が生み出される可能性があることが論じられる。

4 本書の読み方

すでに述べたように，本書は第Ⅰ部が「多文化社会オーストラリアと先住民族」，第Ⅱ部が「多文化社会オーストラリアと移民・難民」，第Ⅲ部が「多文化社会オーストラリアと日本」という構成となっている。各部・章にはそれなりに独立性をもたせているため，興味のある部・章から読み始めてもらってかまわない。その際，必要に応じて他の部・章についても参照してもらいたい。さらに，たとえば文学や映画，演劇などに興味のある読者については，各部の芸術に関連する章から読み始めるという使い方もできるだろう。

各章は，Introduction，本文，さらに学びたい人のための文献案内という構成になっている。Introduction では，その章の本書全体における位置づけや，その章であつかうテーマがもつ意義などが解説されているため，本文に目を通

す前に，まずは Introduction を読んでもらいたい。

　本文中の重要な語彙には，キーワード解説がついている。特に初学者には参考にしてもらいたい。

　各章の最後に文献案内がある。本文を読み，さらに学びたいと思った場合は，ぜひそれらの本や論文にも手を伸ばしてほしい。

5　本書で用いる用語について

　まず，「年度」についてであるが，オーストラリアにおける会計年度は毎年7月1日から翌年の6月30日までとなっている。本書で「年度」という語彙を用いる場合は，基本的に，会計年度をさす。たとえば，「2018年度」という場合は，2018年7月1日から2019年6月30日までのことである。

　次に，前述の先住民をめぐる現代的状況を踏まえ，本書で用いるオーストラリア先住民の呼称について説明しておきたい。「先住民族」と「先住民」という言葉についてであるが，1990年代から2000年代前半において，前者は政治的な自己決定権をもつ民族（peoples）としての意味合いをもち，後者は単なる集団（population）としての意味をもつものとして使い分けられてきた。しかしながら，2000年代後半に入ると，国連では indigenous peoples という概念が定着し，両者の使い分けが以前ほど先住民としての権利の認定において重要性をもたなくなった（丸山・木村・深山 2018）。また，研究者の間でも両者の使い方をめぐってはさまざまな解釈があり，統一された見解は存在しないといえる。こうした状況を踏まえ，本書では「先住民族」，「先住民」の使い分けは，各章の執筆者に任せることにした。

　また，「アボリジニ」という呼称についても説明が必要であろう。ヨーロッパ人たちは入植以来，複数の多様な地域集団からなる先住民を「アボリジニ（Aborigines）」と一括し，長い間，オーストラリアにおいてこの呼称が定着していた。しかし近年，特にオーストラリアの学界において，この言葉は侮蔑的な意味があるという理由からほとんど用いられなくなり，代わりに「アボリジニの人々（Aboriginal people）」や「先住民（Indigenous people）」が使用されてい

る。

　一方で，本書ではオーストラリアの文脈における差別的な表現をなくすという姿勢には同調しながらも，「アボリジニ」という呼称を一律に廃することには留保する立場をとる。その理由として，現在，オーストラリア先住民の間では政治的な文脈において「先住民」や「アボリジナル」という言葉が戦略的に用いられながらも，日常生活のレベルでは自身のことを，威厳と誇りをもって「アボリジニ」と自称する人々も存在し，望ましい呼称のあり方は個々人によって異なることが挙げられる（AIATSIS 2018）。

　そして何よりも，1つの呼称におさまりきらない人々が，どのような社会や文化を営んできたのかを検討しないまま，呼称ばかりを問題にする姿勢にも根本的な問題がある。そのため，読者の混乱を招く恐れはあるものの，本書では先住民の呼称は統一せず，それぞれの著者の選択にゆだねている。そして，こうした呼称をめぐる多様な見方こそが，現在の先住民に関する政治的・社会的問題の複雑さを反映しており，最終的に読者の先住民を取り巻く諸問題の本質的な理解につながるものと思われる。

　最後に，「北部準州」は1911年までは南オーストラリア州の管轄下にあり，1927年から1931年の間は南北に分割され，「準州」となったのは1978年の自治政府成立以降である。そのため，1978年以前の文脈で同州に言及する場合は，厳密には「特別地域」とすべきであるが，本書では一部を除き，オーストラリア研究で一般的に用いられている「北部準州」を使用することにする。

［藤田 智子・栗田 梨津子］

第Ⅰ部

多文化社会オーストラリアと先住民族

第1章 1980年代までの オーストラリア先住民の歴史

Introduction

　本章では「オーストラリア」「先住民」の「歴史」を1980年代まで概観する。最初のこの一文が「　」付きの言葉で溢れているように，これらのコンセプト自体「先住民」とこんにちされている人々を考えるにおいては自明視されてよいものではない。オーストラリアの大陸名は西欧由来であるし，「先住民」という存在も15世紀以降の西欧の海外進出以前にはなかった。オーストラリアや新大陸等で西洋人入植以前からの居住者やその子孫が「先住民」とされ，自ら「先住民」であることを引き受けてゆくのは，西洋人入植者とのさまざまな——時には暴力的な——やり取りを経てのことである。

　ここではそのような議論について考える材料を提供するという意味で，あえて現在先住民とされている人々の「歴史」を拾った。かれらの現在のあり様は西洋人入植者のほかさまざまな人々との交流を経て形成されてきた。「先住民」という概念の問題のひとつは，そう表象された対象がその当該国のみの「問題」とされがちなことであるが，ここではそのようなイメージにかれらを見るまなざしが限定されないようにできるだけ気を配った。たとえば，西洋人入植による国民国家オーストラリアの形成以前より，当大陸の居住者は東南アジア人と接触しており，その経験が西洋人入植者との関係においてもひな型となった。西洋人入植後の日本人を含むアジア人移住者は，「入植者」の一環である一方（Hage 2000），その先住民との接触が白豪主義時代の先住民政策に大きな影響を与えてきた。テッサ・モーリス＝スズキ（2009）が提示するように，ある場所を「渦」ととらえ，それを取り巻くさまざまな人やモノの流れ（フロー）からその場を理解することを考えれば，西洋人入植者のみならず，アジア人も現在のオーストラリアを形成するその流れの一部だったのであり，オーストラリア先住民の現状の形成に関係してきたのである。

17

1　オーストラリアの「先住民（族）」の「歴史」を考える

　本章では1980年代までのオーストラリア「先住民」の「歴史」の概観を目指
す。そもそも，オーストラリア「先住民」の「歴史」を考えることは簡単なこ
とではない。「オーストラリア先住民」あるいは「アボリジニ」などとして
オーストラリア大陸やその付近の島々に西洋人による入植以前より住んできた
人々やその子孫をひとくくりにする考え方は，西洋人入植者のものであった。
その概念がこんにち先住民とされる人々に広く受け入れられたのは，かれらの
権利回復運動が広がり，「汎アボリジニ意識」が確立した1970年代ごろである
（cf.Attwood 1989）。
　また，ここでもうひとつ注記しておくべきは，「オーストラリア先住民（In-
digenous Australians)」とされる人々は，「アボリジニ」と呼ばれるオーストラ
リア大陸やそれを取り巻く島々の先住民とクィーンズランド州北部のトレス海
峡諸島先住民，トレス海峡諸島人に大別される。本章で「先住民」ないし
「オーストラリア先住民」として取り上げるのは主にアボリジニに関してであ
り，トレス海峡諸島人に関しては必要に応じて言及するが，かれらの歴史に関
しては松本（2002）などを参照していただきたい。
　上記を踏まえた上であるが，さらに，西洋人入植の前でも後でも，オースト
ラリア先住民とされる人々のあり方は地域，時代，入植者やその他の移民との
関係により多様であった。西洋人の入植が開始された1788年時点でオーストラ
リア全土に居住していた人々の人口は30 - 100万人といわれており（Australian
Bureau of Statistics: ABS)，約250の言語グループに分かれていたとされる。大
陸を縦断横断する交易ルートやドリーミングに沿った「ソング・ライン」は発
達しており，社会組織として親族関係を基盤とするなど共通点はあったもの
の，各地の生活様式はかなり異なっていた（Kerwin 2010; Rolls and Johnson
2011）。さらにオーストラリアの入植は大陸南部より始まるが，大陸中央部や
北部までそのプロセスが貫徹するのには長い時間がかかった。1920 - 30年代に
大陸南部のシドニーやメルボルンで先住民の権利回復運動が始まったが，移動

生活を中央砂漠地帯で送っていた最後の先住民グループが定住させられたのは 1960 年代であった。また，西洋人の入植以前より，オーストラリア北岸には現在のインドネシア地域からの人々が訪れ，オーストラリア先住民と交易関係・親族関係を確立していた（Ganter 2006; Macknight 1976, 2011; 村井 2016）。

　1991 年までのオーストラリア先住民の歴史を振り返り，リチャード・ブルーム（Broome 2010: 281）は「現在のオーストラリア先住民は 1788 年の入植時にこの大陸に住んでいた人々よりも文化的に多様である」としている。植民地化の歴史を経て，あるものは大陸中央部や北部で「伝統的」なライフスタイルで生活し，あるものは都市の専門職として活躍する。両者とも「先住民」として歴史をたどってきた結果である。このような多様性をもたらした「歴史」を一章で概観するのはやはり限界があろう。

　また，「歴史」という概念もカッコに入れて考える必要がある。西洋的学問知に基づくいわゆる「歴史」は過去を構成する方法のひとつでしかない。オーストラリア先住民の歴史にかかわる学者の間では，先住民自身の過去に関する個人的な語りやドリーミングに依拠する過去の構成をどう考えてゆくのか，ということが大きな課題となってきた。文献や物的証拠に依拠する西洋的学問知に基づく「歴史」のみを「真なるもの」とすることは，先住民自身に真摯に向き合うことには必ずしもならないかもしれないのだ（Attwood 2005; 保苅 2018）。

　しかし，ここでは以上の問題を少し棚上げし，むしろ，それを今後考えてゆくための知識として 1980 年代までのオーストラリア「先住民」の「歴史」をあえて概観してみよう。オーストラリア先住民の歴史に関してはほかにも優れた研究があるので，そちらも併せてみていただきたい（e.g. Broome 2010; 藤川編 2004; 鎌田 2002, 2014; 小山・窪田編 2002）。本章で筆者なりに気をつけたことのひとつは，オーストラリア先住民社会や入植者との関係の多様性とともに，かれらの現在のあり方にはアジア人との関係もかかわってきたことを示すことである。オーストラリアに限らず，「先住民」問題はその当該国の問題ととらえられがちである。しかし，テッサ・モーリス＝スズキ（2009）が提示するように，ある場所を「渦」ととらえ，それを取り巻くさまざまな人やモノの流れ（フロー）からその場を理解しようとするならば，日本人を含むアジア人も現在

のオーストラリアを形成するその流れの一部だったのであり，オーストラリア先住民に関し日本語を母語としてきたものがそれを学ぶことは，単に「他国でおこったこと」について「知識を得る」以上の意味をもつはずなのである。

2　西洋人入植以前の世界

　現時点で最新の研究によれば，オーストラリア大陸への人類の居住は6万5000年前に始まった（Clarkson et al. 2017）。現在のオーストラリア先住民の祖先となる人々は，オーストラリア大陸がパプア・ニューギニアと地続きだった時代にアジアから渡ってきたとされ，3万5000年前にはタスマニアに到達した。オーストラリア大陸には人間の居住には過酷な自然条件の場所も少なくないが，記録上最初の西洋人航海者が現れた17世紀の初めには，オーストラリア先住民の祖先は大陸全土に広がり，熱帯雨林や砂漠，寒冷な森林地帯などそれぞれの環境に適応した生活スタイルや技術を発展させていた。その中でもよく知られているのが森や草原に火を放ち，新芽の再生や新種の侵入を促し食料資源を確保，増産したり，パッチ状の焼け跡を形成して大火の延焼を防ぐなどを行う「ファイヤー・スティック・ファーミング（Fire-Stick Farming）」である。この手法はオーストラリア全土で行われてきた。西洋人の入植者がオーストラリアで目にした光景は「手つかずの自然」ではなく，すでに先住民により長年統御されてきた自然であったのだ（小山 2002; Rolls and Johnson 2011）。また，先住民は基本的に移動する狩猟採集生活を送っていたとされるが，環境によっては定住を行いウナギの養魚場を作ったり，穀物の収穫など初期農耕に近いことを行っていた（Kerwin 2010; Lourandos 1983; Pascoe 2014）。

　オーストラリア先住民の社会組織は親族を基盤とし，それにより婚姻の相手や食料の分配規則，地域の資源へのアクセスなど人や周囲の環境との関係が定められていた。出自と親族関係により定められたグループは特定の「ドリーミング」を共有し，それにより特定の土地と結びついていた。ドリーミングとは信仰，知識，法が結びついた独特の概念で，祖先の精霊が現れ山塊や泉，動植物などを創造した時代であり，それにまつわる出来事を語ると同時に，生殖，

儀礼，日々の生活を通じて現在に蘇り，未来へと受け継がれていくものである。この単線的な時間概念とは異なるあり方を評して人類学者のウィリアム・エドワード・ハンリー・スタナーは everywhen という言葉を使用した。ドリーミングは現在でも多くのアボリジニの人々の生き方の支えであり指針となっている（松山 2006; Rolls and Johnson 2011; ローズ 2003）。

　オーストラリア大陸の先住民は，大陸の外部とも交易を行っていた。北東部ではパプア・ニューギニアと交易が行われ，また遅くとも17世紀には北部沿岸に現在のインドネシア諸島から人々が訪れていた。なかでも，スラウェシ島のマカッサルより訪れた人々はマカッサンと呼ばれ，毎年定期的に数十隻の船団で訪れ，アーネムランド一帯でナマコ漁に従事した。収穫されたナマコは加工され，中国へ輸出された。キャンベル・マックナイト（Macknight 1976: 1）はこのナマコ漁を「オーストラリア最初の輸出産業」と評したが，事実オーストラリア北岸は中国，マカッサルを結ぶナマコの三角貿易の重要な一端であった。マカッサンの人々はオーストラリア先住民と交易をし，先住民の持ってくる真珠貝，べっ甲などに対して，タバコ，コメ，衣類，斧，ナイフ，アルコールなどで支払いをした。先住民がナマコ採取や加工の労働力を提供することもあった。カヌーの造船技術や航海術などもマカッサンから伝わった。北部オーストラリア先住民の言語にもマカッサンの言葉は取り入れられ，歌や絵画にもかれらの存在が描きこまれた。マカッサンと親族関係を結んだ人々もおり，マカッサルを訪れた先住民もいた。

　インドネシア諸島からの訪問者がいつからオーストラリア北岸を訪れたのか，マカッサン以前の訪問者があったのかなどにはさまざまな説がある。マックナイト（Macknight 2011）は最新の論文で，ナマコ交易が確立したのは1720年ごろとしているが，それ以前よりのインドネシア諸島民とオーストラリア先住民の接触の可能性も指摘されている（Ganter 2006; Macknight 2011; 村井 2016）。

　このナマコ交易は1800年ごろにピークを迎え，1906年にオーストラリア当局に禁止されるまで続いた。後にオーストラリア北岸で繁栄した真珠貝採取業でも，ナマコ交易により確立していた人やモノの流れのルートが利用された。オーストラリア北岸に広がる豊かな交易世界は，一部のオーストラリア入植者

が北部の開発を推奨する原動力となった。そして，イギリスからの入植者が
オーストラリア北岸に進出したとき，他者との接触になれていた先住民たち
は，マカッサンの人々と同様に互酬的関係を入植者たちと取り結ぼうとした。

3　初期のオーストラリア入植

　現在わかっている最も古い西洋人とオーストラリア先住民の接触は，1606年
のオランダ人のウィレム・ヤンズーンによるものであり，また1642年にはアベ
ル・タスマンがタスマニア島に上陸しているが，これらは入植や交易には結び
つかなかった。

　1770年，キャプテン・クックはオーストラリア東部の英国による領有を宣言
し，1788年1月26日には英国からの最初の入植者がシドニーに上陸した。ここ
にオーストラリアの植民地化が始まる。その特徴のひとつは，その土地にすで
に住んでいた人々の権利を認めず，北米やニュージーランドのように契約や条
約（treaty）を与えることなく，オーストラリアを無主地（terra nullius）とした
ことである。そこにはキャプテン・クックらがアボリジニの人々は土地に散住
し，土地を耕作したり，政治的組織を形成していないため，入植にかれらの同
意を得る必要はないと報告したことがあった。入植者は土地を自由に獲得して
よいとされ，土地を奪われた先住民の反撃は犯罪行為とみなされた（Broome
2010; Rolls and Johnson 2011）。実際のところ，初代総督や初期の入植者らは入植
後にアボリジニが想像されていた以上に集住しており，初期農耕のようなこと
をしていたことに関しても観察はされたのだが，それは無主地の前提を覆すに
は遅きに失した。また，例外的に先住民より土地を購入したケースがあった
が，その場合もその契約は当時の総督に認められなかった（金田 2002; 友永
2013）。

　先住民側も，入植者に対して自分たちの文化的論理に基づいて対応しようと
した。土地の収奪に対し襲撃を行ったペマルワイのような者もいた一方，親族
関係や互酬的関係を入植者との間に打ち立てようとするものもあった。ベネロ
ンは初代総督アーサー・フィリップと友好的な関係を結び，彼を「父」と呼

Key Word

無主地（terra nullius）

　ラテン語の terra nullius とは一般的に「無主地」と訳されるが，人が居住しておらず誰にも属さない地，という意味と，西洋的な視点からみた政治的組織をその居住者がもっていない土地，という意味がある。1788年の時点の国際法では，征服，割譲のほか，居住者のいない土地，あるいは西洋的な視点からみて政府組織を居住者がもっていない土地を占拠することで領土は獲得できるとされていた。キャプテン・クックやジョセフ・バンクスらの報告により，イギリス政府はオーストラリア先住民は土地にまばらに居住し，政治的な組織ももたず，西洋的なやり方で耕作もしていないと考えたため，占拠によりオーストラリア先住民の同意は必要なく領土を獲得できると考えた。オーストラリアを実質的に terra nullius とした判断がオーストラリアの植民地化の特徴であり，先住民の土地に関する権利や主権は一切認められず，北米やニュージーランドのように条約（treaty）が結ばれることもなかった。これは入植者にとっては植民地化のプロセスを容易にし，先住民の抵抗はイギリス側の法により判断され，往々にして「犯罪行為」としてみられることになった。このオーストラリアは terra nullius であるとする原則は1992年のマボ判決で覆された。

び，フィリップの邸宅での自分の妻の出産を提案した。フィリップには理解されなかったが，ベネロンはここでフィリップと親族関係を打ち立てようとしたのである（SBS Australia 2008）。ベネロン以後も先住民の中には女性や労働を提供し入植者と親族関係や互酬的関係を打ち立てようとしたものがあったが，多くの場合は入植者には理解されなかった。

　入植の進行につれ，先住民と入植者の暴力的衝突も広がっていった。土地の収奪，家畜などによる環境破壊，先住民女性への性的暴力などに対し，先住民も報復を行い，それがさらに暴力的な入植者側からの報復を呼んだ。1820年代にはニューサウスウェールズ内陸部のウィラジュリの人々との衝突やタスマニア島の先住民との衝突などでは戒厳令が出された。土地勘に優れた先住民側はしばしば入植者を苦しめたが，例外はあったものの基本的に先住民側を統合する大きな政治的組織をもたず，先住民を登用したネイティブ・ポリス（Native Police）や新式の銃の導入などによりその抵抗は次第に鎮圧されていった。

　1850年代ごろまでにオーストラリア南東部の先住民の人口が，病気，入植者による暴力，土地収奪に伴う食糧不足，目的の喪失，先住民間暴力の激化など

により激減した。天然痘は1789年，1828‒29年に大流行し，1789年の大流行でシドニー地域の住人であったイーオーラ（Eora）の人口は半減した。1789年の天然痘はマカッサンによりもたらされたとする説（e.g. Macknight 2011; Rolls and Johnson 2011）と入植者によりもたらされたとする説（e.g. Butlin 1993）があるが，天然痘以外でも入植者の持ち込んだインフルエンザ，はしか，百日咳，性病なども大きな被害を与えた。現在のビクトリアにあたるポート・フィリップ地区では，1834から35年の間に1万人いた人口が1853年には1907人に減少している（Broome 2010: 76）。ニューサウスウェールズのアワバカル（Awabakal）のように絶滅した人々もいた。タスマニア島では1876年に「最後の一人」——実際にはアザラシ漁師と生活していた先住民女性がいたのだが——が死亡したと考えられた（e.g. 金田 2002; SBS Australia 2008）。

　このようななか，先住民に対して人道的・政策的・宗教的立場から「保護・隔離」政策がとられるようになった。教会や先住民に同情的な人々によりミッション（mission）やセツルメント（settlement）が設置され，先住民の「保護」とともに西洋的な教育・教化が行われた（鎌田 2014）。1838年にはポート・フィリップ地区にアボリジニ保護官（Protector）が任命された。保護官は先住民を保護し，キリスト教や農耕などを奨励することが職務だとされていた。この保護官制度はしかしポート・フィリップ地区では1849年，その他の植民地でも1857年には廃止され，ビクトリア植民地が1869年にアボリジニ保護法（Aboriginal Protection Act）を成立させるまで，先住民の人々には配給で食料や毛布が与えられるのみとなった（Broome 2010; 金田 2002）。ニューサウスウェールズ植民地では1883年，西オーストラリア植民地では1887年にアボリジニ保護委員会（Aboriginal Protection Boards）が設置され，先住民は保護・隔離政策の下統制されるようになっていった（Broome 2010）。

　先住民の人々は人口減少により親族関係や儀礼の維持が困難になり，ミッションなどに収容されたり，西洋人の町の周辺で労働や物乞いをして暮らすようになったものもいた。だが，農耕や西洋的生活様式を学び入植者社会に適応しつつアボリジニとして自律して生きることを模索した動きもあった。1859年，クーリン（Kulin）の人々はビクトリア政府に土地を要求し，1863年コラン

ダーク（Coranderrk）のリザーブで生活を始める。かれらは理解ある保護官
ジョン・グリーンの助けもあって農耕，衣服，住宅，キリスト教等の西洋的生
活様式を取り入れる一方，親族システムなどアボリジニとしてのあり方も維持
する生活を送った。経済的にも自給自足に達したコランダークはモデル・リ
ザーブとされ，南オーストラリア植民地のラウカン（Raukan）やニューサウス
ウェールズのマロガ（Maloga）など同様の試みを行うミッションやリザーブが
現れた。マロガ・ミッションからはウィリアム・クーパーやダグラス・ニコル
ズなど後にアボリジニ権利回復運動の指導者となる人々が輩出された。しか
し，収入源であった季節労働の職がなくなったり，アボリジニを「保護」する
はずの行政当局による土地の売却や「混血」の働き手の追放などにより，これ
らのミッションやリザーブは次第に活力を失っていった（Broome 2010; SBS
Australia 2008; 友永 2013）。

4　北部への入植，アジア人との接触

　1850年代にはオーストラリア南部の入植はほぼ完了し，北部へと開拓が広
がっていった。1860年代にはクィーンズランド植民地北部，1870年代には中央
砂漠およびノーザンテリトリー，1880年代には西オーストラリア植民地北部の
キンバリー地方に牧畜や鉱山業に従事すべく入植者が入っていった。入植の前
線では，やはり暴力的衝突が起こり，たとえばクィーンズランド州北部では
1861年から1896年の間に少なくとも4000人のアボリジニが死亡したとされてい
る。

　しかし，オーストラリア北部は砂漠や熱帯雨林など過酷な自然条件のため入
植のスピードも遅く，白人入植者の数も少なかった。先住民の生活の変化は南
部ほど急激ではなく，入植後の労働力として先住民やアジア人が大きな役割を
果たした。オーストラリア北部でマカッサンと接触してきた先住民たちは鉱山
労働者やディンゴ・ハンターらと女性や労働と物資を交換し互酬的関係を成立
させようとした。暴力，土地の収奪や環境破壊により生活ができなくなり，入
植者のために働くという選択肢をとらざるを得なくなる先住民も多くいた。た

とえば，オージービーフで知られる牧畜産業はオーストラリア北部の主力産業のひとつであるが，先住民の安価な労働力に支えられて発展した。かれらの労働条件は劣悪で栄養状態もひどく賃金も払われなかったり先住民の手にほとんど渡らないようなケースも多かった。しかしその一方，先住民の人々は優れたストックマンとして活躍し，仕事への誇りと愛着を抱くようになった（保苅2003b）。

　沿岸地方では真珠貝採取業が栄えた。先住民はこの産業の初期にはダイビングの労働力となり，1880年代よりアジア人ダイバーが日本や東南アジアから導入されると，デッキなどで働いた。西オーストラリア植民地／州のブルームや北部準州のダーウィン，クィーンズランド植民地／州の木曜島など真珠貝採取業の拠点となった町ではその繁栄に魅かれ，白人，日本人，マレー人と総称されたインドネシア諸島やマレー半島出身の東南アジア人，フィリピン人，ティモール人，南太平洋諸島人，中国人，オーストラリア先住民などさまざまなエスニック・グループが集まった。そこでは，白人を最上層，アボリジニを最下層とするエスニックヒエラルキーが築かれた一方，異なるエスニック・グループ間の交流や結婚も行われ，現地には今でも日本人を含むアジア人とオーストラリア先住民のミックスの子孫が存在する（Ganter 2006; 山内 2014）。また，真珠貝採取業の船は拠点とする町から離れた沿岸に水や燃料補給に立ち寄り，現地の先住民と交流することもあった。オーストラリア北部はオーストラリア先住民とアジア人移民との接触が濃厚な地域であった。

　歴史家レジーナ・ガンター（Ganter 2006）は北部でのアジア人とオーストラリア先住民の接触とその「混血」の子孫の増加がオーストラリア当局の先住民政策に大きく影響していたと論じる。1897年，クィーンズランド植民地が成立させた「アボリジニの保護及び阿片販売制限法（Aboriginal Protection and Restriction of Sales of Opium Act）」はオーストラリア先住民を包括的に取り締まる初めての保護法であり，西オーストラリア，南オーストラリア，北部準州におけるアボリジニ保護法のモデルとなった。この法律により，アボリジニはリザーブにおいては移動，結婚，外部とのコンタクトなどの自由を奪われるなどきびしい管理下におかれたが，その背景にはアジア人との接触を避ける目的が

あり，白人の真珠貝採取業者などの下での労働は奨励されることもあった。同法律が阿片の販売を取り締まっているのは，中国人の雇い主がアボリジニに阿片で支払いを行うため白人雇用主がアボリジニの労働力にアクセスできない，という白人雇用主からの声が反映されていた。1902年の改正では，中国人のアボリジニの雇用は禁止され，保護官がアボリジニと非アボリジニの結婚を許可する権限をもつこととなった。西オーストラリア州では1905年，北部準州では1911年にアボリジニの保護法が制定されているが，そこでもアボリジニとアジア人の接触を制限する条項が盛り込まれている。また，アジア人と先住民の「混血」の子どもは強制引き離し政策の対象となり，ミッションやハーフ・カースト・ホームなどに送られた。ガンター（Ganter 2006）は非先住民との「混血」の数は南部にも多かったにもかかわらず，このような施設の数が北部に多く，また，1937年に連邦と州政府の先住民担当局の代表者が集まった会議が開催された際，同化政策を提案したのはこれら北部での経験をもつ代表者であったことを指摘している。

5　「保護・隔離」から「同化」へ——権利回復運動と市民権

　オーストラリアの南部では，アボリジニは保護委員会（Aboriginal Protection Board）の下，さまざまな自由を奪われきびしい統制にさらされるか，リザーブやミッションの外で教育，雇用，住宅などさまざまな差別の対象となる生活を送っていた。しかし，1920年代には約6万人にまで減少していたアボリジニの人口は，それ以降増加に転じてゆく（ABS）。

　アボリジニの権利回復運動は1920年代に南部より始まった。アボリジニの状況に関心を寄せる白人の活動家が現れ，アボリジニによる組織も設立された。1924年にはアメリカの黒人運動指導者マーカス・ガーヴィーの影響を受けたチャールズ・フレドリック（フレッド）・メイナードによりオーストラリア・アボリジナル・プログレッシブ・アソシエーション（Australian Aboriginal Progressive Association: AAPA）がシドニーに設立され，1934年にはクーパーらによりオーストラリア・アボリジニ連盟（Australian Aborigines League: AAL）が

メルボルンに，1937年にはウィリアム・ファーガソンらによってアボリジナル・プログレッシブ・アソシエーション（Aboriginal Progressive Association: APA）がシドニーに設立されるなどし，失われた土地の回復や市民権獲得に向けて活動を始めた。1938年にウィリアム・クーパーはAPAとともに入植150周年を祝う「オーストラリア・デイ」を「追悼の日（Day of Mourning）」として抗議活動を行い，全国的な注目を集めた。先住民の権利回復運動は，第二次世界大戦以降，戦時中に先住民が従軍や軍関係での雇用を通じて賃金労働や平等な取り扱いを受けた経験から，さらに盛り上がりをみせていった。

　アボリジニの権利回復運動の指導者たちは市民権獲得を目指したが，アボリジニであることを放棄したわけではなかった。しかし，戦間期から1950年代にかけて，政府による先住民政策は「アボリジニの地位を市民権のレベルまで引き上げる」ことを目的としつつ，同化政策へと向かった。すでに1937年に同化政策が提案されていたが，1951年に北部準州担当大臣となったポール・ハスラックの下で再び連邦と州政府の先住民当局の代表者が集められ，同化政策が再確認された。先住民問題は「福祉問題」と位置づけられ，先住民の人々には各種の福祉金や投票権が与えられるようになる一方，先住民の子どもたちはより多く強制引き離し政策の対象となった。

　だが，同化政策は間もなくさまざまな批判にさらされるようになった。先住民の人口は1961年には8万4000人にまで増加し（ABS），白人社会への「同化・吸収」はうまくいかないことが示された。国際的にも国連が世界人権宣言を採択し，脱植民地化の進む状況では同化政策は時代遅れであった。1950年代には「アボリジニの発展のための連邦評議会（Federal Council for the Advancement of Aborigines: FCAA）」，1964年より「アボリジニとトレス海峡諸島人の発展のための連邦評議会（Federal Council for the Advancement of Aborigines and Torres Strait Islanders: FCAATSI）」などが形成され，同化政策に反対しつつ市民権の完全な獲得を目指した。1965年には当時大学生だったチャールズ・パーキンスがフリーダム・ライド運動を主導して地方町における差別の実態を明らかにし，全国的な注目を集めた。

　このような流れに沿い，1960年代にはさまざまな差別的な政策が撤廃されて

ゆく。1962年には連邦政府の選挙権が与えられ，1966年までにクィーンズランド州を除いたすべての地域で各種の福祉金と平等賃金が先住民に与えられるようになった。1967年には国民投票によって連邦議会に先住民に関する特別法の立法権が付与され，人口調査の対象に先住民も含まれることとなった。この時点で市民権獲得は一応の達成がみられた。次なる課題は「先住民」としての差異への尊重と差別や貧困などの問題であった。

6　差異への尊重，土地権，自律

　先住民の全国的連帯を生み出したのは土地権回復運動であった。そのきっかけとなったのは1966年に始まる北部準州のウェーヴヒル牧場からの退去による土地返還要求と1963年から1971年にわたるイルカラ（Yirrkala）のアボリジニによるボーキサイト鉱山開発の差し止め訴訟であった。1971年の判決はアボリジニ側の敗訴に終わったが先住民の法や権利を擁護する法制度の不備が指摘された。これを受けて連邦政府は諮問委員会を設置し，1976年には「アボリジニ土地権（北部準州）法」が成立した。

　アボリジニ土地権（北部準州）法はアボリジニの慣習法に基づいて土地権利者を認定し，土地権請求手続きを定めていた。土地利用に関する協議や仲介を行うために土地評議会（Land Council）が設置され，返還された土地は伝統的土地権利者が設立する土地信託法人が管理することとなった。この法律に基づき1980年までに北部準州の30％の土地がアボリジニに返還され（Broome 2010: 237），各州でも先住民の土地権法が成立していった。

　土地権法は鉱山開発に関し土地権利者に交渉権を与えたが，鉱物自体はかれらの所有とはされなかった。鉱物は戦後オーストラリアの重要な輸出品だったが，鉱山地域には先住民が居住していることも多く，土地権法制定において政府は両者のバランスを取る必要があった。それを象徴するのがレンジャー鉱山の採掘をめぐる一連の経過だろう。レンジャー鉱山では1969年にウラン鉱床が発見され，1972年に開発手続きが開始された。1976年の土地権法では資源開発に関して大臣と地元の土地評議会の間での合意が必要とされていたが，レン

ジャー鉱山の地域はその適用範囲から除外されていた。連邦政府は地元住民に開発への同意を強引に取りつけるが、その際に理由として挙げたのは、1972年に日本と交わされた発電用ウラン供給の合意であった（e.g. 鎌田 2002; 松岡 2014）。オーストラリアの鉱物の買い手として当時の日本は大きな役割を果たしており、両者の関係は「自然な相互補完性」とも呼ばれたが、その影で先住民の土地への権利が影響を受けていたのである。

　土地権獲得運動では、アボリジニ組織や活動家のみならず非先住民の活動家やジャーナリストなども支援に加わった。1972年には土地権回復を求めてキャンベラの国会議事堂前にアボリジニの活動家が「テント大使館」を設置し、1971年に考案されたアボリジニ旗が掲げられた。全国からの先住民活動家が集まって汎アボリジニ的連帯が示された。1970年代には国連における先住民族の権利に関する議論も始まり、オーストラリア先住民も世界的な先住民ネットワークとつながるようになった。そのような交流からオーストラリア政府と先住民の間での条約（treaty）を求める運動も生まれた。

　北部では町に住んでいたアボリジニの帰郷運動を支援するアウトステーション運動が起こり、中央砂漠のパプニャで発生したアート活動は中央部オーストラリアに広がっていった。大陸南部では1970年代の自主決定・自主管理政策（self-determination/self-management）への移行を受けてアボリジナル・リーガル・サービス（Aboriginal Legal Service）やアボリジナル・メディカル・サービス（Aboriginal Medical Service）など先住民向けの社会サービス組織が設立された。ジミー・リトルのような歌手が活躍し、ブラックシアター、バンガラ・ダンス・シアターのような演劇やダンス活動も行われるようになった。

　だが、土地権獲得、汎アボリジニ意識の高まり、自主決定・自主管理政策への移行、文化復興といった動きの一方、先住民の多くは貧困や差別、それにまつわる教育や雇用などの問題に直面していた。平等賃金の制定により多くのアボリジニが牧畜産業での職を失った。鉱山業での先住民の雇用は振るわず、鉱山使用料もアボリジニの人々が経済的に自立できるようなかたちに必ずしも使われたわけではなかった。「コミュニティ雇用開発プロジェクト（Community Development Employment Program: CDEP）」は雇用創出に一定の効果を上げたと

されるが，1986年時点では先住民の失業率はオーストラリア全体が9％である
のに対し35％，収入の中央値は全国のそれの3分の2であり，15歳から24歳人
口のうち先住民で教育を受けているのは23％（全国では39％）という数値を示
している（ABS）。1975年の人種差別禁止法（Racial Discrimination Act）制定以
来あからさまな人種差別は減少したが，地方町での人種暴動や店やホテル・社
交クラブなどでのサービス拒否などは続いていた。1988年にはアボリジニの拘
留中の不自然な死に関し「拘留中のアボリジニの死亡に関する調査委員会
（Royal Commission into Aboriginal Deaths in Custody）」が調査を開始し，子ども
の強制引き離し政策に対して歴史家のピーター・リードが1983年に本を出版し
た（Read 1981）。

　このようななかで1988年ホーク首相は先住民の人々に対し条約（treaty）を
締結する意思を示す。だがその実現に向けての道のりは不安定なものであっ
た。オーストラリアにおいて無主地の前提がひっくり返り，政府が入植以前か
らの先住民の人々の土地に関する権利を何らかのかたちでも認めるのは1990年
代まで持ち越された。

7　おわりに

　ここまで駆け足で1980年代までのオーストラリア先住民の人々の歴史を概観
してきた。本章でカバーできなかった部分に関しては他の研究（e.g. 藤川編
2004; 鎌田 2002, 2014; 小山・窪田編 2002）を参照してほしい。オーストラリアと
いう「場所」を「渦」とすれば，そこに居住してきたオーストラリア先住民の
あり方もさまざまな流れにより形成されてきた。入植者との関係では先住民は
自らの文化的論理に基づいてそれをコントロールしたり，西洋的な方法を学ん
で自らの権利を回復しようと努めてきた。

　かれらのこんにちのあり方に影響してきたのは入植者との関係だけではな
い。保苅（2003b: 75）は日本人は「オージービーフを食べるものとして」「真珠
貝採取業に従事した日系出稼ぎ労働者と国籍やエスニシティを共有する者とし
て」，オーストラリア先住民の人々の現在のあり方に連累の「責任」があると

する。ここにさらに，原子力により発電された電気を使ってきたものとしての責任も入るであろう。オーストラリア先住民の現状を形作ってきた「流れ」のひとつとしてアジア人，日本人も確かにあったのだということを頭の隅にとめつつ，本章を先住民のような人々に「真摯に向き合う」足がかりのひとつにしてほしいと筆者は考えている。

【さらに学びたい人のための文献案内】

① Broome, Richard, 2010, *Aboriginal Australians: A History since 1788, fourth edition,* Allen and Unwin.

　　オーストラリア・アボリジニの歴史に関し版を重ねてきた基本的な歴史書。2010年の第4版は新しい研究の成果を踏まえ大幅に書き直されている。文献紹介も充実しており，オーストラリア先住民の歴史に関しては最初に手に取ることを勧める。

② 藤川隆男編，2004，『オーストラリアの歴史——多文化社会の歴史の可能性を探る』有斐閣.

③ 小山修三・窪田幸子編，2002，『多文化国家の先住民——オーストラリア・アボリジニの現在』世界思想社.

　　②③とも，オーストラリア先住民の多様性に目を配り，日本人研究者による最新の研究を踏まえて出版された論文集。上に挙げた Broome と併せて購読することを勧めたい。

④ Ganter, R., 2006, *Mixed Relations: Asian-Aboriginal Contact in North Australia,* University of Western Australia Press.

　　オーストラリア北岸におけるアジア人との接触の歴史を中心に，オーストラリアの歴史を「北部から」見直し，「スタンダード」に大陸南部を中心としてきたオーストラリア観を問う。多角的な視点よりオーストラリアをみることを考えさせる歴史書。

⑤ 山内由理子編，2014，『オーストラリア先住民と日本——先住民学・交流・表象』御茶の水書房.

　　日本をバックグラウンドとするものがオーストラリア先住民を研究する意味を関心の中心として，先住民学の知的相対化や日本とオーストラリア先住民との交流，オーストラリアの先住民学により日本が学べるもの，といった視点より集められた論文集。

⑥ SBS Series, 2008, First Australians: The Untold Story of Australia（映像資料）.

　　入植開始時期より1992年まで，植民地化のプロセスの中でオーストラリア先住民と入植者の関係を象徴する個人的なエピソードを7つ紹介する。植民地化という不平等な社会関係の中で人間の多様性への洞察を深めてくれる。

[山内　由理子]

第2章 先住民族との「和解」

Introduction

　歴史上の対立をいかに乗り越えるのか。それは，当事者である加害者と被害者の関係を再構築する作業だけでなく，その過去の出来事に直接関与していない人たちがどのようなかたちで責任をもつべきかを問うことである。さまざまな局面で日本に住む私たちにも突きつけられている課題である。

　オーストラリアでは，入植200周年と連邦結成100周年の歴史的な節目を機に，その歴史認識が問われることになった。入植者・移住者にとって苦難を伴う新天地での開拓の歴史は，先住民族にとっては侵略と不正義の歴史だったからである。この異なる歴史体験をもつ人々の「和解」が提起されて，その理念は徐々にオーストラリア社会に浸透し，社会統合の象徴としての役割を果たした。「和解」のプロセスは，先住民族の認知とその権利の承認を推進する力となったが，その反動として，先住民族に認められた独自の権利を制限しようとする動きも生まれた。「実用的和解」の提起には，格差是正に重点をおくことによって，先住民族の独自性を希薄化する意図がみえる。

　ラッド首相による「盗まれた世代（Stolen Generations）」に対する公式謝罪をもって「和解」は目標に達し，先住民族のオーストラリア・ネイションへの組み込みは完了したかにみえる。先住民にとって和解は民族としての自尊心の回復の意義をもったが，その政治的プロセスは，かれらの伝統文化を基盤とした結束と自己決定権を揺るがすことになった。再活性化している憲法改正や「条約（treaty）」の議論は，独自のネイションとしての先住民族の認知の申し立てだといえる。

　「和解」は，先住民と非先住民が新たな関係性を創り出すことにとどまらない。オーストラリア人それぞれが，自らが帰属する社会の構成員として誇りをもち，その社会の歴史・現在・未来のあり様に関与することだといえる。

1　白いオーストラリアに黒い歴史あり

「白いオーストラリアに黒い歴史あり（White Australia has a black history)」
は，1988年の入植200周年に掲げられたオーストラリア先住民によるスローガ
ンである。第一船団到着200周年のオーストラリア・デイ（1月26日）には，英
国皇太子夫妻が出席し，シドニー湾の周りに200万人近くの人々が集った。他
方，侵略と収奪の始まりを象徴するその日には，全国各地から4万人の先住民
がシドニーに参集して抗議行動が行われたのである。オーストラリア建国の歴
史を祝う人々に対する意義申し立てであった。

　先住民族との「和解（reconciliation)」は，オーストラリア国家の歴史の共有
の試みであり，入植の歴史の過程で先住民が味わった受難に対して，非先住
オーストラリア人がいかに向き合うかを問うものである。また，先住民がおか
れている不公正な状態はその結果であるのだから，こんにちのオーストラリア
人が負うべき責任を認識することでもある。

　本章では，1988年に提起され，2001年に向けて展開された「和解」のプロセ
スを追い，多文化社会オーストラリアにおける先住民族のあり様を考えてみた
い。

2　「和解」の提起

　1967年の国民投票（referendum）に象徴される市民権回復運動と1970年代の
土地権回復運動によって，先住民族の自己決定（self-determination）は1980年代
には政治理念として認知され，先住民族の政治主体としての立場は自明の理と
なりつつあった。そうしたなかで，入植200周年の1988年と連邦結成100周年に
あたる2001年は，オーストラリアの入植の歴史とオーストラリア・ネイション
における先住民族の位置づけを問う格好の機会であったといえる。

　先住民に対する救済活動を主導してきたオーストラリアの教会組織では，そ
の行為が先住民に対する差別や抑圧に加担してきたことを自省する動きが顕著

で，1988年に教会組織のリーダーたちによる「オーストラリア社会における和解に向けて——和解とアボリジナル・オーストラリア人（Towards Reconciliation in Australian Society: Reconciliation and Aboriginal Australians）」と題する声明を発表した。教会組織が和解に積極的であったのは，フランク・ブレナンのような司祭でかつ人権運動家がいたことに加え，先住民の社会運動家の多くが敬虔なキリスト教徒であったことも看過できない要因である。

　またホーク労働党政権も先住民との関係改善には積極的で，1988年に開設された新国会議事堂での最初の議事で「アボリジニおよびトレス海峡諸島民に関する動議」を提出し，和解を促進することを訴え，野党による反対はあったものの両院で可決された。この決議では，①アボリジニおよびトレス海峡諸島民が入植前の占有者であったこと，②英国によって土地が奪われたこと，③1967年の国民投票で完全な市民権を得たことを認め，④かれらの文化と伝統の重要性と，⑤自主管理と自己決定の権利を憲法および法律で保障することが表明された。

　さらに，1987年に設置された「アボリジニの拘留死に関する王立委員会（Royal Commission into Aboriginal Deaths in Custody）」の報告書の中で，社会の分断や対立，先住民の権利の侵害を防止し，先住民と非先住民の間の和解を達成するために「和解評議会（Council for Aboriginal Reconciliation）」の設立が勧告された。王立委員会は，1987年から90年に起きた99件の先住民の拘留死の原因を精査するとともに，その死の背景にある社会的・文化的・制度的要因を詳察し，先住民と非先住民社会の和解が必須であると結論したのである。

3　社会統合の象徴としての「和解」

　王立委員会の勧告を受けて，1991年に10年の期限付きで設置された和解評議会は，先住民と非先住民の相互理解を深め，最終的に和解をうたう文書を公表することを目的としていた。連邦結成100周年での和解宣言の公表を意識していたことは明らかであろう。

　和解評議会は，先住民運動のカリスマ的存在であったパトリック・ドッズス

ンが委員長に就任し，先住民，政治家，知識人，非英語系エスニック・コミュ
ニティの代表等25名の委員で構成された。評議会は多くの公聴会を開催し，マ
スメディアなどを使って和解のための啓蒙活動を行うとともに，先住民に対す
る社会正義を達成するための施策を提言した。「和解」の語句は社会運動や政
策のさまざまな場面に登場し，オーストラリア社会に広く浸透していった。

　さらに労働党政権下の1990年代前半は，オーストラリア社会で先住民族の権
利が認知され，実定法によってその権利が保障されるようになった時代であっ
た。和解への機運が，先住民族の権利を保障するための法制度の整備の追い風
となったといえよう。1992年の最高裁判所によるマボ判決に続き，1993年には
「先住権原法（Native Title Act）」が成立，オーストラリア全土を対象として先
住権原認定の手続きが明文化された。1996年のウィック判決では，99年リース
の牧場借地でも先住権原は消滅していないという判断が下されたために，その
後は請求が急増した。後にかれらの権利は，湖沼や沿岸海域などの水域にも及
ぶことになった。

　1997年にはオーストラリア人権委員会が「盗まれた世代」に関する報告書
『大切な人たちを返して（Bringing them Home）』を公表し，オーストラリア社
会に衝撃を与えた。政府機関や教会，民間組織によって先住民の子どもたちに
対して行われてきた親からの強制隔離に関する調査の最終報告書で，1995年の
調査開始以降オーストラリア各地で公聴会が開かれ，700以上もの報告書が寄
せられた。それまではそうした施策があったことすら知られておらず，家族や
故郷から強制的に引き離され，家族や文化との絆を絶たれて心の傷を負ったま
まの先住民が多く存在するという事実に対して，最終報告書でも勧告された，
連邦議会による「公式謝罪」を求める声が強くなっていった。1998年には5月
26日が「国民の謝罪の日（National Sorry Day）」に制定されて，教会団体や地
方自治体による「謝罪」が次々と表明された。

　ところが，1996年に政権交代を果たした保守系連合政権のジョン・ハワード
首相は，断固として公式謝罪を拒否した。1999年に連邦議会に提出された「和
解の動議」では，過去の出来事に対して現在の人々は責任を負うものではない
として「遺憾の意（deep and sincere regret）」を表するにとどまり，野党の強い

Key Word

盗まれた世代（Stolen Generations）

　同化政策の下で親元から強制的に引き離されたオーストラリア先住民の総称である。各州・特別地域の法律に基づいて，先住民の子どもたちは政府・教会・民間の施設あるいは「白人」家族の下で育てられた。その数は定かではないが，1910年から70年にかけて，10%から30%を超える子どもたちが収容されたと，人権委員会の報告書『大切な人たちを返して』は結論している。

　先住民の子どもの強制隔離は連邦結成前の各植民地でも行われていたが，「混血」の増加が顕著になるにつれて，先住民を社会に吸収，あるいは同化させることを目的として制度化され，各州・連邦政府は積極的な介入を行うようになった。キリスト教と英語教育だけでなく，家事労働者・牧童・雑役夫などとして働くための訓練も施された。1950から60年代にかけては福祉政策の一環として，さらに多くの子どもたちが強制的に収容された。よりよい教育や医療の機会を与えるというものであったが，かれらの言語・文化は否定され，家族を失い，日常的なネグレクトや虐待にさらされ，それぞれが負わされた心の傷は大きい。また，離散させられた家族やコミュニティの苦難は計り知れない。

　1980年にニューサウスウェールズ州で，その後各州で離散家族の再会を支援するリンクアップ・プログラムが始まった。

反発を招いた。この動議は下院では可決されたが，上院では否決された。

　また政府の謝罪拒否に反発して，ドッズスン委員長を含む多くの和解評議会委員がその任期終了を機に辞任し，評議会の活動が低下して和解への切迫感も薄れていった。2000年に和解評議会が発表した「オーストラリア宣言──和解に向けて（Australian Declaration: Towards Reconciliation）」と題された最終文書では，過去の不正への謝罪の表現は弱められ，「国土を大切にし，アボリジニおよびトレス海峡諸島民の伝統が尊重され，すべての国民が正義と平等を享受する，一致団結したオーストラリアとなることを希求する」と結ばれている。

　ハワード首相は，謝罪に象徴されるような和解を「象徴的和解（symbolic reconciliation）」と批判して「実用的和解（practical reconciliation）」を提起した。「実用的和解」は教育，雇用，居住環境，保健衛生などに顕著にみられる，先住民と非先住オーストラリア人の格差の是正に焦点をあてるもので，先住民政策の方針としては間違っていない。しかしながら，「実用的和解」を推進する

ことによって一般のオーストラリア人と同等の権利を先住民は享受すべきだとする主張は，労働党政権下で承認が進んだ先住権，つまり「差異の権利」，を制限するためのレトリックであったといえる。さらに，格差是正方針は，過去の不正義に対する賠償の議論を吸収するものであった。

　こうした風潮の中で，「和解」はオーストラリア社会の「統合（unity）」の象徴としての役割を担うことになった。ハワード首相は「象徴的和解」を批判したが，実は「和解」に求められていたのはその象徴性だったのである。

　「オーストラリア宣言」が発表された5月の「2000年の儀礼（Corroboree 2000）」の行事では，「和解のためのウォーク（Walk for Reconciliation）」が開催され，ハワード首相は参加しなかったのだが，25万人もの人々がシドニー・ハーバーブリッジを渡った。同じような催しはメルボルンのプリンスブリッジでも行われた。その年に開催されたシドニーオリンピックの開会式典は，アボリジニ男性がヨーロッパ系の女の子を導いてオーストラリアの歴史を旅するという構成で，式典の最後に競技場に大きな橋が作られ，国民全体のイベントとして演出された。

　このようにして和解は，多文化社会に先住民を融合させるものとして，多文化政策の方針としても位置づけられることになった。1970年代に登場した多文化政策は，移民社会の統合を目指すものであって先住民はその射程にはなかったし，先住民も移住者のマイノリティ集団とは一線を画していた。ところが，1999年に発表された『多文化オーストラリアのための新アジェンダ（A New Agenda for Multicultural Australia）』では包摂（inclusion）という言葉が示され，多文化主義はすべてのオーストラリア人に適用されるもので，先住民を含むホスト社会と移住者との相互理解が重要であること，和解評議会の任期終了後も和解のプロセスを続けること，といった方針が示されたのである。

4　公式謝罪とネイションへの包摂

　2008年に政権に返り咲いた労働党政権を率いるケビン・ラッド首相は，国会開会の初日に連邦政府と連邦議会を代表して「盗まれた世代」への公式謝罪を

行った。その様子は全国各地に設置された巨大スクリーンで生中継され，謝罪を聞きながら涙する人々の様子もテレビや新聞で報道された。連邦政府による公式謝罪は和解が一応の目標に達したことを意味した。本来ならば，「盗まれた世代」報告書の勧告で示されたとおり，和解評議会による和解宣言と連邦議会での謝罪をもって連邦結成100周年に完結するはずであった。

　さらにラッド首相の公式謝罪は，過去の不正義に対する謝罪だけでなく，完全な和解を宣言し，先住民と非先住オーストラリア人の相互理解と協働をうたう未来志向の強いものであった。謝罪に続くスピーチでも，雇用機会の格差をなくし，17年も異なる平均寿命の差を縮め，先住民の子どもたちの教育に力を入れ，遠隔地での住宅整備を行うことなどを約束している。ハワード首相が示した「実用的和解」を継承するものでもあった。ラッド政権は，ハワード政権が反対していた「先住民族の権利に関する国際連合宣言」にも署名した。

　2011年に発表された『オーストラリアの人びと——オーストラリアの多文化政策（The People of Australia: Australia's Multicultural Policy）』では，多文化こそがオーストラリアのナショナル・アイデンティティであるとして，個人の多様性を尊重するとともに，先住民族も包摂したひとつのネイションとしての多文化共生が提示された。

　このように社会統合の理念として展開された和解は，「先住民の歴史や生活を，オーストラリアのホワイト・ナショナリズムの枠組みにはめ込もうとする試み」（塩原 2010）であったといえる。先住民による土地や水域に関する権利の要求や，聖地の保全といったかれら独自の伝統や世界観による空間の切り取りは，非先住オーストラリア人に侵略者としての負い目を感じさせ，故国での疎外感を味合わせることになった（Gelder and Jacobs 1998）。「和解」の成立は，非先住民にとっては，そうした「居心地の悪さ」を解消する魔力をもつ。

　他方，先住民にとっても，オーストラリア・ネイションの枠組の中に正当かつ正統な地位を得ることは，長年の念願であった。入植150周年記念の折に先住民運動家たちは，「オーストラリア・ネイションに含まれることは，正当な権利である」ことを主張していた（McGregor 2011）。オーストラリア先住民族のオーストラリアからの分離独立は現実的な選択肢ではなく，それよりも，

「いかに包摂されるか」が20世紀後半に展開された先住民運動の重要課題であった。そして，その答えが「自己決定」であり，その理念に基づく自治の拡大であった。

　ところが，こうした和解運動の展開と具体的な施策の中で，この自己決定が後退しているようにみえる。1980年代後半に和解が提起されたときの批判勢力には，ナショナル・アイデンティティから先住民族の排除を望む非先住オーストラリア人とともに，自己決定権が弱まることを懸念する先住民があったのだが，その懸念が現実となっている。次節では，和解のプロセスがなぜ自己決定の後退を生んだのか考えてみたい。

5　「実用的和解」と格差の是正

　和解のプロセスでは，先住民族に対する過去の不正義と，その結果先住民がおかれている不当な状況は自明なこととなり，格差の是正が重要課題となっていった。先述したようにハワード首相は，謝罪や先住権の承認や拘留死問題の解決といった「象徴的和解」ではなく，教育，雇用，住宅整備，保健衛生などの分野での生活の質の向上に重点をおいた「実用的和解」への転換を主張した。また，ラッド首相の公式謝罪の決議の中でも，生活面での格差是正が約束されている。こうした方針は，先住民に対する福祉政策と自己決定権にも影響を及ぼすものであった。

　2006年にハワード政権が発表した「北部準州への緊急対応政策（Northern Territory Emergency Response）」は，先住民による自治が保障されている地域に連邦政府が直接介入するもので，先住民地区の入域制限制度の見直し，警察の常駐，酒類・ポルノの禁止，子どもの教育を疎かにする家庭に対する福祉手当の一部凍結など，同化政策の時代へと逆行したかにみえる極めて干渉主義的な政策であった（⇨第3章）。その後の労働党政権では，露骨な干渉主義は見直して先住民との対話を重視したものの，ハワード政権が目指した「実用的和解」は，北部準州での「より強い未来（Stronger Futures）」政策や全国を対象とした「格差是正（Closing the Gap）」政策として継承されてきた。

　これらの政策の詳細や評価は第 3 章に譲るとして，ここで指摘しておきたいのは，こうした干渉主義的政策に先住民のリーダーたちが一定の理解を示したことである。ノエル・ピアソンやギャラウィ・ユヌピングやマーシア・ラングトンといった先住民政策批判の急先鋒であった先住民のリーダーたちが，緊急対応政策への支持を示して世間を驚かせた。また，アリソン・アンダーソンやベス・プライスといった北部準州出身の先住民リーダーたちも賛意を示した。その根底には，遠隔地のアボリジニの居住地区での貧困とアルコールと暴力の連鎖や，非先住民社会との格差が縮まらないことへの焦燥感があった。特に，女性の先住民リーダーたちは，男性主導のコミュニティ運営に批判的で，暴力の深刻さを訴え続けており，警察の常駐を歓迎する声も聞かれた。

　緊急対応政策で北部準州のアボリジニ居住地区に導入された「収入管理制度（Income Management）」は，地域が限定され条件等も若干異なるものの，その後オーストラリア各地に導入されている。この給付制限付きの福祉手当制度は，ピアソンが自身の出身地でもあるクィーンズランド州ケープヨーク地域で始めたものである。彼は「自立」や「責任」や「自助努力」を求めたハワード政権の「実用的和解」を強く支持していた（Pearson 2011）。

　ピアソンは「責任を負う権利（right to take responsibility）」を唱え，先住民は福祉の受け身からの脱却が必要で，経済や社会の発展に個人や家族や先住民集団が能動的にかかわるような福祉政策への転換が必要だと訴えた（Pearson 2011）。さらに，先住民であっても市場経済に適合する能力を高めることが不可欠で，そのために子どもの就学や家庭環境の整備を重点課題とした。

　クィーンズランド州政府と後には連邦政府の助成を得て，ピアソンは2008年にケープヨーク地域での福祉改革に着手した。「ケープヨーク福祉改革トライアル（Cape York Welfare Reform Trial）」と名づけられたこの改革の中核は，受給資格付きの福祉手当の導入であった。子どもの学校への出席率が100％であること，虐待やネグレクトがないこと，薬物・酒・ギャンブル依存や家庭内暴力がないこと，公共住宅の賃貸要件を遵守することなどの条件を付け，条件を満たさない場合は給付の凍結を含めた公的介入を可能にするものであった。ただし先住民との協議を行わなかったハワード政権の緊急対応政策と異なり，

ケープヨーク地域では先住民の長老が参加する委員会が組織されて，福祉カウンセラーと協働して受給資格を満たさない個人に対する介入を行っている。

　和解は，植民による不正義を正すものであったのと同時に，先住民族としての自尊心を回復し，自らが能動的に社会の変革にかかわっていく作業でもあった。非先住民社会による「先住民族の美化（romanticising Aboriginal people）」や「被害者イメージの押しつけ」を批判し，先住民の経済的自立を主張するラングトンのような先住民運動家が現れても不思議ではない（Langton 2013）。ラングトンは先住民自身が被害者意識から脱却することが必要だとも訴えた。ラングトンの主張は，ピアソンの「責任を負う権利」や福祉依存体質からの脱却の主張と通底する。

　「実用的和解」が先住民族の自己決定を揺るがしている要因は，公的介入の分野の拡大もさることながら，先住民のアイデンティティとエンパワメントの拠り所としてきた文化的独自性の価値が浸食されていることにある。つまり，こんにちの社会で先住民のエンパワメントを追求するには，経済活動への能動的関与を進めることが不可欠で，そこでは「先住民性」さえも第一義的な価値を喪失しているということになる。塩原が指摘するように（塩原 2017），オーストラリアの「ネオリベラル国家」化の中で，文化の独自性を基盤とした先住民族としての自己決定ではなく，「自己責任」の規範に基づく「自己決定」へと変化しているといえよう。その過程で，先住民社会の中で新たに周縁化される先住民が生まれ，先住民社会の分断が起きている。

6　細分化する「自己決定」主体

　先住民族のオーストラリア・ネイションへの包摂は不可逆的なものとなり，個人の多様性が尊重される社会では，マジョリティに対抗するための先住民族の連帯感は意義を失いつつある。さらに，和解を追い風として先住民族の権利に対するオーストラリアの法制度が整備されたことが，先住民諸集団の個別闘争を可能にし，市民権や土地権回復運動のようなかつての汎先住民族的な社会運動は姿を消す要因となった。

　1990年に新設された「先住民委員会（Aboriginal and Torres Strait Islander Commission: ATSIC）」は先住民族の頂上組織として画期的だった。ATSIC は連邦法によって設置された行政委員会で，1970年代以降に模索されてきた先住民族の「自己決定」を実行する行政機関であった。選挙によって各地域から選出された先住民の評議員には，連邦政府の対先住民福祉予算の配分や運営方法を決定する権限が与えられ，各地の先住民団体が申請した雇用・教育支援，インフラ・住宅整備，商業活動などの2000にも及ぶプロジェクトを審査し，補助金の給付を決定した。ATSIC は先住民族を代表して政策運営に関与するとともに，先住民集団の地域性の高い要望に応えようとしたものであった。なかでも重要だったのは，遠隔地に住む先住民の雇用創出を目的とした「コミュニティ雇用開発プロジェクト（Community Development Employment Project: CDEP）」の運用であった。しかし予算の非効率的な運用や，縁故主義，指導者のスキャンダルなどが問題視されて，ATSIC は2005年に廃止された。CDEP も上述の緊急対応政策の導入とともに2006年に廃止され，2008年に「遠隔地の職業とコミュニティプログラム（Remote Jobs and Communities Program）」に，2015年には「コミュニティ開発プログラム（Community Development Program）」に再編された。

　ATSIC が担当した先住民関連予算の配分や執行はその他の行政機関に吸収され，先住民族の代表組織として「オーストラリア・ファーストピープル国民会議（National Congress for Australia's First Peoples）」が2010年に結成された。ATSIC とは異なり，国民会議は先住民予算の執行権などはもたず，政府外組織として先住民の意見の集約をして提言を行うことを目的としていた。しかしながら以下に述べるように，オーストラリア先住民族を代表する頂上組織は，先住民族の権利主張やエンパワメントにとって有効性を失いつつあるといえる。

　先住権をめぐる要求は実定法の制定によって司法判断が可能となり，その闘いの場は法廷へと移っていった。しかも，そうした司法判断は原告の限定を要するために，伝統文化を共有する先住民集団とその成員の特定や，集団の交渉力や政治力が問われることになり，先住民集団間の格差や分断が生じた。1970

年代以降，先住民族の「自己決定」や「自主管理」は先住民政策の基本方針として位置づけられ，先住民の社会運動の根幹にある理念として定着してきたが，その実行主体となる組織が多様化し細分化してきたといえる。しかも，先住民族の権利が国家の法制度の中で読み替えられることによって，自己決定の政治主体は国家の枠組みに縛られざるを得ないというパラドックスを生んだ。

　また，鉱山開発や環境保全，資源管理といったイシューでは，先住民集団と非先住民集団のトランスナショナルな共闘や，先住民同士の対立もみられた。オーストラリア東南部の優勢な白人人口の中にアボリジニが混在する「白人オーストラリア」と呼ばれるような地域でも，複数のアボリジニ集団が非アボリジニ組織を含むネットワークを形成して政治過程に参画してきた（友永2013）。

　あるいは，先住民文化の尊重と理解が推奨される中で，中央砂漠の点描画やアーネムランドの樹皮画，工芸品，ひいては音楽や舞踏といった先住民の伝統文化が商品化され，先住民集団や個人の経済力にも格差が生まれた。先住民族としてのアイデンティティを支えてきた伝統文化さえも，個別化や私有化が進んでいる。

　オーストラリア社会における先住民の権利主張は，いまや民族として結束して闘うものではなく，イシューごとに先住民諸集団が離合集散を繰り返して運動が展開されるようになった。先住民族の権利は，かれら独自の伝統や慣習や文化を拠り所とするものであるが，その文化的独自性が先住民個人のアイデンティティの一義的な拠り所でなくなっているともいえる。先住民族と非先住民社会という対抗軸が消えつつある中で，「和解」の意義とあり方が問われているといえよう。

7　「和解」の現状

　和解評議会の創設25周年の節目に，その後継組織である「オーストラリア和解委員会（Reconciliation Australia）」は，「オーストラリアにおける和解の状況──私たちの歴史，私たちの物語，私たちの未来（The Stage of Reconciliation in

Australia: Our History, Our Story, Our Future)」と題する報告書を発表した。和解
評議会の初代委員長だったドッズスンは，報告書のまえがきで，「和解はオー
ストラリアの政治闘争の舞台を超越するもので，国民としての一体感（sense
of national unity）を促進するものでなくてはならない」と述べている。

　こんにちでは，先住民族がオーストラリア・ネイションから排除されること
はない。冒頭に紹介したオーストラリア・デイも，その意義を見直し，廃止す
るか，あるいは別の日に設けるべきだという議論もある。オーストラリア・デ
イに行われてきた市民権授与式を別の日に行う自治体も出てきている。先住民
が示す不快感や怒りに共感するかどうかは別として，植民地化の歴史と先住民
族の受難に関する認識はオーストラリア国民で共有されているといえよう。し
かし，1988年にホーク首相が和解を提起して以来未解決なのが，自己決定が保
障された主体としての先住民族の地位を明文化する作業である。

　そもそも和解評議会が目指したのは，侵略と収奪の歴史の清算を象徴する文
書の採択であった。その文書は，先住民族と植民者が対等な地位におかれなく
てはならず，文書の採択に続いては1970年代以降提案されてきた「条約」の合
意か，あるいは憲法での明文化が企図されていた。20年近くかけて「謝罪」ま
で漕ぎ着けたものの，そうした対等な関係が宣言されたわけではない。それよ
りも，個別の案件としての先住民の権利の承認や，格差是正が喫緊の課題とさ
れてきた。再活性化する憲法改正や「条約」の議論は，オーストラリア・ネイ
ションにおける先住民族としての地位を明文化しようとする動きにほかならな
い。

　1999年の憲法改正の国民投票では，アボリジニおよびトレス海峡諸島民が
オーストラリアのファースト・ピープルであることが明記された憲法前文が提
案されたが，共和制移行への可否が同時に問われたこともあって，否決され
た。2013年には連邦議会で「アボリジニとトレス海峡諸島民を民族として認知
する法（Aboriginal and Torres Strait Islander Peoples Recognition Act）」が成立
し，かれらをオーストラリアの最初の占有者（the first inhabitants of Australia）
として認め，憲法改正のための国民投票の準備を始めた。当初は2年間の時限
立法であったが，その後延長され，2018年には両院の特別委員会が設置されて

議論が続けられている。

　また，2015年には16名の先住民と非先住民の委員からなる「国民投票評議会（Referendum Council）」が設置された。2017年には全国から250名の先住民の代表が集まって，国民投票を考えるための代表者会議がウルルで開催され，「心から訴えるウルル声明（Uluru Statement from the Heart）」を発表した。この声明では，アボリジニおよびトレス海峡諸島民はオーストラリア大陸の最初の主権をもった民族で，連邦議会に先住民族の声を反映するための憲法改正が必要だと訴えた。ここにきてオーストラリア・ネイションへの包摂に抵抗する声が挙がっている。しかしながら，この声明は強制力をもたず，国民投票評議会が完全な合意を示しているわけでもなく，憲法改正への道のりはみえていない。

　さらに2018年には，ビクトリア州議会で「ビクトリア・アボリジニとの条約合意を進展させるための法（The Advancing the Treaty Process with Aboriginal Victorians Act）」が成立した。州レベルでの初めての試みではあるが，こちらも具体的な行程表は示されておらず，先行きが見通せない。

　「実用的和解」が目指した格差の是正の歩みも遅い。先住民の拘留死に関する調査報告が「和解」が政治の舞台に登場した発端であったのだが，拘留率も拘留死問題も全く改善されていない。オーストラリア和解委員会は，和解の実態を計る指標として，人種間関係（race relations），平等と公正（equality and equity），制度的整合性（institutional integrity），歴史の受容（historical acceptance），それらすべてを融合したナショナル・アイデンティティの共有を意味する統合（unity）の5つを挙げて調査を行い，評価を行った。その報告書の所見では，先住民と非先住民の間の信頼関係は低いままであるし，多くの先住民は偏見や差別を日常的に経験している。雇用・教育・健康面などすべてで格差が大きく，先住民は個人や集団としての権利を十分に享受していない。和解への理解や支援は得られ先住民関連予算も増えているが，行政サービスの低下がみられる分野もある，といった評価が並ぶ。評価が高いのは，歴史の受容とナショナル・アイデンティティの共有の局面である。先住民の文化は尊重されているし，先住民の自尊心も回復している。歴史上の先住民に対する不正義への理解は進み，大半のオーストラリア人は先住民と非先住民の結束を重視し，憲

法での先住民族の地位を認めるなどの新しい対策を望んでいるとの調査結果も出ている。とはいえ，多くのオーストラリア人は，どのようにして和解にかかわればよいのかがわからずにいる，とある。

8　おわりに

「和解」はこんにちのオーストラリアでは広く支持を得ているといえる。先住民族の伝統文化を尊重し，不正義の歴史を認知して謝罪をし，オーストラリア社会の統合を図るもので，「和解」がオーストラリア・ネイションの存在を揺るがすものではない，という前提があるからである。先住民にとっても，「和解」は支配社会に対する抵抗や権利主張の申し立てを支える理念ではない。それどころか，1990年代に進んだ実定法による先住権の認定や，「実用的和解」で提起された格差是正政策において，先住民族としての連帯は効力を失い，自己決定権も後退しているようにみえる。提起から30年を経て「和解」は，オーストラリア・ネイション統合の象徴となり，先住民族と非先住オーストラリア国民の関係を変革する推進力としての役割は終えたといえよう。

他方，和解のプロセスと並行して続けられている，憲法改正や「条約」の議論は，先住民族のネイションとしての地位の明文化を求めるもので，オーストラリア・ネイションに包摂されることへの意義申し立てであるといえる。とはいえ，その主張も象徴的な意味合いが強い。

したがって，先住民，非先住民にかかわらず，和解に賛同していても個人的にどのようにかかわればよいのかわからない，という回答が多数を占めたのも不思議ではない。先住民の実生活におけるエンパワメントを支える効力を失いながらも，今後「和解」は，折りにふれて先住民族がおかれた不正義を弾劾し，ネイションとしての先住民族の自尊心を支える理念として継承されるのではないか。さらに，オーストラリア国民それぞれに，先住民族といかに向き合うかを問い続けることになろう。

【さらに学びたい人のための文献案内】

① 窪田幸子・野林厚志編，2009，『「先住民」とはだれか』世界思想社.

世界の多様な先住民と先住性の主張を取り上げて，先住民の権利主張と政治的実勢が拡大する中で変化する先住民概念を検討した研究書。

② Gelder, Ken and Jane M. Jacobs, 1998, *Uncanny Australia: Sacredness and Identity in a Postcolonial Nation,* Melbourne University Press.

カルチュラル・スタディーズの視点から，先住民族による土地権要求と聖地の言説は，オーストラリアを不可思議な場所に変貌させたと論じる。

③ Kidd, Rosalind, 1997, *The Way We Civilise,* University of Queensland Press.

クィーンズランド植民地／州の先住民政策の実態を明らかにした研究で，先住民政策による不正義を理解することができる。

④ Macintyre, Stuart and Anna Clark, 2003, *The History Wars,* Melbourne University Press.

政治化するオーストラリアの歴史認識や対立する歴史家の議論を歴史家の視点から論じたもので，本書がさらなる議論を呼んだ。

⑤ Pearson, Noel, 2011, *Up from the Mission: Selected Writings,* Black Inc.

「急進的中道派」の先住民運動家ピアソンの評論集。先住民コミュニティを立て直すための指針を提起しており，先住民政策を批判的に理解する上でも役立つ。

[鎌田　真弓]

第3章 先住民族政策の展開

Introduction

　先住民政策とは多文化社会論において試金石といえよう。オーストラリア連邦が国家として1970年代に多文化主義を施策として掲げたにせよ，先住民はその連邦国家の多数派が到来する前からこの大陸に住んでいた者たちの末裔である。入植してきた諸民族が多文化主義政策を採用することは，かれらにおいてひとつの詩的な平等宣言になり得ても，先住民には入植者が一丸となって宣言したひとつの政治的不平等宣言になり得る。先住民政策とはまさにこうした多数派となった入植者たちの末裔による少数派となった先住民たちの末裔へのあつかいが具現化する場である。オーストラリアのように，元来の移民が多数派になった国家では，無徴化した主体による「先住民政策」という言葉が当たり前のように流通するが，政策はその為政者の意図と人々の受容との間に大きな幅がある。本章では第1章，第2章ですでに述べられてきた先住民の歴史のうち先住民政策の概略をたどるが，最終的には読者が，「先住民政策」の存在を相対化することで自らが「オーストラリア多文化社会」という文脈で考え始める地点へと誘いたい。

1 共有した過去，共有する未来

　2001年，オーストラリア大陸のほぼ中央にあり，「荒野の首都」ともいわれる都市アリス・スプリングス（Alice Springs, 以下，アリスと略）では，オーストラリア連邦国家独立100年祭を迎えるにあたり慎重な準備が進められた。

　1988年の入植200年祭においては入植を祝う主流社会に対して先住民からの反発運動が生じた。それゆえ，オーストラリア先住民を象徴する場所での祝祭は地元の先住民アランタ民族を中心に据え，オーストラリア先住民のラジオ局（Central Australian Aboriginal Media Association: CAAMA）が中心となり，2日間だけのこのフェスティバルに全教育機関からボランティアが募られ，入植200

年祭が先住民にとっていかなる意味をもつのかの学習が行われた。

　これに呼応するように，地元のアリスではその都市名を冠した最初のアリス・スプリングス・アート・フェスティバル（Alice Springs Art Festival）が，国家祝祭を先導するかたちで10日間開催された。その催しのひとつが，地元の文化複合施設で上演された，ヨーロッパ系詩人マイケル・ワッツの書いた演劇『トレイン・ダンシング（Train Dancing）』であった。

　それはアリスの都市の周辺に散在する先住民コミュニティで絶望的な暮らしをする若い男女の悲恋劇であり，主演男優をクィーンズランド州ケアンズ出身の先住民青年が演じ，主演女優を北部準州ユンドゥム出身の先住民青年が演じた。先住民コミュニティ内外のギャップの絶望的な状況を飲酒で埋め，大陸横断鉄道のレールで火照った体を冷まそうとして轢死してしまう先住民の姿は，実際にあった新聞記事から着想して書かれた物語であった。この行き場のない先住民青年という主題は非先住民詩人にも共有できる主題であり，観客には多くの主流社会の住民もいた。

　当時大学を出てまださまざまな可能性をもっていたこうした先住民青年たちがこれから述べる先住民政策の展開中でどのように出現し，その後どのような立場に立たされることになったのかを，読者と共有したいと思う。

2　植民地の諸政策下で

　オーストラリア先住民の歴史はヨーロッパ系オーストラリア人との接触以前から存在してきたし，現在も主流社会とは別様に存在している。最初の英国系移民船がオーストラリア大陸を訪れる前にもアジア系の人々との交流はあったが（⇨第1章参照），先住民が現在のような主流社会の政策の対象となる淵源は1788年からの歴史にさかのぼる。だがこの接触当時，大陸に散在していた先住民たちと入植者との接触は散発的なものであった。

　英国本国は総監アーサー・フィリップに対し，先住民と良好な関係を築くように命じていたが，天然痘，梅毒，インフルエンザ等により先住民人口は崩壊し（藤川 2000: 79），ニューサウスウェールズ植民地では，囚人を労働力として

使用した結果，犯罪の増加などさまざまな社会問題も生じ，先住民は各地で殺
戮^{りく}されていった。西オーストラリアでは1826年に入植が開始されたが，入植は
緩慢で，現地の先住民も移民を先祖の霊と解していたことなどから10年ほど平
和的交流が続いた。総督ジェイムズ・スターリングも先住民を「英国臣民
(British subjects)」と宣言し，その保護を約束した。それでも各地で生じた軋
轢や虐殺，伝染病などで人口が激減し，先住民のあつかいが軽んじられるよう
になり，抵抗する先住民には島が隔離施設として用いられた（藤川 1992: 96)。

　南オーストラリアでは1836年にヨーロッパ人による入植が開始されたが，先
の社会問題にかんがみ，新植民地に囚人は送らず，入植者は投機者，組織的植
民者，清教徒的正義感をもった者，慈善家，都会出身の職人，勤勉な労働者な
どから構成された（クラーク 1978: 91)。それでも入植が進むと，入植者の持ち
込んだ家畜の群れが，先住民の狩猟採集を行っていた土地を占領し，両者間で
の対立が生じるようになった（Gibbs 1969: 122-125)。

　こうして入植初期においては，宗主国英国政府の意図にもかかわらず，現地
ではそれとは異なる事態が生じた。個々の政策の意図は言説から導かれるが，
その言説とは異なる実践へと帰結する場合，私たちはどこまでを政策の範囲と
し，どの点から政策を評価するのかと立ち止まらざるを得まい。

3　各地での保護・隔離政策

　1852年，英国政府がオーストラリア東部の諸植民地に自治権を与えることを
決定し，植民地議会に憲法作成を命じると，1856年までにはすべての東部植民
地で自治政府が成立し，1857年に南オーストラリア，1859年にクィーンズラン
ド，1890年には西オーストラリアも自治植民地になった。

　他方で，ゴールドラッシュの始まる1860年代までに，先住民は壊滅的な打撃
を受けており，1860年に南オーストラリアの立法評議会によって任命された特
別委員会が，先住民をめぐる状況を調査し，その主な原因として幼児殺し，成
人儀礼，アルコール，入植者との性交渉などが挙げられたが，これらの大半は
入植者による土地はく奪の結果によってもたらされていた（Rowley 1970: 203)。

　こうした文脈で先住民の保護法を早くに導入したのは，ビクトリア植民地であった。1869年には「アボリジニ保護法（Aborigines Protection Act）」を成立させ，先住民を植民地政府の管理下においた。1881年にはニューサウスウェールズ植民地に，1886年には西オーストラリア植民地に「アボリジニ保護委員会（Aborigines Protection Board）」が設置され（鎌田 2014a），先住民を保護するためのリザーブ（Reserve）の設置と管理，配給や医療の管理，「混血」の管理などが行われた。クィーンズランド植民地では1897年に，「アボリジニの保護及び阿片販売制限法」を成立させ，各所に設置されたリザーブなどに監督官（Superintendent）をおき，それぞれの地区を管轄する保護官が任命された。

　こうして各植民地での自治政府での保護政策の後，1901年，6つの植民地を統合したオーストラリア連邦が誕生し，憲法が制定された（藤川 2000: 125-, 129）。だがその憲法においても，先住民を対象とする法律は各州でアボリジニ法（Aboriginal Act）として制定され，アボリジニ法では「純血」および「混血」の先住民を，飲酒や売春，その他主流社会によってもたらされた有害な影響から保護すると同時に，かれらをリザーブに隔離し，その生活を管理することを主な目的としていた。それでもこのアボリジニ法の制定を機に，先住民をめぐる権限は，現地のミッションから州政府に移譲されることになった。

　西オーストラリア州では1905年，アボリジニ法（Aboriginal Act 1905）によって本格的に保護・隔離政策が開始され（上橋 2005: 139），北部準州では1910年，アボリジニ保護法が導入された。南オーストラリア州では1911年，クィーンズランド州にならいアボリジニ法が施行された。法の制定において，南オーストラリア州では「混血」の先住民の増加に伴い，先住民の定義が必要となったため，先住民の範疇にはすべての純血の先住民が含まれる一方で，「混血」の先住民に関しては場当たり的な線引きが行われることになった（Rowley 1970: 220）。

　アボリジニ法の下では，各州に設置されたアボリジニ省（Aboriginal Department）の運営にあたる先住民保護官（Chief Protector of Aborigines）に，21歳未満の先住民の法的後見人となる権限が与えられた。同法により先住民は，移動の自由，結婚の自由，財産の管理，投票権，飲酒，労働に関する権利がはく奪

された（栗田 2018: 57）。こうして，植民地各地で生じた人口減少，衝突，混血
は，オーストラリア連邦として英国政府から独立した後も各州政府の手にゆだ
ねられ，それは先住民を「保護」し非先住民から「隔離」する法として具現化
した。ここでの先住民政策では「純血」先住民の保護・隔離と実践場面での
「混血」先住民の線引きが問題となるも，いずれもいったん州法の下に入ると
財産や行為など各種の管理下におかれることになった。

4　各州での同化・統合政策

4-1　保護・隔離政策からの転換

　1930年代に入ると，主流オーストラリア人の間では，消滅しつつある「純
血」先住民はリザーブに保護するが，「混血」先住民は低賃金労働者として主
流社会に吸収すべきだという考えが一般化してくる。他方で入植初期より激し
い社会変化をこうむった大陸東南部ではビクトリア州の先住民活動家ウィリア
ム・クーパーが，1932年に「オーストラリア・アボリジニ連盟」を設立し，先
住民の生活環境の改善と議会に先住民の代表を送るために法律の整備を求めた
署名運動を行った（鎌田 2014a: 8）。

　こうした先住民の社会変化に対処するため，連邦政府主導の先住民政策への
期待が高まり，1937年には連邦と州の原住民担当局代表が一堂に会した「オー
ストラリア連邦と州における原住民福祉会議（Commonwealth-State Native Wel-
fare Conference）」が開催され，同化政策が提案された（上橋 2005: 142）。

4-2　第二次世界大戦の影響

　1938年には第二次世界大戦の足音が近づきオーストラリア国内で募兵が開始
されていたが，先住民の「同化」が進んでいた大陸南部の都市では，先住民た
ちも募兵に応じてオーストラリア帝国陸軍（Australian Imperial Force: AIF）に
入隊し，大陸北部のダーウィンでも「混血」先住民がダーウィン防衛の国民軍
（Militia）に入隊した（鎌田 2014c: 115）。

　南オーストラリア州では1939年にアボリジニ法が改正され，「アボリジニ」

の定義が、「純血」および「混血」の先住民から、先住民出自をもつ人々全員に拡張された。他方で混血の度合いには関係なく、生活や知性の水準や同化の程度によって主流社会で生活することが可能であると判断された人々については、法的義務から免除されることになった。だが免除規定を受け入れた人々はリザーブからの移動や酒の消費の禁止等のさまざまな法的制限から解放される一方で、リザーブへの居住やそこに住む親族の訪問や付き合いが禁止された（栗田 2018: 58-59）。また、第二次世界大戦中には南オーストラリアのリザーブでも募兵が行われたが、入隊によって先住民の中には、非先住民と対等な賃金や労働条件の下で働く機会を得る人々も出てきた。1944年の西オーストラリアでも、一定条件を満たした先住民に市民権を与える原住民（市民権）法（The Native(Citizenship Rights) Act 1944）が制定された（上橋 2005: 143）。

　こうして第二次世界大戦中、アボリジニおよびトレス海峡諸島人がオーストラリア軍に入隊し、オーストラリア軍の労働者として働いたが、こうした陸軍の雇用を経験した先住民労働者は、戦後も賃金の受け取りと労働環境の改善を求めるようになってゆき、軍での主流社会人との接触は、先住民の世界観を変えた（鎌田 2014c: 129-130）。

4-3　戦後の先住民運動

　1948年、それまでオーストラリア国民は英国臣民であったが、戦後になりオーストラリア国籍・市民権が成立した。こうしたなか、先住民政策は連邦政府の権限内で改革が進められていった。

　まず1949年、オーストラリア連邦の選挙法の改正によって、連邦議会の選挙権が認められた。また1951年に開催された連邦・州政府先住民担当相会議では、「純血」先住民も対象とした「同化」が政策の目標として合意された（鎌田 2014a: 13）。連邦政府によっていっそう強化された同化政策の下では、「成功したアボリジニはヨーロッパ化したアボリジニ」という考えの下、最終的にすべての先住民がコミュニティの一員として、他のオーストラリア人と同等の権利や特権を享受し、同等の責任を負い、同じ慣習、同じ信仰に従うようになることが期待された（Broome 1982: 171-173）。

　1957年になるとシドニー，メルボルン，アデレードをはじめとする大都市における先住民組織が集結し，先住民がオーストラリア社会で一定の地位を占めるようになる。先住民はいずれ消滅するというこれまでの認識は覆され，1962年にはすべての先住民に連邦政府の選挙権が付与され，各州はそれぞれのアボリジニ保護法を廃棄していった。1965年に成立した「アボリジニ及びトレス海峡諸島人法」では，原住民局に付与されていた後見権も廃され，最低賃金の支払いも保障されるようになった（鎌田 2014a: 13）。

　こうして1960年代になると，連邦政府および大半の州政府によって，先住民に対して平等主義的な考えに基づく法律が制定された。南オーストラリアでは，労働党政権の下，ドン・ダンスタンがアボリジニ問題省大臣に就任すると，彼は，オーストラリア全土で先住民の同化が一般的に支持されるなか，仮に先住民がオーストラリア主流社会の一員となることを選んだ場合でも，独自の文化的アイデンティティや生活様式を維持する権利を認められるべきであると主張した。そして1966年にアボリジニ土地信託法，差別禁止法，アボリジニ関連法改正法を導入し，先住民の自律性の可能性を模索した（栗田 2018: 62-63）。

4-4　連邦法改正

　1967年の国民投票での憲法改正では，当時大半のオーストラリア国民が「アボリジニの市民権獲得」キャンペーンに賛同して憲法改正に賛成票を投じたのだが，実際の政策では先住民に関する特別法の立法権を連邦政府にも付与すること，人口調査から先住民を除外することを定めた項を排除することが眼目であった（鎌田 2014a: 18）。この憲法改正を機に，先住民政策の立法権は連邦政府へと移譲された。具体的には先住民が市民権を獲得した後の1971年の国勢調査からは，先住民の血の度合いに関する質問はなくなり，先住民であるか否かは自己申告制によることになった。そして，「アボリジニあるいはトレス海峡島嶼民とは，当人がその子孫であることを認識し，かつ，居住する周囲の人びとにも，そう受け入れられているひとびとをさす」という連邦政府による定義が一般的に受け入れられるようになった（上橋 2004: 375）。

　同化・統合政策の時代，先住民と非先住民の血による差異の管理の先住民政策の試みは各州政府の政策から，連邦政府の政策へと移行した。そこでは出自ではなく行為や内面による同化・統合が図られたが，同化・統合方針の中での差異が立ちはだかり，先住民性を承認しつつ国民としての平等性を求める運動が，先住民・非先住民双方から模索された。またここでは政策に影響したのが，保護・隔離政策が意図していなかった社会的現実が，次の政策を招いてきたことも確認しておきたい。

5　連邦政府の自己決定・自己管理政策

5-1　今がその時

　1972年，マクマーン政権が先住民の土地権の承認を拒否したことに抗議して，４名の先住民男性が議事堂の広場にビーチパラソルを立てて「アボリジニ大使館」を宣言した。同年32年ぶりに保守系連合から政権を奪還したウィットラム政権は，選挙で「今がその時」を掲げて勝利しており，「自己決定」は，新政権での先住民政策の革新性を表現するものとなった（鎌田 2014a: 15）。

　これは，先住民自身の自律性と決定権，地方の先住民社会への補償の増額，先住民関連問題の討論および決定に先住民自身が参与すること，オーストラリア国民に先住民の存在，問題，要求についての認識を深めるように努力することをうたったものであった。

5-2　土地権法の改正

　ウィットラム政権が，ウッドワード判事を先住民の土地権について提言を行う王立委員に指名すると，判事は先住民保護区の土地管理局への信託，先住民の鉱物採掘への拒否権，伝統に基づく土地権要求のための調査委員会の設立，先住民のための土地購入を可能にする財団の設立，という４つの柱からなる提言を行った（窪田 1993: 110）。

　1975年になり，ウィットラムに代わったフレーザー政権では，先住民政策において，自己管理（self-management）政策を提唱した。これは，オーストラリ

ア連邦政府の関与を縮小し，先住民による運営，決定を重んじるものであった。

　具体的には1976年に北部準州において先住民の土地権法を成立させた。第4章でも述べられるように，「アボリジニ土地権（北部準州）法（The Aboriginal Land Rights (Northern Territory) Act)」は，先住民の慣習法に基づく土地権利者の認定と，土地権請求手続きを明文化する画期的な法律であった。この法律に基づき，従来のリザーブなどの保護区は先住民自身の管理に委譲された。この法律による土地所有は，氏族・親族組織を主体とした総有形式の永代保有で，個人への分割や売買・譲渡はできないものであり，1987年に導入された土地権の請求期限（1997年）までに，250件近くの土地権請求が行われた。返還された土地は伝統的土地権利者が設立した土地信託法人が管理し，土地権利者は土地に対する占有権をもち，外部者の入域を制限し，地域における鉱山開発にも交渉権をもつようになった（鎌田 2014a: 20）。

　1988年の植民200年祭から始まるこの年はしかし，先住民による入植祭反対運動をはじめ，監獄死問題や同化・統合政策の結果生じた「盗まれた世代」問題など，新たな社会問題が複数出現した。オーストラリア主流社会は，次のステップに進むためにこれらの先住民の問題に対応する必要性が生じた。

5-3　組織の主体へ

　こうして，先住民の状況を改善することを目指した政策が続いた。1990年には，連邦政府の組織として先住民によって選出された評議員からなる先住民委員会（Aboriginal and Torres Strait Islander Commission: ATSIC）が設置され，先住民関連の予算の決定を先住民の委員が行うことになった。また，「拘留中のアボリジニの死亡に関する調査委員会」の報告を受けて，1991年に10年期限付きの和解評議会が設置され，和解のためには何が必要かが話し合われた（⇨第2章参照）。

　先住民政策としての自己決定政策が打ち出された1970年代前半，オーストラリア政府は新たな国民統合政策として，多文化政策を採用するようになっていたが，先住民側は，多文化のひとつとして組み込まれ国内外に呈示されること

を拒み，かれらはオーストラリア政府との「和解」を望んだ。政府の側も，「多様性の中の統一」を実現するためには，まず，先住民との過去の苦い歴史に端を発する諸問題を避けて通ることはできないと考え，先住民との和解実現に向けて動き始めた。先住民との和解は1991年のアボリジニとの和解評議会の設立を皮切りに本格的に行われるようになり，1996年にはこの同評議会によって『先住民の社会的正義へ向けての前進』報告書が発表された（栗田 2018: 71-74）。

5-4　先住権原の承認

　また1992年オーストラリア連邦議会で先住民（アボリジニおよびトレス海峡諸島民）の土地権利問題を処理するための法案，正式名称「土地または水域における先住権原及び関連する諸目的に関する法令」（公式略称「先住権原法」，通称「マボ法案」）が一部修正の上可決成立，1993年に施行された。これは英国やオーストラリア国家による統治が必ずしも土地の占有を伴ったものではなく，先住民の土地に対する権利が植民地化のプロセスで消滅していない可能性を認めるもので，先住民と国家の関係性を根底から覆すものであった。

　当初は先住権原の認定請求が可能なのは公有地に限られていたが，1996年には99年リースの牧場借地でも先住権原は消滅していないという判断が下されたため，その後は請求が急増し，1994年から2012年までの間に，1962件の申請が出され，134件の先住権原が認定，41件は消滅が確定しており，先住権原が認定された地域はオーストラリア全土の15.1%になった（鎌田 2014a: 22）。

　こうして，同化・統合政策において生じた，先住民性を承認しつつ国民としての平等性を求める運動は，自己決定・自己管理政策において，連邦政府の下でのATSIC，先住権原，和解（reconciliation）の約束をもって具現化した。だがこの先住民政策も，オーストラリア連邦国家の主流社会内で採用された政策であったことは忘れてはなるまい。1996年のこのころ，自己申請での先住民人口は約35万人にまで達していたが，それでもオーストラリア総人口の2％であった。移民を積極的に排除する白豪主義はすでに過去のものとなっていたが，それでも主流社会が「ホワイト・ネイション」（ハージ 2003）であること

に変わりはなかったのである。

6　包摂・介入政策

6-1　新自由主義政権

　1996年になると，ハワード保守党連立政権が成立した。ハワード政権の下で
は，自助努力や個人主義をはじめと
する新自由主義的な価値観が強調さ
れる中で，特に移民政策，先住民政
策についての大きな方向転換が行わ
れた。

　キーティング前政権による「多文
化国家オーストラリアのための全国
計画」に代表される多文化政策の見
直しは，1999年には国家多文化諮問
委員会の最終報告書，『多文化オー
ストラリアに向けての新計画（A
New Agenda for Multicultural Austra-
lia)』として発表された。これは多
文化主義がすべてのオーストラリア
人に適用されるもので，先住民を含
むホスト社会と移民との間の相互理
解が重要であることなどの方針が示
され，これまでの政策を大きく転換
させた（窪田 2009: 99; 栗田 2018: 75)。

　またハワード政権は，土地に関す
る特別な権利など，先住民政策の
「行き過ぎ」を見直し，先住民に対
しても一般のオーストラリア人と同

Key Word

包摂・介入政策

　時代は，その都度振り返って命名され
るため，先住民政策史も過去のものは合
意が得られやすく，現代に近づくほど未
確定の何を重んじるかで複数の代替案が
ある。

　オーストラリア先住民政策史では「保
護・隔離政策」「同化・統合政策」「自己
決定・自己管理政策」に続く現代の命名
は，論者により多様である。

　ここで「包摂・介入政策」としたの
は，「自己決定・自己管理」の時代に比
して自由党のハワード政権下での先住民
政策が過去の先住民政策への謝罪を回避
し，シドニーオリンピックなどで多文化
主義の先導的存在として先住民を位置づ
け，過去の先住民自治の土台を切り崩し
てきた政策の特徴を名づけたものであ
る。

　主旋律となるのは，新自由主義的な生
産的多様性の下で失敗を自己責任に帰す
というかたちで先住民を包摂的に排除
し，その帰結として自己管理能力に疑念
をさしはさんで介入するという姿勢にな
る。これはその後の労働党政策にも引き
継がれている。

様の権利のみを認めるべきだと主張した。こうしてさまざまな修正を経て，「和解」の文書は，五輪開幕前の2000年にシドニーで開催された「2000年の儀礼（Corroboree 2000）」で発表された『オーストラリア宣言──和解に向けて』報告書となり，過去の不正への謝罪の表現は薄められ，当初の「和解」の目標はさらなる未来へと持ち越されるものとなった（鎌田 2014b: 37）。

　本章冒頭で述べた2001年のアリス・スプリングス・アート・フェスティバルやオーストラリア連邦国家独立100年の祝祭イエペレニェ・フェスティバルはこうした文脈で慎重に準備されたものであった。

　2005年には，ATSICが解体され，すべてを「主流化」するとの名目の下に，先住民関連事業は他の各省庁に吸収された。それは，先住民関連予算の大幅な削減につながった。2006年には北部準州のアボリジニ土地権法を改正し，先住民の自由保有地にある居住地区を連邦政府と99年リース契約することが可能になった。これにより土地を分割して転貸をしたり，個人による土地の所有や売買，持ち家の建築，あるいは商業施設の建設などが可能になった（窪田 2009: 100; 鎌田 2014b: 43）。

6-2　新たな先住民活動家

　一方で，自己申告制になった先住民性は，これまでの国勢調査や政策にみられた定義における曖昧さが問題となり，先住民内部では「本物の」先住民とは誰かをめぐって意見が分かれるようになった（栗田 2018: 69）。そうしたなか，先住民活動家の1人，ノエル・ピアソンは，自らがリーダーシップをとるクィーンズランド州ケープヨーク地域で1990年代後半に社会福祉改革への取り組みを始めた。ピアソンは2000年に『責任を負う権利』を発表し，先住民は福祉の受け身からの脱却が必要で，経済や社会の発展に個人や家族やコミュニティが能動的にかかわり，経済的な自立と教育や保健衛生やコミュニティ全体の生活水準の向上を目指すべきだと主張した（Pearson 2009）。

6-3　主流社会からの介入政策

　こうした主流社会と先住民社会の新たな動きはハワード政権下で行われた先

住民政策として具現化した。

　この政策の発端は，2006年 5 月オーストラリア国営放送で放送された『レイトライン』で，中央オーストラリアのアボリジニ・コミュニティにおける暴力と性虐待の広がりを強調し，性交渉の交換にガソリン吸引などが用いられているとの報道があったことであった。

　この番組は国民の関心と多数のメディア取材を引き起こし， 6 月には北部準州首長が性虐待の調査を発表するという対応を引き起こした。それが2007年 4 月に公表された『小さな子どもたちは聖なるもの』報告書であったが，報告書のために召集されていたのは法学士，臨床心理学博士，弁護士，ソーシャルワーク修士などであり，報告書の内容は実態調査というよりも，これまでの挿話的証言やアルコール消費量，拘留者調査などを踏まえた報告に基づき，今後の児童性虐待の定義，再発防止策，実態把握のための情報収集センター設立の提言などからなっていた（飯嶋 2010: 48）。

　ところが当時自由党のハワード政権は 5 期目の就任をかけた選挙を11月にひかえており北部準州報告書公表から 2 月もたたない 6 月「アボリジニの子どもたちを虐待から養護し，よりよい未来の基礎を築くための北部準州緊急対策」が告知された。こうして「北部準州国家緊急対応法（Northern Territory National Emergency Response Act）」等を成立させ，いわゆる介入政策を実施した。これは①先住民信託領土でのアルコール消費を半年禁止させること，②ポルノ禁止および違法コンピューター使用の監査，③福祉年金での現金支給は50％にとどめ，あとは生活必需品への交換とすること，④先住民信託領に住む子どもたちの登校状況と家族援助金を結びつけること，⑤先住民児童の強制的健康チェック，⑥コミュニティへの警官隊の増加，⑦失業手当のための就労参加の見直し，⑧先住民信託領への許認可制度の廃棄，⑨先住民児童性虐待加害者の照会システムの見直し，⑩連邦政府による先住民コミュニティの 5 年貸与などが含まれていた。

　オーストラリアでも連邦政府によるこの政策に，多くの先住民から不満の声が高まり，これは先住民への人権侵害であり，人種差別撤廃条約に違反する，との批判も起きた。アリスでも街中の公園に100名前後の人々が集まり，連邦

政府の報告書を焚書にする前で，先住民男女から今回の政策が「自己決定」の
終わりを意味する「土地収奪（land grab）」であるなど，さまざまな意見表明
が行われた（飯嶋 2010: 48）。ここまでの先住民政策史をみてきた読者であれ
ば，この入域制限の見直しや警官隊の管理におかれること，福祉手当などの収
入管理が歴史を逆行させたようにみえるのに気づくであろう。

6-4　新自由主義政策と先住民自身による自己責任論の邂逅

　2007年末に行われた総選挙で，ハワードは政権を失い，ラッド労働党政権が
成立すると，翌2008年の議会の始まりにおいて，新政府は，「盗まれた世代」
への公式謝罪を行い，介入措置についての見直しを行うことを明らかにした。
だが政権交代をした連邦政府下でもこの強制介入政策は継続された。
　政策施行後半年後には，各種団体へのインタビューが行われると，賛否両論
が渦巻く結果となった。たとえば同じ北部準州でも，ダーウィンアボリジニ権
利同盟（The Darwin Aboriginal Rights Coalition）では福祉窓口で40名ほどをイン
タビューし，「回答者の85％は介入を好まない」との帰結を導いている。他方
でアリスの中央都市管理委員会（The Central Land Council）では中央砂漠地帯
の遠隔地コミュニティで150名ほどをインタビューし，項目ごとにみると収入
管理に関しては51％が好ましく，警官増加は75％が好ましいとの回答を掲載し
ている（飯嶋 2010: 51）。つまりここでは，政策導入の意図にもかかわらず，生
活実践場面での先住民自身による評価も行われたのである。アリスで前者を支
持したのが『トレイン・ダンシング』の青年男優であり，後者を支持したのが
青年女優であった。この強烈な介入政策に非先住民と先住民とが共有していた
過去と未来は瓦解していったのである。
　その後この方針は他州にも拡大適用され，クィーンズランド州，西オースト
ラリア州，南オーストラリア州の一部で実施され，一般化されることで人種差
別批判を回避し，形態は地域によって異なるものの，2012年には 9 つの地域で
実施され，さらに10年間継続すべく「北部準州のより堅固な未来のための法律
（Stronger Future in the Northern Territory Act）」も成立した（鎌田 2014b: 41-47）。
　2013年，北部準州にオーストラリアの歴史上初の「先住民首相」が誕生した

と報じられたが，そのアダム・ガイルズのスタンスはそれまでの先住民政治家たちとは異なり，先住民出身でありながら，「先住民政治家」の姿勢を打ち出さなかった（鎌田 2014b: 50-51）。

　他方で2019年，アボリジニ問題省にケン・ワイアットが就任したが，彼は「盗まれた世代」の母の下に生まれ，2010年の初演説時にはカンガルー皮の衣装を身にまとうという姿で登壇し，先住民として就任することを「非常に光栄」とした。

　連邦政府の「自己決定・自己管理政策」においても，その主体は主流社会の方にあった。そのことがあからさまにされたのが，この「包摂・介入政策」の時代であったといえよう。一方で自己申告化した先住民性の中には自己責任を問うリーダーも現れ，他方で先住民姿勢も出さず多様性を新自由主義的文脈に包摂せんとするリーダーも現れ，そうしたなかで先住民の先住民性を強く呈示せんとするリーダーも現れて，主流社会と邂逅を果たすようになった。先住民政策が連邦政府のものとなったがゆえにこそ，主流社会の新自由主義的な生産的多様性が力を振るう連邦政府次元において，自己呈示と実践にもこうした多様なせめぎ合いが顕現してくるようになったのである。

7　おわりに

　冒頭でふれ，上述した『トレイン・ダンシング』の主演男優はその後，地元の先住民ラジオ局CAAMAラジオに就職し，北部準州緊急措置には強い反対の論陣を張ることとなった。他方，主演女優は先住民政治家の娘として，中央砂漠の「現実」を訴え，コミュニティ外の知識人の空想的理想主義を批判するようになった。こうして，2001年のフェスティバルで主流社会とともに共有していたオーストラリア先住民の物語は，2007年の介入政策をめぐり瓦解し，その後ソーシャル・ネットワーク・サービスでの修復しようのない議論に発展して解体していった。

　本章では「先住民政策の展開」を考える際，その歴史を植民地初期，保護・隔離政策，同化・統合政策，自己決定・自己管理政策，包摂・介入政策とたど

りながら，「政策」の範囲をどこまでと考えるのか，政策の意図せざる帰結が生じた際にどう評価するのか，政策外の事態がいかに政策に影響するのか，主流社会が許容する「自己決定」とは何か，先住民自身が自己責任を自主的に決めてきたときにどう判断するのかといった問題を共有してきた。

　先住民政策という言葉は，主流社会の為政側の言葉になるため，そこに注意しないといつの間にか自らの視線を主流社会側に沿わせて自明化することにもなりかねない。先住民の生活は，「政策」だけで時代が区切られるわけでもなければ，「展開」が不可逆な進歩を意味するわけでもない。主流社会の先住民政策は確かにひとつの大きな社会的ファクターではあるのだが，読者にはその向こう側に，オーストラリア先住民自身に沿ったあり方とは何かを自ら考えてゆくことが求められてくるのである。

【さらに学びたい人のための文献案内】

①塩原良和，2017，『分断するコミュニティ——オーストラリアの移民・先住民政策』法政大学出版局.

　　オーストラリア先住民の政策史は，それ独自で成立しているものではない。本書はオーストラリア現代政治史の中でも多文化主義を研究してきた著者が，多文化主義が先住民政策といかに交差してきたのかを特に2007年からの10年ほどに絞って研究した労作。

②ハージ，ガッサン（塩原良和訳），2008，『希望配分メカニズム——パラノイア・ナショナリズム批判』御茶の水書房.

　　オーストラリア内にいながら精神分析的人類学という手法で情報の洪水からその背後にある論理を析出する手腕にかけては，ハージの右に出る者はいないであろう。主流社会の政策の背後にある論理について見通しをつけたい場合にはお勧め。

③モーリス＝スズキ，2002，『批判的想像力のために——グローバル化時代の日本』平凡社.

　　「責任」概念は，近代法においてその理性的行為が世界からの応答を帰せられる主体と想定されている。ただ個人においてさえ意図せざる結果が生じるので，責任概念も一定の限定のある社会的構築物である。モーリス＝スズキが本書で提示した「連累」概念は，主体と世界との別の関係を制度の向こう側へと開く。

④山本真鳥編，2000，『新版世界各国史27　オセアニア史』山川出版社.

　　オーストラリア先住民政策史に取り組んでいるとつい見失いがちなのが，主流社会の歴史である。上述した塩原の著作はそれを補正するものだが，本書に所収された藤川隆男の諸論考もまた，政治史がいかなる生態史の中に埋め込まれていたのかを把握するにはとても示唆的な研究である。

[飯嶋　秀治]

第4章	国際人権法・国際社会と オーストラリア先住民族

Introduction

　現在は，地球規模で人と資本の大移動が起こり，これによって国境の壁が崩れ国家の力が弱まり，市場経済の発展による格差の拡大と不平等が蔓延する。一方で，過去に置き去りにされた人々の声に応え，そうした過去と向き合うことが，現在であるとするとらえ方もある。そうした考え方は，古い考え方であり，考えること自体が不要であるように思われるかもしれない。しかし，現在を生きる私たちは，過去に置き去りにされた人々の声に向き合い，そこで生じた間違いを正し，過去と折り合いをつける機会を手にしているともいえよう（太田 2013）。

　本章は，そうした過去と折り合いをつける機会として，「先住民族」の声に向き合う。その意味で，ここでの「先住民族」とは極めて政治的な意味合いを含んだ言葉となる。そこでは，集団内部の多様性がかき消される危険性もある。しかし，「先住民族」というカテゴリーは，歴史的に国家から排除されてきた人々を政治参加へと導く可能性も秘めている。本章では，まず，世界規模で生じている過去に置き去りにされた「先住民族」の主張を，国際機関や国連といったグローバルなレベルからみていく。次いで，そうした「先住民族」の主張を，オーストラリアと日本の文脈からとらえる。これにより，現在における私たちの立ち位置を批判的にとらえなおし，過去と向き合い，折り合いをつけるための視座のひとつを提示したい。

1　国連宣言と先住民族

　2007年9月13日，国連総会において「**先住民族の権利に関する国際連合宣言**」（以下，国連宣言）が賛成143，反対4，棄権11で採択された。この国連宣言に反対した国は，米国，カナダ，ニュージーランド，オーストラリアと，先住民族を自国に抱え，彼／彼女らに対して一定の権利を保障してきた国家であった。オーストラリアは，2008年に労働党政権下で，国連宣言を採択するこ

Key Word

先住民族の権利に関する国際連合宣言

　国連宣言には2つの意義がある。ひとつは，国際法の中で先住民族の権利が「普遍的な権利」として承認されたこと。もうひとつは，先住民族の国際的な連帯を促進したことである。国際法は1684年のウェストファリア条約に始まり，そこでの主体はしばらくの間，「国家」であった。その後1948年に世界人権宣言が制定され，その主体が「個人」へと位置づけられる。ただし，ここでの「国家」や「個人」はあくまでも欧米の男性を中心とする限定的なものであった。このため国連宣言の採択は，先住民族の主体性を国際法の枠組みで認めさせ，「普遍的な権利」のひとつとして保障させた点に，大きな意義がある。

とになり，その他の反対国も現在は国連宣言に対する解釈に違いはあるものの採択へと転じている。国連宣言は，全文24段落，本文46カ条からなる。

　この国連宣言における要点は，次の5点に集約できる。第1は，先住民族とは誰か，いわゆる定義の問題である。第2は，個人の権利を促進および保護する国際人権法において，先住民族の社会関係および意思決定にとって本質的な意味をもつ集団の権利についてである。第3は，自らの希望する統治形態を選択することを承認する内的自決と，外部支配からの民族の解放を意味する外的自決からなる自己決定権についてである。第4は，近代国民国家形成のために土地の略奪とその正当性を問題とする，土地および資源に対する権利についてである。最後は，ある活動の許可または開始に先立って求められ，その可否を先住民族が決定する「事前の自由なインフォームド・コンセントを得る義務」についてである（小坂田 2017）。

　本章では，まずこうした国連宣言における要点，とりわけ「自己決定権」，「土地権および資源に対する集団の権利」，さらに「事前の自由なインフォームド・コンセントを得る義務」についてその他の国際人権法も参照しつつ説明する。次いで，これらの権利とオーストラリア先住民族に関する最近の事例を取り上げ，そこでの問題と課題について明らかにする。最後に，近年のアイヌ民族における国連宣言との関係にも注目しつつ，オーストラリアと日本の先住民族の現在について考察する。

2　国際人権法と先住民族の権利

　先住民族が国際社会で注目され始めるのは，1970年代後半である。まず，
1977年に国連の経済社会理事会に対して協議資格をもつ NGO により「南北ア
メリカ大陸における先住民族差別に関する国際 NGO 会議」が開催された。そ
の会議に先住民族団体として初めて国連 NGO となった「国際インディアン条
約評議会」を中心に先住民族団体が招待されたのである。1978年にはジュネー
ブの国連で「人種主義に関する世界会議」が開催され，ノルウェー政府がその
代表団にサーミ民族の代表を加えた。その会議の最終声明では「先住民族の権
利」への言及がなされている。さらに，1981年には「先住民族と土地に関する
NGO 会議」がジュネーブで開催され，先住民族の抱える困難の原因が土地の
権利の否定であることが宣言された。こうした背景から先住民族自身の国際人
権基準を求める運動が発展していく（上村 2008）。

　このような先住民族の運動に先んじて，国際機関では国際労働機関（以下，
ILO）が1920年代から先住民族の労働条件改善に取りかかる。1930年には強制
労働の禁止を定めた ILO 第29号条約を採択した。次いで1957年には先住民族
等の生活と労働条件をあつかった「独立国における先住その他の部族的・半部
族的な諸人口の保護及び統合に関する条約」（ILO 第107号条約）を採択した。こ
の条約は，「先住（indigenous）」を「部族（tribal）」に属する下位概念と位置づ
け，この先住民族を含む「諸人口（populations）」を社会経済的に「未発達な段
階」にある集団とした。そのためこの条約は，先住民族を国民国家へと統合す
る同化政策を前提にしたものであった。

　これに対して，1989年に ILO は，これまでの同化政策の前提を退け，先住
民族の概念を新たに定義づけた「独立国における先住の及び部族的な民に関す
る条約」（ILO 第169号条約）を採択した。ここでは先住民族の概念を社会経済的
に未発達な「諸人口」に替えて，国家と対等の権利を有する集団の「民（peo-
ples）」とした。これにより先住民族を「部族民」から切り離し，「征服ないし
植民地化」されたとき，「あるいは現在の国境の画定時」の住民の子孫とし

た。このため先住民族には，政府と企業との同意に基づき，共同開発の展開と政策に参画する権利等が保障された（清水 2012）。

さらに，1960年代半ばに国連で採択された「経済的，社会的及び文化的権利に関する国際規約」と「市民的及び政治的権利に関する国際規約」や，1990年代後半になると国連の人種差別撤廃委員会が「自己決定権」に関する内容を確認している。ただしそこでは，自らの生命や生活に関して誰にも干渉されず決定でき，集団が独自の自治をもつ「内的自己決定権」のみが保障された。したがって，集団が国家から独立する「外的自己決定権」に関しては限定的な保障にとどまっている（Tobin 2014）。

2-1　国連宣言と自己決定権

前述の先住民族や NGO による国際人権基準を求める運動や ILO の条約採択に呼応して，国連においても先住民族の権利に関する議論が展開された。「先住民族に対する差別」に関する特別報告者に任命された人権小委員会の委員マルチネス・コーボゥは，1971年にその研究を開始する。この研究は1981年にまとめられ，そこでコーボゥは先住民族に対する差別と権利保障に関する国連機関の設立を堤言した。

1985年に人権小委員会の下に「先住民族作業部会」を設置した国連は，先住民族の定義と権利の範囲や履行規制などを議論し，「先住民族の権利に関する宣言草案」の作成に取り組んだ。その草案は，1994年に人権小委員会で採択され，その上部機関の人権委員会でいく度もの議論が展開された。その末に，草案は2005年の国連組織改革を経て2006年に人権理事会に提出される。その結果，2007年9月に国連総会で「先住民族の権利に関する国際連合宣言」（以下，国連宣言）として採択された。

なかでも，国連宣言の3条，4条では，自己決定権を4項目に分けて位置づけている。第1は，既存の国家からの独立，第2は，連邦制度の高度な自治から，地方自治などの一般的な自治まで，第3は，独立国家との自由な連合，第4は，既存の国家体制への完全な統合である。第1の既存国家からの独立に関して国連宣言では，46条1項で領土保全を言及し，そこでは，分離独立の可能

性を限定的な解釈にとどめている。いずれにせよ，どの政治体制を選ぶかを「自分たちで決める」権利を国連宣言は保障したのである（上村 2008; 清水 2012）。

2-2　国連宣言と土地および資源に対する集団の権利

自己決定権の解釈に加えて，国連宣言では土地および資源に対する集団の権利が明文化されている。たとえば26条1項では，先住民族が「伝統的に所有，占有，またはその他の方法で所有，もしくは取得してきた」土地，領域および資源に対する権利を認めている。ただし，同条2項では，先住民族が土地，領域および資源を現に占有または使用するものに限定している。この一方で，28条は現に占有や使用などしていない土地などについて，返還，それが不可能な場合は，正当，公正かつ衡平な補償を含む救済を受ける権利を規定している。こうした国連宣言の土地および資源に対する集団の権利は，2つの権利アプローチとして議論されてきた。

26条で規定された権利は，人権アプローチとされ，国連宣言のみでなく米州人権裁判所，さらには自由権規約委員会などの人権条約の実施監視機関で認められる。一方で28条に規定する権利は，植民地以前に占有や使用していた土地や資源も返還や補償の対象とするもので，これらは先住権アプローチといわれる。つまり，この先住権アプローチは無主地先占など，先住民族の土地取得を正当化した近代国際法の妥当性を否定する。植民地以前に先住民族が占有した土地および資源に対する集団の権利を承認している点が，大きな特長である（小坂田 2017）。

2-3　国連宣言と「事前の自由なインフォームド・コンセントを得る義務」

自己決定権と集団の権利と同じく争点となっているのが，事前の自由なインフォームド・コンセントを得る義務である（Freely Prior and Informed Consent, 以下，FPIC）。そこでは，まず先住民族が，ある活動の計画規模やその影響などについての情報を，完全に理解できる言語で提供される必要がある。次いで，先住民族が強制や脅迫されたりせずに，その同意が活動の許可または開始

に先立って求められる。その上で，最終的な同意を付与し，あるいは付与しないという先住民族による選択を確保するように要求する義務である。この義務に対しては，国連宣言が採択された時にカナダ，オーストラリア，ニュージーランド，米国からの強い反対を受けた。それは，先住民族が民主的な意思決定の過程へ効果的に参加し自治を要求するための「協議」ではなく，先住民族に特別な「拒否権」を承認することへの反対であった。しかし，実際は，国連宣言において FPIC を明確に求めているのは10条と29条 2 項のみである。

　10条は，強制移住に関するものである。29条 2 項は，先住民族の領域における有害物質の貯蔵または処分について述べたものである。開発計画の承認について述べる32条 2 項では，FPIC を得るために先住民族と誠実に「協議」すると規定されている。しかし，そこでは先住民族の「同意」または「拒否」までを要求はしていない（小坂田 2017）。

3　国際人権法とオーストラリア先住民族の権利

　国家の周辺に位置づけられてきたオーストラリア先住民族は，彼／彼女らに対する差別的な取り扱いに抵抗し，1930年代から人間としてもつべき諸権利の獲得を訴え続けてきた。たとえば1938年の「オーストラリア建国150周年」に抗し起こされた「アボリジニ哀悼の日」は，オーストラリア社会において他のオーストラリアの人々と同等の権利をアボリジニが獲得できる政策をオーストラリア連邦政府に取り組むよう要求した。この要求は受け入れられなかったものの，この運動は続く世代のアボリジニのリーダーたちを奮い立たせ，その後，彼／彼女らにより展開される運動の礎を築いた。

　そうした運動のひとつに先住民と非先住民の大学生により1964年に展開された「フリーダム・ライド運動」がある（⇨第 1 章参照）。この運動の目的は，まず，アボリジニが直面する健康，教育，住宅に関する社会問題を研究機関と世論に知らせることであった。次いで，学生運動により社会に蔓延する差別的な構造の変革を目指し，最後に，アボリジニの状況を改善させるため連邦政府への対応を迫り，国民的課題として先住民族問題を位置づけることにあった。こ

の運動が契機となり，この時期のアボリジニ・リーダーたちは，日常で直面する社会問題を解決するための対策を政府に取り組ませるため，オーストラリア社会と協働して組織化を図っていく。この結果，1967年の国民投票による憲法改正が実現した。そこでは，先住民族に対する投票権の制限（41条）と国家の責任免除（51条），国勢調査からの除外（127条）の文言が見直された。これにより先住民族は，完全な投票権の獲得と国勢調査の対象となり，連邦政府は先住民族に関する立法権をもって国民的課題として取り組むことになった。

　そうしたなか，先住民族の運動が要求する主題は，それまでのオーストラリア国民と同等の権利獲得から，先住民族が自ら問題を解決できる権利の保障へと変わっていく。なかでも土地にかかわる権利を法的に確定させることが先住民族運動の主題となっていった。それは後に詳述するように1976年に制定された「アボリジニ土地権（北部準州）法」と1993年に制定された「先住権原法1993」（連邦法）を活用した土地の権利回復のための運動であった。

3-1　オーストラリア先住民族と土地権

　アボリジニ土地権法により返還された土地では，承認された伝統的土地所有者に集団的な排他的所有権が承認されている。代表的なものに，ウルル・カタジュタ国立公園やカカドゥ国立公園などを含む土地が挙げられる。そうして返還された土地の総面積は，北部準州全土のおよそ45％であり，オーストラリア全土の約16％にも達する。ただし，こうした土地権は，概して北部・中部に住む「伝統志向型の生活」を保持する先住民族集団を対象に承認された。一方，大牧場や大農園ならびに製材業を営む白人人口が多い南東部の「白人オーストラリア」地域では，先住民族集団は1830年代から強い植民地の圧力にさらされてきた。そのため，彼／彼女らは家族組織や固有の言語を失い，土地との関係も希薄化していく。こうした状況に対して，人類学者をはじめとする研究者や知識人は，当初彼／彼女らの土地の権利を認めようとはしなかった。

　しかし，1992年の「マボ判決」で最高裁判所は，先住民族が西洋法的な慣習法で権利として認められるのと同等の土地利用の慣習を有しており，それが植民地化以後も完全には消滅していないことを明らかにした。そして1993年，労

働党ポール・キーティング首相は「先住権原法」を制定した。そこでは，伝統的な英国の判例法（コモンロー）で認められる土地権ではなく，それと同等の権利として，先住民族が法と権利に基づいて伝統的にかかわってきた特定の土地または水域の利用権を認めたのである。

　それはまた，植民地化以来，先住民族の存在そのものと土地とのかかわりを否定し続けてきた「無主の土地」（terra nullius）という考えが，法的虚構であることを確認することになった（⇨第1章参照。Sutton 2003; Strelein 2006）。2017年12月の時点で先住権原が連邦と州の各先住権原法において承認されている土地と水域は，オーストラリア全土の約33％である。それらは，先述のアボリジニ土地権法によって返還された地域の一部にも承認されている。

　ただし，1996年の「ウィック判決」では，先住権原は大牧場や鉱山のリース地にも併存することが連邦最高裁判所において確認される。これらのリース地はオーストラリア全土の40％以上を占めるため，この判決を国家的危機とみた当時のジョン・ハワード連邦政府は，1998年に法改正に乗り出す。そして申請手続きの高度化と厳密化，協議権の縮小などを盛り込んだ先住権原改正法1998（連邦法）を制定した。

　この改正法では，土地利用協定がもりこまれ，それには，①機関法人との協定，②地域協定，③選択手続きによる先住民土地利用協定がある。これら協定では，先住権原法1993（連邦法）で政府と協定を結ぶ際に規定されていた「先住権原の放棄」という文言が削られた。これにより，近年では法廷での争いよりも，補償ならびに教育，雇用，相互理解などを目的とする協定が，多くの先住民集団と政府や地方自治体，鉱山会社などの間で結ばれている。

　しかしそれは，新たな問題をもたらした。これらの協定の内容は特定の先住民族集団と政府や鉱山会社などとの間で締結され，当該の先住民族集団の経済的な発展が協定の主要な課題となる。そのため当事者間でのみ議論が進み，先住民族全体の経済発展につながらないという問題が発生してきた。さらにこの土地利用協定で，交渉をする先住民族の代表機関が，集団の利益と同時に個人の利益も追求する傾向にあり，政府がこれをコントロールできないという問題も明らかになってきている（Ritter 2009）。2017年12月の時点で約1200件の協定

が結ばれている。そのうちの324件は先述の先住権原法に基づき権原承認されている代表機関法人との協定で，その他は権原が承認されていない地域における協定である。その面積はオーストラリア全土の30％近くに達している。

3-2　土地権の管理条件の緩和政策と集団の権利

　次に格差是正の取り組みによる土地権の管理条件の緩和に関する政策について述べる。この政策は，1976年のアボリジニ土地権法により返還された土地の排他的土地所有権の先住民族集団による管理方法を，2008年に非先住民族の企業に委託し，開発を画策するものである。それは2009年に「地域発展タウン」を指定した場所に設置し，そこでアボリジナル・ランドに比べ公共サービスやインフラの整備を充実させた。これによりアボリジナル・ランドに住む先住民族の個人が「自己責任」と「自己決定」に基づき，「地域発展タウン」に移住することを仕向ける政策であった。こうした政策は，アボリジナル・ランドで暮らす権利を保持しているが，個人の選択という名目で奪い，これによって「土地および資源に関する集団の権利」が間接的に脅かされたことを意味する。

3-3　アボリジナル・コミュニティの閉鎖とインフォームド・コンセント

　西オーストラリア州では，2014年9月から辺境地域に点在するアボリジナル・コミュニティの閉鎖に関する議論が始まった。当時の州与党であった自由党政権は，連邦政府からの2015年度の先住民族予算の打ち切りを受け，アボリジナル・コミュニティの閉鎖を州議会で決定した。こうした決定は，コミュニティにおける先住民族との事前の打ち合わせをすることなく決定したこともあり，国内外からの非難を浴びた。たとえば2015年4月にキンバリー土地評議会の代表らが国連の先住民族常設フォーラムで，このことについて訴え，これに対して常設フォーラムは，FPICに違反すると，強く非難した。こうした国際世論の非難を受け，2017年の選挙で政権の座についた労働党政権は，アボリジナル・コミュニティの閉鎖に対する議会での決定を覆し，コミュニティの閉鎖が免れた。この一連の出来事は，オーストラリア政府が国連宣言で明記されているFPIC（前述した10条，29条2項）に対して消極的な解釈をしていることを

露呈している。

　以上の2つの事例からは，いずれもオーストラリア政府の国連宣言のとらえ方に対する消極的な姿勢がうかがえる。土地権の管理条件の緩和政策では，アボリジナル・ランドの周辺に，新たなコミュニティを設置することでアボリジナル・ランドの住民の移住を企図していた。「土地および資源に関する集団の権利」が間接的に脅かされていることがわかる。西オーストラリア州政府による一方的なアボリジナル・コミュニティの閉鎖を企図した例は，FPICを配慮しない政府の対応を露呈している。

　こうした消極的なオーストラリア政府の国連宣言の解釈とそうした宣言を軽視する状況に対抗して，オーストラリア先住民族は，国連宣言やその他の人権に関する条約の積極的な解釈と効果的な履行を求めた運動を展開している。次に，そうした運動について国連宣言の草案段階からこんにちまでを概観する。その際，日本の先住民族による運動との関係についてもふれる。

4　オーストラリアと日本の先住民族運動の交差点

4-1　オーストラリア先住民族と国連

　1950年代から，アボリジニの代表は国連の人権条約を意識しつつ運動を展開し始めた。それは労働条件を改善するためにダグラス・ニコラスらが，国際労働機関の「107号条約」や国連の「世界人権宣言」の理念を活用した運動であった。また，先述の「マボ判決」も国連の「人種差別撤廃条約」に基づき1975年に成立した「人種差別禁止法」が法的根拠となり，先住権原法の制定をもたらした。さらにこの法律が制定された1993年は「国際先住民族年」でもあった。このようにオーストラリアの先住民族運動は，先住民族の権利をめぐる国内外の議論と呼応して展開されており，それはこんにちにおいても継続されている。

　1990年代からはオーストラリア先住民族は代表団を国連の人権小委員会や先住民族作業部会に送り出し，国際舞台での「先住民族の権利」に関する議論に積極的に参加している。たとえば，1989年に連邦政府の行政委員会として設立

された先住民委員会（以下，ATSIC）が，1990年に国連の経済社会理事会との協議資格を得ることになる。この委員会は，国内においてアボリジナル居住地の雇用促進とインフラ整備を主に担い，国際的には国連の先住民族作業部会を通じて「先住民族の権利に関する宣言草案」の作成に協力した。2005年にATSICが解散されると，2010年からオーストラリア・ファーストピープル国民会議（以下，NCAFP）として再編されているが，その規模や役割はATSICのそれに比べると大幅に縮小された（⇨第2章参照）。

　また国連は2002年に「先住民族問題に関する常設フォーラム」を設置し，先住民族にかかわる問題について協議し，経済社会理事会や国連宣言を採択した各国政府に対して助言・提言などを行っている。このフォーラムの専門委員に，法学者で土地権をあつかうランド・カウンシルで業務に携わっていたアボリジニ男性ミック・ドットソンが2005年から2007年まで選ばれ国連宣言の採択に尽力した（友永2017）。その後は，NCAFPの理事であったレス・マレサーが2014年から専門委員として選出されている。

4-2　アイヌ民族と国連

　日本国政府が国内の先住民族問題に取り組み始めたのは1990年代に入ってからである。1970年代以降，アイヌ民族の生活状況を改善するため「北海道ウタリ福祉対策」が実施されてきたが，そこでは，歴史認識や先住性などの議論はなされなかった。こうした状況に対して1996年に「ウタリ対策の在り方に関する有識者懇談会」が設置された。その結果1899年から同化政策を基礎に進められた「旧土人保護法」が廃止され，「アイヌ文化の振興並びにアイヌの伝統などに関する知識の普及及び啓発に関する法律」が制定された。しかし，そこでは文化振興を超えた先住権，すなわち土地および資源に対する集団の権利を前提としたアイヌ政策が展開されることはなかった。この国内のアイヌ政策を大きく推し進める要因となったのが，国連における世界の先住民族と連携を図り進められてきたアイヌ民族の運動である。アイヌ民族は1980年代から国連における先住民族の議論に参加し始め，1990年代からは若者を中心に代表を国連の先住民族作業部会（作業部会は2005年に国連の組織改革で終了）に送り続けた。そ

れはアイヌ当事者団体である北海道ウタリ協会（2009年に北海道アイヌ協会に名
称変更）を代表とし，東京を拠点として活躍する市民外交センターや反差別国
際運動などの人権NGOと連携して展開された運動である。

　こうした運動により，国連の先住民族作業部会や本部会終了後は，2002年に
設立された国連先住民族常設フォーラムに参加することで，アイヌ民族は，ア
ボリジニを含む世界各国の先住民族との交流を進め，そこで先住民族の権利に
関する議論を継続している。

　2007年に，国連宣言の採択に賛成票を投じた日本国政府は，2008年6月に
「アイヌ民族を先住民族とすることを求める決議」を採択し，その後，アイヌ
政策をさらに推進し，総合的な政策の確立を検討している。なかでも国連宣言
と2008年の決議を受け招集された政府の有識者懇談会（8人中1人がアイヌ民
族）では，集団の権利，すなわち「先住権」の議論が大きな争点となった。
2009年7月に懇談会が提出した報告書では，「国連宣言を参照するにあたって
は，これらの事情を無視することはできない」としつつも，「アイヌ民族」の
政策に関しては，その権利主体を個人に依拠するにとどまっている。

　前述した有識者の中で唯一アイヌ民族であった加藤忠は，2011年3月に開か
れた日本学術会議主催のシンポジウムで，実行可能な自己決定権について言及
した。そこでは，アイヌ民族の主張がまずもって優先され，そうした同意に基
づいてアイヌ民族とその他の人々との協同による「多民族共生の社会」の創造
を実現することが唱えられた（友永2018）。

　一方で，日本国政府における先住権の承認は限定的な法の制定にとどまって
いる。たとえば2019年5月24日に施行された「アイヌの人々の誇りが尊重され
る社会を実現するための施策の推進に関する法律」では，従来の福祉政策や文
化振興に加え，地域振興や産業振興が加えられた。そこでは，アイヌ施策推進
地域計画に基づく事業への交付金の措置，教育の場として2020年には「民族共
生象徴空間（ウポポイ）」の設置，さらにはアイヌ民族に対する差別の禁止と対
応，内閣にアイヌ政策推進本部を設置することが示された。しかし，国連宣言
に示された具体的な土地および資源に対する集団の権利や，過去の歴史的不正
義に対する政府としての謝罪，さらには政策決定ができる具体的なアイヌ民族

の自己決定権は明文化されていない。

5　おわりに

　本章では，国際人権法と先住民族に注目しつつ，まずは，自己決定権，土地および資源に対する集団の権利，そして事前の自由なインフォームド・コンセントを得る義務について詳述した。次いで，オーストラリア先住民族の運動を土地にかかわる権利に注目し，国際人権法とりわけ国連宣言の理念をオーストラリア先住民族の文脈に当てはめて，その状況について述べた。そこでは，国連宣言を効果的に履行するのではなく，むしろ国内法を前提とし，国連宣言を消極的に解釈するオーストラリア政府の対応が明らかになった。最後に，日本とオーストラリアにおける先住民族の国際法を活用した運動とその結果と課題について述べた。

　こんにちの先住民族の権利は，いまだ国民国家の枠組みが前提となっており，そこにおける個人の権利が保障されるが，集団としての権利の承認は限定的である。このため，本章であつかった国際人権法とりわけ国連宣言は，こうした国民国家と個人の権利を前提とする近代の人権概念に，先住民族としての集団の権利を限定的であれ位置づけた点で意義がある。今後は，オーストラリアのみならず，日本を含む世界の先住民族が，それぞれの国において国連宣言をどのように活用し，もしくは活用できないでいるのか，またそこに立ち現れる成果や課題とは何かについて注目する必要がある。こうした先住民族の主張に向き合うことで，近代国民国家と個人との関係や，そこにあらわれる普遍的な価値観を批判的にとらえ返すための視座を高めることができる。

【さらに学びたい人のための文献案内】
①友永雄吾，2013，『オーストラリア先住民の土地権と環境管理』明石書店.
　　先住民族の土地の権利状況と南東部オーストラリア先住民の権利運動を詳述した本。
②太田好信編，2012，『政治的アイデンティティの人類学——21世紀の権力変容と民主化に向けて』世界思想社.
　　先住民の声に応答することで，過去に折り合いをつけるひとつの視座を示した本。

③ Tobin, Brendan, 2014, *Indigenous Peoples, Customary Law and Human Rights: Why Living Law Matters,* Routledge.
　世界の先住民族の慣習法と国際人権との関係について詳述した本。
④小坂田裕子，2017，『先住民族と国際法──剥奪の歴史から権利の承認へ』信山社.
　国際法と先住民族の権利の関係について，国連宣言に注目して論じた本。

［友永　雄吾］

第5章

政治的ダイナミズムと遠隔地のアボリジニ

Introduction

　大陸の最北部や中央砂漠，西オーストラリアの辺境地域などの遠隔地に暮らすアボリジニは，先住民全体の中でもマイノリティで，先住民人口の2割に満たない。アボリジニは，白人入植者との接触以降，程度の差はあれ暴力的あつかいを受け，生活を大きく変えてきたわけだが，その中にあって，伝統言語，神話，儀礼，親族組織の規則などを現在まで維持してきているのが，遠隔地の人々である。

　多文化社会である現在のオーストラリアの経済，政治にあって，アボリジニの存在は無視できず，かれらの存在が政治的にも文化的にも重要であることはいうまでもない。移民の多様な民族文化を認めることと同様に，またはそれ以上に，先住民であるアボリジニの文化尊重は必須であると広く認識されているといえるだろう。アボリジニの多くは現在も社会的に周縁におかれている。かれらの社会的経済的に不利な状況を改善すべく，政府によるさまざまな施策が行われており，現在も続けられている。先住民であるアボリジニの存在は，オーストラリアを知る上で外せない要素であるといってよい。

　そのような社会的状況の中で，アボリジニの中でも，典型的で代表的なイメージとして注目を集めるのが遠隔地にいるアボリジニたちである。かれらは公的にも多くの場面で尊重され，しばしば政治的に利用されもする。象徴的なかたちで，かれらの文化が注目され，取り上げられることも多い。その一方で，遠隔地に暮らすアボリジニの実像は，ほとんどの人々に知られていない。いわばイメージとしての「伝統的アボリジニ」が独り歩きしているのである。この章では，そのような遠隔地のひとつである北部アーネムランドのアボリジニの人々の現在とその問題点に注目し，国家との社会的ダイナミズムを考える。

1 遠隔地のミッションの始まり

　2016年の国勢調査によると，先住民人口のうち，都市から遠く離れた大陸北部や，大陸の中央部の乾燥地帯などの，いわゆる遠隔地に暮らすのは15万人

弱，先住民人口の約19％である。「アボリジニは，遠隔地に広がる大自然の中で暮らしている」というイメージは現在でも強いが，実際には圧倒的に多くのアボリジニが都市や中規模の町に暮らしているのであり，2割に満たない遠隔地のアボリジニが，「典型的なアボリジニ」としてイメージされている。本章では，筆者が1986年以来調査をしてきている，北部アーネムランドに暮らすヨルングの人々を中心に，かれらの歴史と，現在を紹介していくことにしよう。かれらとオーストラリア主流社会の関係は動態的に変化してきており，それがオーストラリアの歴史を形作ってきたとさえ考えられる場面が多々あるのである。

　オーストラリアへの英国による入植が18世紀の終わりに開始されてからもしばらくは，北部には直接の影響はなかった。入植は大陸の南東部と南西部，いずれも海岸部とそのすぐ内陸を中心に展開された。大陸中央部に広がる乾燥した砂漠地域や亜熱帯気候の北部への入植は限られていた。その結果，アーネムランドは19世紀まで，移動的な生活スタイルで狩猟採集を行う，「伝統的」なアボリジニの領域であった。

　アーネムランドの入植は，主にキリスト教伝道師たちによって行われた（Harris 2013）。20世紀の初めに，大陸南部に暮らすアボリジニが社会的周縁においやられ，伝統文化を失い，社会崩壊の中にいる姿に衝撃を受けたキリスト教各宗派の伝道団は，北部にいるまだ手つかずのアボリジニを社会崩壊にいたる前に保護しようとし，宗派ごとの担当地域割りがなされた。伝道師たちは，布教のためのセンターとして町を建設し，アボリジニを定住化させ，教育，医療，食料を提供し，かれらを近代化させようとしたのである。

　ヨルングは，アーネムランドの北東部を領域とする約2万人程度の言語集団（language group）である。アボリジニの言語集団はオーストラリア全体で600あったといわれ，部族（tribe）とも呼ばれてきた，言語や神話体系を共有する人々のまとまりである。ヨルングの基礎となる社会単位は父系クラン（氏族集団）である。クランは創世神話，聖地と領域，それに基づく歌と踊り，絵画，方言の所有単位で，ヨルング全体で50ほどのクランがある。クラン間は複雑な婚姻規則によって連携されている。ヨルングにとって，自己のクランは最も基

礎的なアイデンティティであり，世界観の基礎でもある。ヨルングは現在で
も，クランの神話を重視し，その神話に基づいて，葬送儀礼や成人儀礼，そし
て複数のクラン横断的な儀礼を活発に行っている（窪田 2005; 2006）。

　20世紀前半に，ヨルング地域のミリンギンビ，イルカラ，エルコ島のガリ
ウィンクという3地点にミッションが建設された。宗派間での地域割りが行わ
れ，メソジスト伝道協会（Methodist Missionary Society）がこの地域を担当する
ことになり，まず1923年にミリンギンビが建設された。第二次世界大戦中，こ
こに空軍基地がおかれ，ミッションは，ミリンギンビから人と資材をガリウィ
ンクに移動させることにした（McKenzie 1976; Humby 2015）。結局，ミリンギン
ビ・ミッションは日本によって二度，爆撃を受けた。爆撃によって，教会が破
壊され，アボリジニ男性が1人死亡した。

2　ガリウィンク・ミッション

　ヨルングの人々の記憶によれば，ミリンギンビにいたミッショナリーのシェ
パードソン夫妻が複数の信頼するアボリジニとともに，ミッションに適切な場
所を探しに出かけたという。ボートでアボリジニのリーダーたちを伴って，エ
ルコ島まで来たときに，この地域を遊動していたアボリジニ数名に出会い，真
水の泉がある浜がミッションの場所に適切だとのかれらの助言を受け入れた。
こうして，ガリウィンク・ミッションの場所が決定された。このミッションの
浜の発見のストーリーは，現在も年長世代の人々に共有されている。

　ミリンギンビからほとんどの資材を移動させてガリウィンク・ミッションは
建設された。その後，ガリウィンクの運営は順調に進んだ。シェパードソン夫
妻は，ミリンギンビから同道した信頼の篤いアボリジニの数家族とともに働い
た。そして，周辺地域を領域とするヨルングたちが次第に集まり，定住するよ
うになり，ガリウィンクの人口は順調に増えていった。全体的にいって，メソ
ジスト派では，アボリジニと伝道師たちとの間に友好的な関係が築かれている
場合が多かったが，特にガリウィンクではそうだったといえる。シェパードソ
ン夫妻を中心として，その後加わったミッションのスタッフとアボリジニの間

には，篤い信頼関係が結ばれた。教会，学校，幼稚園，病院，製材所，農園，縫製所，食堂などさまざまなワークショップがつくられ，ミッションは順調に発展していった（McKenzie 1976）。

　アボリジニの管理については，このころはキリスト教ミッションが大きな役割を果たしていた。アボリジニは市民でもなく，国民とも認められておらず，管理の必要な人々とされていた。アボリジニの町の運営，管理に責任をもつ総監督管理者（Super Intendent）は，キリスト教ミッションの町では，ミッショナリー代表が務めた。

　ミッションは，本部からの経済的支援を得て，インフラを整え，生活を組み立てていたが，同時にできる限り自給自足的な運営を目指した。製材用材木のプランテーション，水産部門，バナナなどの農園の運営はこのような自助努力という目的で行われた。そして，アボリジニの美術工芸品を販売することも，ミッションの収入につなげる目的で，奨励された（McKenzie 1976）。

　先に述べたようにヨルングの人々の世界観では，各々のクランの神話が重要であり，それを表す絵や文様は，儀礼の際に身体や儀礼具に描かれるものだった。また，儀礼と日常生活のために編組品も作られていた。これらを活かして，樹皮画，彫刻，マット，バスケットなどを作り，流通させることが始められた（窪田 2005）。

　もちろん，キリスト教ミッションの運営は，当時主流であった同化主義的な方針だった。ヨルングの人々にキリスト教的，西洋的な価値観，衛生観念，労働，そして英語を教え，近代化させるというものだったのである。しかしメソジスト派では，具体的な指導は，決して高圧的，強制的なものではなく，友情関係に基づいて，融和的に行われていった（窪田 2002）。それは，アボリジニの主体性を尊重し，重視したミッションの運営方針だったといえる。

3　戦後から1970年代へ

　オーストラリアという国の，最も大きな転機のひとつといえるのが，第二次世界大戦だっただろう。オーストラリアという国のかたちをとりだした20世紀

初めから，長らく白豪主義的な移民政策をとってきたオーストラリアは，戦後のアジア太平洋地域の国際事情と国内の事情の双方の大きな変化の結果，1970年代には多文化主義へと大きく舵を切ることになった。戦後，西欧諸国以外の，東欧，南欧，そしてアジアからも広く移民を受け入れざるを得なくなっていったのである。これと時期を同じくして，先住民政策も，同化主義的政策が修正され，アボリジニの権利を認め拡大するものに変化した。

　1967年の国民投票によって，アボリジニを他の国民と同等のあつかいとすることが決まり，1970年代には対アボリジニ政策は，自律自営政策（self-determination/self-management）となる。アボリジニは自立した主体として，他の国民と同等の権利をもったオーストラリアの成員となった（Broome 2010）。この時期，オーストラリアは新しい国に変わり始めていたといえる。

　このような先住民政策の変化は，遠隔地のアボリジニの訴えによって変わったものではなく，シドニーなどの南部の都市部を中心とした，日常的に直接的な差別を経験してきていた混血のアボリジニたちによる権利回復運動の結果であった。シドニー大学の学生であったチャールズ・パーキンズによるフリーダム・ライド運動は有名で，プールなどの公的な場所から締め出されていたアボリジニへの差別撤回を訴え，大きな注目を集めた。また，1967年の投票に向けて，「賛成票を投じよう」，という運動も大規模に展開された（Broome 2010）。これらの動きは，学生，社会主義団体や環境保護団体，そしてキリスト教団体の人々，そして人類学者のサポートを得て始動したのである。

　南部で起きた変化は，遠隔地のアボリジニにも大きな影響を与えた。しかしそれは，南部で展開された差別撤廃への動きとは，様相が少し異なっていた。アボリジニが他の国民と平等な存在として認められたことは，かれらが主体的な市民的存在である，と認められたことを意味した。かれらは平等賃金の対象となり，社会福祉の対象ともなった。この結果，それまでのミッションの代表者が，総監督管理者を兼ね，町の運営とアボリジニの管理を担っていた体制は変わることになった。アボリジニ自身が，市民として自分たちの町の運営管理に責任をもつ体制を構築しなくてはならなかったのである。

　この変化は，当地では，アボリジニ化（Aboriginization）と呼ばれた。あらゆ

る仕事をアボリジニが担うものにしていくという方針である。1970年代の終わりから始められ，1980年代を通じてこの方針は推進されていった。しかし，この変化は，遠隔地のアボリジニにとっては，混乱をもたらすものでもあった。内陸では，牧場労働をしていたアボリジニが，平等な賃金を払うことを嫌がる牧場主によって解雇される場合もあり，アーネムランドでは，キリスト教ミッショナリーによる運営が終わり，自分たちで運営することを迫られた。ガリウィンクでは，この変化はヨルングたちにとっては驚きだった。多くのヨルングはなぜミッショナリーたちが去らなくてはならないのか理解できなかった。一方で，それまで経験しなかったかたちで現金がヨルングに直接もたらされることにもなった。英語が流暢に使える人がほとんどいない状況の中で，町の運営をし，書類を整えることは困難で，政府の役人がその代行の役割を担うことになっていった。ヨルングの昔語りは，当時いかに人々が嘆き，生活が混乱したかを伝える。

　1970年代には，遠隔地での土地権主張も全国的に注目を集めた。この時期土地権に関する2つの大きな出来事が遠隔地で起きた（⇨第1章参照）。アーネムランドの南西にある牧場，ウエーブ・ヒルで1966年から行われたグリンジ言語集団の人々のストライキがそのひとつである。そのストライキは75年まで続き，かれらの主張は当初の労働条件改善から，土地権へと広がっていった。そして，もうひとつが1973年から74年のヨルング地域，イルカラでのボーキサイト鉱山開発停止を訴える土地権裁判であった（Broome 2010）。

　ヨルング地域のイルカラ・ミッションでは，1960年代にボーキサイトの試掘が始まった。この話し合いは，地元のアボリジニを蚊帳の外において行われた。聖地が破壊されることを恐れたヨルングは，ミッションの総監督管理者であったエドガー・ウェルズに訴えた。それまでにアボリジニとの友好的関係を構築し，かれらの文化にも深い理解を示していた彼は，新聞社や議会に実情を伝え，アボリジニのおかれた惨状を訴えた。ウェルズはその結果としてミッション団体を離脱することになるのだが，そうしてまで，アボリジニの訴えを広く伝え，最終的には裁判へとつなげたのである（Wells 1982）。

　これは，国民投票によって平等な立場を得たアボリジニゆえに，行うことが

できたことであった。かれらによるオーストラリア主流社会への異議申し立て
であり，そもそもアボリジニの土地を一方的に奪っていった植民地政策に対す
る提訴であった。そして先にもふれたように，それはミッショナリーや人類学
者，社会主義的立場の人々などによる積極的なサポートによって可能になった
ものでもあった。

　こうして公的な訴えとなった「伝統的な」遠隔地のアボリジニによる土地権
主張は，さらに多くの主流社会の人々の注目を集めることになった。繰り返す
が，これは，アボリジニすべてが平等な権利を得たことによって法的に可能に
なったことであった。こうして，遠隔地のアボリジニへの全国的注目が，さら
に集まっていった。イルカラ訴訟は，裁判としてはアボリジニの敗訴に終わる
ことになるが，同時に調査委員会が組織され，その報告書に基づいて1976年に
は，州法ではあるものの，オーストラリアで初めてアボリジニの土地権を法的
に認める「アボリジニ土地権（北部準州）法」が成立することにつながったの
であった。そして，1985年にはエアーズロックを地元のアナングの人々に返還
する，というアボリジニの土地権を認める象徴的な出来事もあった（Broome
2010）。この時期には，遠隔地のアボリジニはその人数の少なさにもかかわら
ず，社会的に重要なアクターになっていったといえるだろう。

4　アボリジニへの注目

　オーストラリア国家とアボリジニの関係が変わるもうひとつの契機が，1988
年の入植200周年の年であった。最初の移民船が到着してから200年という，
オーストラリアにとって大きな記念の年であり，そのためにさまざまな祝祭が
開催された（⇨第2章参照）。アボリジニはこれを批判，1月26日のオーストラ
リア・デイには，シドニーで大規模な「服喪の行進」を行った。参加者は5万
人に達したともいわれる。シドニーに集結したアボリジニの多くは，伝統的な
身体装飾をし，シドニー湾に向かって抗議デモを行ったのである。この200年
は祖先が殺され続け，土地をはく奪されてきた時間であり，かれらにはお祝い
ではなく，喪に服するべき記念日だとした（Broome 2010）。

　この出来事は，ミレニアムを目前にし，シドニーオリンピックと連邦成立100年記念という複数の大きなイベントをひかえていたオーストラリア主流社会の人々に，アボリジニ問題は何としても解決しなくてはならない社会問題であることを強く印象づけることになった（窪田 2014a）。

　この時期のオーストラリアでは，かれらに対する歴史的不正義についての国民的理解が少しずつ拡大し，共有されることになっていった。それを象徴する2つの社会的関心事が，「拘留死問題」と「盗まれた世代問題」であった。「拘留死問題」は，異常に高いアボリジニの拘留率，そして多発する拘留中の不審死への注目であった。1987年から拘留死問題調査委員会による調査が行われ，1991年にアボリジニの社会的差別の改善に向けての提言を含む報告書が提出された。報告書に基づき和解委員会が結成され，アボリジニに対する差別的状況を改善することを目指して，10年間にわたりさまざまな啓蒙活動が行われることになった。

　もうひとつは「盗まれた世代」問題である。同化主義の時代に主に混血の子どもをキリスト教の施設に強制的に収容し，暴力的な同化教育を行ったこと，そしてその結果として生み出されている，現在のアボリジニが抱えるさまざまな困難への責任を問うものであった。1995年に調査委員会が結成され，1997に報告書が出され，国家によるアボリジニへの公式謝罪を含めたいくつかの方策が提言された。

　しかし，当時の首相であったジョン・ハワードは公式謝罪を拒否した。ハワード政権はそれだけでなく，先住民委員会（ATSIC）を解体させ，先住権原法にも制限を付け，「主流化」の名の下にアボリジニのためだけに特化した部局を解体していった。この時期アボリジニの権利拡大は減速したようにみえる。しかし，ハワードの謝罪拒否は，アボリジニのオーストラリア国家における重要性をかえって注目させることになった。首相の謝罪拒否によって，議論は全国的にもりあがり，「謝るべきか，否か」との国を二分するような議論が，その後約10年間続くことになった（Goot and Rowse 2007）からである。

　オーストラリアには謝罪小説と呼ばれる文学がある。これは，オーストラリアの非先住民の間に過去についての罪の意識が共有されていることを示してい

ると指摘されてきた。ハワード政権が謝罪を拒否した1997年からの10年間は，アボリジニ問題についての白人主流社会の問題意識を深め，この意識をさらに強めたといえると筆者は考えている。この時期，アボリジニへの過去の不正義は，国民の間で繰り返し議論され，具体的に検討され続けた。そして，文学だけでなく，演劇，ドラマ，映画に繰り返し取り上げられ，アートの素材ともなった。これらによって歴史的な出来事は，多くの人々に，より明確にイメージされるようになり，共有されることになった。罪の意識はさらに具体的なかたちで人々の心に刻まれることにつながった。

　こうしたなかで，和解委員会の活動も当初の「拘留死をうむような社会的偏見をただす」という目的から展開し，「謝罪 SORRY」が活動の重要な部分を担うようになっていった。「国は否定するけれど，私たちは SORRY と思っているよ」，というメッセージを公にし，みんなで共有することを目指した活動が，繰り返し行われた。謝罪が社会的に重要なキーワードとなっていったといえる。

　2000年の謝罪の日には，和解委員会によって「コロボリー2000」が開催され，最終報告書が提出されたのだが，これにあわせて行われた「和解の行進（Walk for Reconciliation)」には，25万人もの人々が参加したといわれている。人々は SORRY と書かれたシャツを身に着け，人々は手にアボリジニの旗とオーストラリアの国旗を持って行進した。空には飛行機雲で SORRY の文字が描かれた（窪田 2019）。

　2007年の総選挙で政権は労働党に移った。2008年の最初の国会に先立ち，ラッド新首相が盗まれた世代の人々に対して公式謝罪を行った。これは国家的な出来事として注目され，全国に中継され，各地で大型テレビの前に人々が集まり，国家謝罪を見守り，感涙した（窪田 2019）。アボリジニに対する過去の不正義とそれに対する謝罪の気持ちが人々に広く共有されるようになったことを印象づける国家イベントであったのである。

　このように1990年前後から2000年代初めのオーストラリアでは，90年代後半にアボリジニの権利を制限するような政策が増加していったものの，アボリジニについての社会的注目と関心は一貫して高く，かれらへの不正義が議論さ

れ，人々の認識として広がっていった時期であったといえる。

5　遠隔地での経験

　この時期のアーネムランドでの経験は異なるものであった。1788年に始まる入植によるさまざまな不正義は，アーネムランドでは南部のようには強く感じられることはなかった。「拘留死問題」も，「盗まれた世代問題」も日常的な話題では全くなかったのである。1988年の200周年の年，調査地に出向いた私は，町の数名がシドニーに出かけていると聞かされた。それは，オーストラリア・デイのデモに参加するために招聘されたということであったが，祝祭に抵抗するという，主催者側の集会の意味はヨルングの人々には共有されていなかった。

　とはいえ，南部でアボリジニへの注目が高まったことは，異なるかたちでこの地に影響を与えていた。そもそも，このころから，調査地の人々の生活には変化がみられ，外部とのつながりが急激に密になっていった。サテライトによって，テレビが視聴できるようになり，電話も通じた。陸の孤島のような以前の環境は急激に改善され，人々の移動は活発になった。1996年には，「アトランタはどこ？」という，私を家族にしてくれているヨルングの質問に驚かされた。戸惑う私に，イルカラの親戚がオリンピックの閉会式に踊りに行っているとかれらは告げた。2000年のシドニーオリンピックに向けてのものだった。この時期，海外にコンサートツアーに行ったり，展覧会のオープニングに招待されたり，国際会議に出かけてきたというヨルングにも出会うことが増えていった。

　ヨルング地域は，ポップカルチャーの多様な分野でも大きく注目された。1991年には，イルカラ出身のアボリジニによって結成された，**ヨス・インディ**というロックバンドが『トリーティー』という曲で大ヒットを飛ばし，アメリカのヒットチャートにも登場し，ワールドツアーに出かけた。メインボーカルのマンダウィ・ユヌピングの人気も高まった。英国からの入植によるアボリジニへの不正義というテーマを現代のモダンな音楽によって，伝統楽器を併用し

ながら歌うスタイルも熱狂的に受け
入れられた。2008年には，ガリウィ
ンク出身の，グルムル・ユヌピング
という全盲の青年のアルバムが大
ヒットした。ヨルング語で歌う，彼
の深く豊かな声量は，世界的にも高
く評価され，オペラハウスでのコン
サートや，海外でもコンサートが行
われた。

　映画の題材にも次々と取り上げら
れた。2001年に『ヨルング・ボー
イ』が，2006年には『テン・カ
ヌー』が封切られた。前者は，現代
のアーネムランド，イルカラで育
ち，暮らす3人のヨルングの少年が
成長するにつれて出会うそれぞれの
困難を描き，高く評価された。また

Key Word

ヨス・インディ（Yothu Yindi）

　オーストラリア白人のバンドとヨルン
グのバンドが合流して1985年に結成され
たロックグループ。1991年にリリースさ
れた Treaty は，アボリジニの土地権に
ついて白人社会に強く訴える内容で大
ヒットとなった。アボリジニへのこれま
での不正義を反省し，和解につなげてい
こうとする空気と，1998年の最初の移民
船到着200年記念を前にして，新しい
オーストラリアに向かおうとする機運と
が，このヒットの背景にあった。その
後，ヨスインディ財団が作られ，2000年
代初めからヨルング文化の理解促進を目
指した学習体験型のキャンプ，ガーマ・
フェスティバルを展開してきている。音
楽や映画が，社会全体でのアボリジニへ
の理解を促進してきた役割は無視できな
い。

後者は，1930年代のアーネムランドのミリンギンビ近くの地域の生活を再構築
した映画で，ヨルングの文化と生活を美しく活き活きと伝えるものだった。
2000年のシドニーオリンピックの開会式でもヨルングが活躍した。アボリジニ
の男性が，白人の少女と，世界中からやってくるアスリートを歓迎するという
ストーリーラインがとられ，多くのアボリジニも参加したが，中心となったオ
リンピックスタジアムの精霊を呼び起こす力をもつ「ソングマン」の役を果た
したのは，ミリンギンビ地域出身のヨルングだったのである。

　さらにもうひとつ，この時期に人気が顕著に高まったのが，**アボリジニ・
アート**の分野である（窪田 2014b）。アボリジニの制作する美術工芸品は，かれ
らの収入につなげることを目指して，1970年代から産業化が推進されてきた。
当初は，土産物としてしかみられていなかったが，1980年代に次第にアートと
して評価されるようになっていった。1988年にアメリカで開催され，大成功を

Key Word

アボリジニ・アート産業

　入植が始まって以降，遠隔地に暮らす
アボリジニは，現金を得る手段としてご
く初期から美術品工芸品製作をしてきた
といわれる。20世紀初めにはキリスト教
ミッションもこれを推進した。1970年代
になって，政府は本格的にアボリジニ・
アート産業を後押しした。中央砂漠では
キャンバスにアクリル絵の具で描く点描
画が生まれ，成功し，アーネムランドで
はユーカリの樹皮に岩絵の具で描く樹皮
画が展開していった。いずれもかれらの
神話，聖地を描くものであった。これら
は大成功をおさめ，現在ではアボリジ
ニ・アートはオーストラリアの重要な産
業となった。このことがアボリジニの文
化の理解に果たした役割は非常に大きい
ものがある。

おさめた「ドリーミング展」は，こ
の変化を象徴するものだったといえ
る。その後1990年代には各国で美術
展が開催され，アボリジニ・アート
のブームが起きた。サザビーズなど
のオークションでも取引されるよう
になり，2000年代には，アボリジ
ニ・アート産業は2億ドル産業に成
長した。アートブームの中心は，砂
漠地域で制作されるキャンバスに描
かれるアクリル絵画であったが，
アーネムランドの樹皮画もこのブー
ムにのり，人気が高まった。2006年
にパリに開館したケ・ブランリ美術
館のミュージアムショップの入って
いるビルの内装，天井の装飾を担当
したアーティストの1人がイルカラ

出身のヨルングだった。

　アボリジニ・アートの評価が高まったことで，オーストラリアでのアボリジ
ニのイメージは，大きく改善した（窪田 2014b）。それまで，アボリジニは，野
蛮人で文化的に劣った存在，であり，飲酒などの問題行動の多い人々，であ
り，オーストラリアの社会問題とみられてきた。そのイメージが大きく変わ
り，大地との独自な神話的紐帯をもつ人々で，素晴らしい独自な世界観が現代
的なアートに表現されている，という理解が広がったのである。そして，その
担い手の代表的なイメージもまた遠隔地のアボリジニであった。

6　おわりに——遠隔地のアボリジニの現代的役割

2007年，自由党政権が総選挙で大敗する前に，アボリジニの遠隔地コミュニ

ティへの緊急措置（介入措置）が実行された（⇨第 2・3 章参照）。これは，これらのコミュニティが機能不全に陥っており，子どもたちが性的な虐待を受けているというテレビレポートをきっかけとしていた。政府は1970年代から継続してアボリジニ問題に取り組んできたにもかかわらず，いつまでも改善しないアボリジニの社会指標の低さに業を煮やしていた。そこにきて，子どもへの暴力という問題が起き，政府は差別禁止法を停止して，この措置を発表した。

　軍隊，警察のコミュニティへの動員，子どもたちの強制身体検査などの項目が，大きな批判を受け，これらのいくつかの項目は削徐されることになったが，社会福祉による補助金や失業年金の使途制限などは実施されることになった。福祉金をカード課金のかたちで支給し，カードを使える店を制限し，酒やポルノビデオの購入をやめさせようとするものであった。それ以外にも学校教育改善，社会福祉改善などがこの措置には含まれ，現在も続けられている。政府は「主流化（Mainstreaming）」「一般化（Normalize）」「格差是正（Close the gap）」と呼び，アボリジニだけに特化した部局による施策ではなく，オーストラリア社会全体の中で平等にあつかうという建前を公表，具体化していった。

　このような政策転換の中，複数の省庁や多くの公的な外部団体が，アボリジニへの援助体制を強化し，多様な援助プロジェクトを立ち上げることになった。主流社会側の関与者たちの数は緊急措置のあと飛躍的に増加した。数多くのアボリジニのための新しいプロジェクトが起案され，アーネムランドに持ち込まれ，アボリジニを巻き込み，具体化されてきた。

　このような遠隔地コミュニティで生まれ，現在固定化されつつある援助の社会的構造について，近年になって批判的に議論されるようになっている（Sutton 2009; Kowal 2015）。まずひとつは，社会福祉的援助自体がアボリジニの強い依存を生み，主体性を失わせることにつながっているという点である。アーネムランドの遠隔地に出入りする政府関係者の数は介入措置後，比べることができないほど増え，1980年代のように，入ってくる外部者をヨルングみんなが知っている，という状況は完全に過去のものとなった。コミュニティで何が新しく企画されているのかについても，それに直接かかわるほんの少しの人しか全容を知らない。つまり，プロジェクトの主体はヨルングではなく，ヨルング

は部分的な参画者にすぎなくなってしまった。

　またもうひとつは，プロジェクト関与者が「政治的正しさ（Political Correctness）」というイデオロギーによって陥る困難がある。主流社会側のアボリジニ福祉に関与する人々は，アボリジニに対して上から目線で，同化主義的にみられることを嫌う。そして，アボリジニの不足点や落ち度を批判するのでなく，かれらの主体性を推奨し，活かすことに心を砕く。強圧的な態度であるといわれないためにも，アボリジニを批判することは避け，アボリジニを理解する態度を強調するのである。プロジェクトは公的援助によっており，多くはアボリジニの主体的関与を増加させることを目的としている。そのため，しばしば現実の都合の悪い現状を意図的に無視して，アボリジニの関与が増大したとの報告が行われる。たとえば，子どもたちは学期ごとに賞状をもらってくるのだが，皆勤賞の賞状をもらってくる子どもの実際の出席は皆勤には遠く及ばない場合が多い。

　このような結果，アボリジニのところにやってくる人々の間に，アボリジニの現実から距離をとる態度が共有され，同時にプロジェクトは実質的な成果から遠ざかる現象がみられることになった。その一方で，アボリジニの側の，プロジェクトに主体的にかかわる態度も減少している。この２つの条件が相まって，構造的にアボリジニの社会生活をさらに改善不能にし，依存を強めることになる構造がつくられてしまっていることは指摘せざるを得ないだろう。

　現在のオーストラリア社会において，多様な場面で，そして社会的歴史的な意味においてもアボリジニの存在は重要だと認識されている。そして，本論でみてきたように，その中でもアボリジニ全体の２割未満の遠隔地に暮らすアボリジニが，「典型的なアボリジニ」としてイメージされ，その存在はますます注目されるようになってきている。アーネムランドのヨルングは特に，ほとんど混血がなく，ヨルング語を話し，ドリーミングの世界観をもち，儀礼を行い，神話に基づく絵画を描き，踊りも踊れる，「アボリジニらしい」存在である。確かに，遠隔地のアボリジニはドリーミングの世界と現在もつながり，独自な素晴らしい世界観を私たちに示してくれることは間違いない。しかし，その一方で経済と効率と合理性，そして「政治的公正さ」を必要とする，現在の

私たちの社会が常識とする政治的介入や，善意に基づくように思われるプロジェクトの数々は，実はヨルングの人々の日常に，深刻な構造的な困難を新たに作り出してしまっていることも，目を背けるべきでないアーネムランドの現実なのである。この問題については，今後も詳細な調査を継続し，注視していかなくてはならないと考えている。

【さらに学びたい人のための文献案内】
①保苅実，2004，『ラディカルオーラルヒストリー』岩波書店.
　アボリジニのフィールド調査に基づき，かれらの歴史実践と真っ向から対峙しようとする意欲的で魅力的な歴史研究への問いかけ。
②窪田幸子，2005，『アボリジニ社会のジェンダー人類学：先住民・女性・社会変化』世界思想社.
　北東アーネムランドの社会変化の中で，女性たちがどのようにその変化を生きているかを描いた民族誌。
③モーガン，サリー（加藤めぐみ訳），1992，『マイ・プレイス』上・下，サイマル出版会.
　著者の生い立ちをもとに，都市で暮らすアボリジニが自己のアイデンティティを模索する姿が描かれた事実をベースにした小説。都市アボリジニの抱えるアイデンティティ模索への苦悩が感動をもって伝わる。
④ Morphy, Howard 1991, *Ancestral Connection: Art and Aboriginal System of Knowledge,* Chicago University Press.
　北東アーネムランド，アボリジニの絵画から読み解くことのできるかれらの神話的知識体系を詳述した著作。

[窪田　幸子]

| 第6章 | 都市の先住民族の社会と文化 |

Introduction

　白人による入植以来，オーストラリアにおいて「遠隔地／辺境（re-mote）」と「都市（urban）」という地域区分は，「未開／野蛮」と「文明」という文化的イメージと重ね合わせてとらえられてきた。それは「文明」の場である「都市」は白人にふさわしく，「未開」で「野蛮」な先住民とは相容れないという両者の棲み分けを暗に意味してきた。しかしながら，こんにち，先住民人口のうち過半数の人々が大都市や地方町をはじめとする都市部に居住する中で，このような単純な構図では，先住民の多様で複雑な現実をとらえきれない。本章では，白人人口が多数派を占める大陸南東部の都市に居住する先住民の実態について，比較的歴史の浅い都市先住民研究の系譜をたどりながら考察していく。

　都市の先住民の多くは混血が進み，形質的にも文化的にも白人と見分けがつきにくいことが多い。かれらは主流社会の人々から，遠隔地の先住民との比較において「本物の」先住民らしくないとみられ，常にアイデンティティの揺らぎを経験してきた。しかし一方で，多文化社会に身をおくかれらのアイデンティティは，先住民としての差異のみに基づくわけではなく，白人や移民・難民との日常的な相互作用を通して，より多様で重層的な様相を呈している。本章では，このような都市先住民を取り巻く多文化的状況を踏まえながら，かれらのアイデンティティの揺らぎが切り開く白人やエスニック集団との関係構築の可能性について考える。そしてそれは，今後多文化社会における人種やエスニシティの違いを超えた市民同士の社会的連帯のあり方を考える上での新たな知見をもたらすであろう。

1　都市先住民研究の背景

　オーストラリアにおいて，先住民の都市への移住は第二次世界大戦後に本格化する。それ以来，都市の先住民人口は増加し，現在，シドニーやメルボルン，アデレードといった大都市をはじめ，人口が2000人ほどの地方町を含む都

市部に居住する先住民の数は約65万人にのぼり，先住民人口の約8割を占める
にいたる。それにもかかわらず，これまで都市の先住民に焦点をあてた研究
は，遠隔地の先住民に関する研究と比較すると，相対的に数少ないといえる。
その背景には，先住民をめぐるステレオタイプの問題があった。「未開の」先
住民は「文明」の場としての都市にはふさわしくない存在とみなされたのであ
る。一方で，非先住民との混血が進み，同化政策の下で白人の生活様式や規範
に従って生活する都市の先住民は，「見えない民族」あるいは文化を「喪失し
た」人々とされた。そして，膚の色が黒く，白人入植以前の文化を強く維持す
る遠隔地の先住民と比較して，「本物の」アボリジニらしくないとみなされ，
ほとんど顧みられることはなかったのである。

　しかし，1940年代後半ごろから先住民の都市化に伴い，都市の先住民の生活
実態に関する研究が徐々に行われるようになった。これらの研究では，都市に
移住したアボリジニの白人社会への順応や抵抗の諸相，さらに白人との関係が
着目された。まず，農牧業の中心地である地方町では，白人とアボリジニの住
み分けがみられるなど，白人とアボリジニの交流は限られていた。白人は，ア
ボリジニのことを不衛生であり，争いや犯罪の温床とみなしていたが，アボリ
ジニの間では，このような白人によるステレオタイプや偏見，そして差別に挑
戦するための対抗的な文化様式や行動様式が形成されることもあった。しか
し，それは白人社会への抵抗とはみなされず，白人によってアボリジニは「消
滅」したとしてその存在は隠蔽されたのである。

　一方で，1920年代ごろから大陸南部の大都市ですでに始まっていた先住民の
権利回復運動が1950年代ごろに本格化すると（⇨第1章参照），それは都市の先
住民による白人社会への抵抗とみなされ注目を浴びることになった。都市の先
住民は，遠隔地の先住民と比較して，早い時期から白人入植者と接触し，西洋
の生活様式や文化的価値観にさらされてきた。主流社会の周縁に組み込まれた
先住民は，貧困に苦しみ，日常的に白人からの偏見や差別を経験する中で，そ
の社会経済的地位の改善のために，自分たちの権利を主張せざるを得ない状況
におかれてきたといえる。特に，主流社会で西洋の高等教育を受けた都市先住
民の政治活動家や知識人は，主流社会に対して先住民が直面する問題の深刻さ

Key Word

アボリジナリティ

1950年代後半から70年代にかけての都市の先住民による抵抗運動の高まりの中で構築された汎アボリジニ・アイデンティティである。アボリジナリティを構成する要素としては，①先住民の子孫であること，②歴史的・文化的経験を共有していること，③アボリジニ的世界観を信奉していること，④土地や自然への愛着を有すること，⑤親族の相互扶助を義務とする社会関係を維持していること，⑥葬儀とそれへの参加を重要視すること，⑦2つ以上の言語を話すことが挙げられる。しかし，上記の要素はすべて，伝統文化が比較的強く維持されている遠隔地のアボリジニの文化をモデルに抽出されたものであったため，そのような伝統文化を実践していない都市のアボリジニを排除してしまうおそれがあった。そこで，都市のアボリジニをも組み込むことができる包括的なイデオロギーとして，文化実践の「持続性」に，白人の権威への「抵抗」という要素が加えられた。

を訴え，政府との権利の交渉に必要な術を身につけていた。そのため，彼／彼女らによって繰り広げられた抵抗の実践とアイデンティティの政治の内実が着目されたのである。

1970年代に入ると，先住民であるかどうかが自己申告制となり，先住民のための優先政策が施行されたのを機に，それまで白人として生きてきたにもかかわらず，自らがアボリジニであると主張する人々が出現した。このことは，主流社会に限らず，先住民社会内部において，「本物の」アボリジニとは誰かをめぐる問題の発端となった。こうした状況を受けて，都市先住民研究でも，先住民が経験するアイデンティティの揺らぎとそれを克服するための戦略が中心的なテーマとなった。現在，非先住民との通婚などにより，都市先住民の社会文化的背景がますます

多様化する中で，人々のアイデンティティはより多層性および複数性を帯びたものとなっている。このことを踏まえ，本章では，先行研究に基づき，都市先住民のアイデンティティの変遷について主流社会との関係に着目しながら時系列的にたどっていく。

以下，第2節ではまず，先住民のリザーブから都市への移住をもたらした背景について述べた上で，先住民が都市で直面したさまざまな問題や，政府や主流社会から求められた「同化」への対応，そして出身リザーブとの関係についてみていく。第3節では，都市の先住民が自らの社会経済的状況の改善に向け

て団結する中で形成された汎アボリジニ・アイデンティティ（アボリジナリ
ティ）の内実を明らかにすると同時に，それが政治的文脈や日常実践の中でい
かに活用されたのかに着目する。第4節では，アボリジニとしてのアイデン
ティティの曖昧化をもたらした政治的・社会的背景を踏まえながら，都市の先
住民社会および主流社会におけるアボリジニであることの基準や，アボリジニ
であることに疑義を付された人々によるアイデンティティの確立の実態を明ら
かにする。第5節では，都市先住民社会の分断の結果として生じた先住民と非
先住民の社会的連帯や，それを基に形成されつつある新たなアイデンティティ
の可能性について考察する。

2　先住民の都市移住と初期の都市先住民研究

　現在の都市に白人の入植以前から居住していた先住民の子孫を除き，先住民
のリザーブから都市への移動は第二次世界大戦後に増加した。都市移住にい
たった主な理由としては，都市での教育や雇用の機会の獲得を通した生活の向
上が挙げられる。そのほかには，都市に親族がいるからというものから単に都
市生活への憧れまでさまざまであった（Gale 1972）。また，1950年代から採用
された同化政策は，先住民の都市移住を促す大きな要因となった。特に，1960
年代に施行されたアボリジニ関連法の下では，州政府が都市への移住を希望す
るアボリジニのための住宅を用意するなど，アボリジニを主流社会に取り込む
ための積極的な支援が行われた。

　しかし，都市に移住したばかりのアボリジニは，白人が圧倒的多数を占める
社会においてさまざまな困難に直面することになる。都市での雇用機会を求め
て移住した人々の大半は，就業の機会に恵まれず，白人社会の周縁におかれる
ことになった。そして，彼／彼女らは都心のスラムに居住し，劣悪な環境での
生活を余儀なくされたのである。また，長年リザーブにおいて白人の管理の下
で生活してきた人々にとって，都市生活への適応は容易ではなく，人々は金銭
管理や衛生に関する知識など，都市で生き抜くための術を新たに学ばなければ
ならなかった（Broome 1982）。政府は当初，都市への移住を選択した先住民

は，主流社会へと同化する準備のできた人々であるという認識の下，とりたて
て彼／彼女らが直面する問題に対処しようとはしなかった。

　その後，先住民の都市移住が本格化すると，オーストラリア南東部の先住民
の都市移住後の生活に関する研究が行われ始めた。当時は研究者の間でも，文
化を「喪失した」都市の先住民は，いずれ主流社会へと「吸収」されるであろ
うという想定の下，先住民による主流社会への同化のプロセスが分析されたの
である（Reay 1945）。しかし一方で，これらの研究では，同化をめぐる先住民
の対応が一様ではなかったことが明らかにされた。たとえば，積極的に主流社
会への同化を試みる「混血」の先住民の中には，アボリジニの親族との距離を
おくために，都心のスラムから郊外へ引越し，非アボリジニになりすまして生
活する人々もいた。特に，女性の場合は，白人男性と結婚して社会的上昇を図
ろうとする動きもあった。他方で，同化を受け入れることは，自集団の劣位性
を暗に認めることでもあるという理由で，同化を拒む人々も存在したのであ
る。

　さらに，先住民の都市移住後の出身リザーブやミッションとのかかわりに着
目した研究では，都市の先住民が，西洋の生活様式や文化的価値観を身につけ
ながらも，移住前のリザーブの親族との社会関係を維持していることが明らか
にされた。たとえば，1950年代後半にアデレードのアボリジニの生活実態に関
する人類学的調査を行ったジュディ・イングリスは，当時アボリジニの大半
が，都市の消費主義や大衆文化の影響を受け，主流社会との関係をもちながら
も，アデレード周辺の旧リザーブに住む親族との間に強い紐帯を維持し，それ
が人々のアイデンティティの基盤となっていたことを明らかにした（Inglis
1964）。アボリジニの社会関係における親族の重要さは，遠隔地のアボリジニ
社会においても指摘されたが，この時代の研究では，親族関係にとどまらない
社会関係といった都市独特の状況が着目されることはほとんどなかった。

3　集団的アイデンティティの形成

　住宅，雇用，教育などの問題に直面する中で，都市先住民の間では，1950年

代から自らのおかれた社会的状況の改善に向けて団結する動きがみられ始めた。たとえば，1957年にはシドニーやメルボルンをはじめとする大都市におけるアボリジニ組織が集結し，アボリジニの地位向上のための連邦評議会が形成された。そして1960年代には，フリーダム・ライド運動をはじめとし，都市のアボリジニを中心に主流社会への抵抗運動がさらに活発化した（⇨第1章参照）。このような抵抗運動の高まりの中で，すべてのアボリジニはその居住地域にかかわらず，同じアボリジニとしての帰属意識を有するという汎アボリジニとしての意識が醸成されるようになったのである。

　こうした都市の先住民を中心とする政治的潮流を反映し，1970年代から80年代にかけてエスニシティとしてのアボリジナリティの概念をめぐる体系的な研究が行われるようになる。当初，アボリジナリティとは，アボリジニにとって所与のものではなく，政治的脈絡の下で構築されたアイデンティティにすぎないとみなされていたが，後にアボリジナリティを構成する具体的な要素についての分析が行われるようになった。そこで注目されたのは，アボリジニの文化実践の「持続性」と白人の権威への「抵抗」という要素であった。ケビン・キーフィーによると，「持続性」としてのアボリジナリティとは，出自を介して継承された独自のアイデンティティや，伝統的なアボリジニ文化に由来する文化実践の連続性を意味する一方で，「抵抗」としてのアボリジナリティでは，白人のもつ権威への抵抗や，それを具体化するための政治闘争や集団的結束が強調されるという（Keeffe 1988）。

　全国レベルでのアボリジナリティの主張に呼応するかたちで，各地域レベルでもアボリジニとしての集団的アイデンティティが形成されるようになった。たとえば，1960年代末から70年代初めにかけて，アデレードのアボリジニは，主流社会への抵抗運動の中で，その総称としてのヌンガ（Nunga）を主張するようになった。ヌンガとは，多様な出自と境遇にある人々を包摂した，境界の不明確なゆるやかな集団をさし，ヌンガとしてのアイデンティティは，アデレードのアボリジニが自らのおかれた状況の改善を求めて連帯する中で形成された集団的アイデンティティであった。このような集団的アイデンティティは，都市の社会における新たな政治的，経済的，文化的状況への適応を促し，

アボリジニによる自主決定を達成する上で重要な役割を果たすものであった（Pierson 1977）。

　しかし一方で，この時代になると，集団的アイデンティティの背後にみられるアボリジニ内部の多様性も着目されるようになる。たとえば，先述のヌンガとしてのアイデンティティは，アボリジニの活動家を中心に構築されたものであるが，そのようなアボリジニのほとんどが，白人家庭やその他のキリスト教の施設で育てられ，主流社会で高等教育を受けた人々であった。そのため，彼／彼女らの多くはアボリジニ・コミュニティと疎遠であったことや，アボリジニの間で不和や派閥争いがみられたことなど，アボリジニ内部における社会文化的多様性が，常に集団的アイデンティティの構築を阻む要因となっていたことが明らかにされたのである。

　そして1980年代に入り，多文化主義政策の下で先住民の文化が国民的遺産として称賛されるようになると，都市の先住民を中心に文化復興の動きが活発化する。それまで白人から「文化を喪失した人々」としてそのアボリジナリティを否定されてきた「混血」の先住民が，過去や伝統の再構築を通してアボリジニとしての意識の強化を図ろうとしたのである。こうした動きに焦点をあてた研究では，多文化主義の下でアボリジニに白人入植以前の「伝統的な」文化をもつことを期待する政府への人々の対応が着目された。たとえば，鈴木は，「伝統的な」文化の継承を阻まれたシドニーのアボリジニが，主流社会に広く流通した，遠隔地のアボリジニのイメージに沿った伝統文化を学習することを通して，主流社会で承認されやすいアボリジナリティを獲得する動きについて論じている（鈴木 1995）。

　文化復興を通して形成されたアボリジナリティは，多文化社会におけるアイデンティティの政治において，主流社会からアボリジニとしての差異の承認を得るための重要な手段となった。特に，再構築された文化は，学校教育を通して伝承されたことにより，自らのアボリジニとしての出自やルーツについての知識を継承されなかった人々にとって，多文化社会を生き抜く際の当面の精神的拠り所となることもあった。しかし一方で，そのような文化やアイデンティティは，文化学習というコンテクストにおいて教授されるための形式的なもの

であることが多く，それは必ずしもすべてのアボリジニにとって強いアイデン
ティティの基盤となったわけではなかった。

　一方で，都市の先住民の日常生活に浸透した独自の文化・行動様式に着目し
た研究では，従来，伝統的なアボリジニ社会にみられる共通の文化要素とされ
た親族的つながりや物の共有を重視する価値観などが地方町や大都市のアボリ
ジニ社会においても継承されていることが明らかにされた。たとえば，ニュー
サウスウェールズ州の地方町のアボリジニの間では，物を「共有すること」
は，「共有しない」非アボリジニから自身を差異化する実践としてとらえられ
ていた。また，アデレードのアボリジニの中にも個人主義や自助努力等の西洋
的価値観を有する人々が存在する中で，金銭の貸借をはじめとする相互扶助の
実践は，当人がアボリジニ・コミュニティの一員であることを示すための指標
となっていることが報告されている。このことから，相互扶助の実践が都市の
アボリジニとしてのアイデンティティの一部をなしていたことがわかる。

4　アイデンティティの曖昧化

　このように1970年代から80年代にかけての都市先住民研究では，主流社会へ
の抵抗運動や文化復興の動きの中で構築された都市アボリジニの文化やアイデ
ンティティの共通性に重点がおかれた。しかし，一連の権利回復運動が終息し
た1990年代以降は，アボリジニをめぐる社会文化的状況がいっそう多様化する
中で生じたアボリジニとしてのアイデンティティの揺らぎや主流社会とのアイ
デンティティの交渉の諸相が着目されるようになった。

　以下ではまず，アボリジニとしてのアイデンティティの揺らぎをもたらすこ
とになった政治的・社会的背景についてみていく。白人による入植以来，アボ
リジニの基準は各時代の先住民政策において規定され，その基準は時代やその
時々の社会状況に応じて変化する恣意的なものであった。しかし，アボリジニ
であるかどうかが自己申告制となったのを機に，同化政策の下でアボリジニの
出自を有しながらも非アボリジニとして生きてきた人々の中には，新たにアボ
リジニであると自己同定する人々が現れ始めた。そのため，主流社会およびア

ボリジニ・コミュニティ内部で，誰が本物のアボリジニであるかが問題となったのである。

　こうした問題は，とりわけ同時期の先住民に対する優先政策の下で開始された住宅供給サービスや奨学金等の申請時に顕在化した。オーストラリアにおいて，これらのサービスを受けようとする人々には，先住民であることの証明書（アボリジニ証明書）の提出が求められる。その背景には，非先住民が先住民であると偽ってサービスを受けるのを防ぐというねらいがある。この証明書では，通常以下の3点を表明することが求められる。

　①　アボリジニまたはトレス海峡諸島民の子孫であること
　②　アボリジニまたはトレス海峡諸島民であることを自認していること
　③　現在住んでいる，または過去に住んでいたコミュニティによってそのように受け入れられていること

　これらの基準は国勢調査における先住民の定義に沿ったものであり，3つの条件のうちコミュニティからの承認が最も重視されている。

　しかし一方で，このような政府によって規定された判断基準とは別に，アボリジニ・コミュニティには，ある人がアボリジニであるかどうかを判断するための独自の方法が存在する。それは，初対面の者同士が出会った際に，互いの出身地と親族関係を尋ね，共通の親族がいるかどうかを探って，相手との親族的つながりを確認するという方法である。ここで最もそのアボリジナリティに疑義を付されやすい人として，親子強制隔離政策によってアボリジニの親元から引き離された「盗まれた世代」の人々や，先住民の出自をもつが，白人里親家庭など白人の環境で育てられた人々，他州出身の人々が挙げられる。

　アボリジナリティの揺らぎに着目した研究では，これらの人々がいかにしてアボリジニとしてのアイデンティティを確立・強化し，アボリジニ・コミュニティに受け入れられるかが着目された。たとえば，ジェリー・シュワブは，アデレードのアボリジニ・コミュニティの人々に知られていない他州出身のアボリジニが長い年月をかけて他のアボリジニとの交流を通して，アボリジニの言語，文化的価値観や行動様式を身につけた場合，アボリジニの一員として認められる場合があることを示した（Schwab 1988）。また，シドニー南西部では，

地域のアボリジニ・コミュニティの人々と親族関係をもたない「盗まれた世代」の人が，アボリジニ組織での活動を通して，他のアボリジニとの交流を重ねることで，最終的にアボリジニ・コミュニティへ受け入れられる契機となり得ることが報告されている（Yamanouchi 2010）。

　他方で，仮にアボリジニ・コミュニティ内部でアボリジニとして認められたとしても，主流社会から同様の承認を得られるとは限らない。その背景には，主流社会に根強く残る，膚の色が黒く，伝統的な文化を維持している遠隔地のアボリジニこそが本物のアボリジニであるというステレオタイプがある。このような膚の色や伝統文化の維持の度合いをもとに，アボリジナリティを判断しようとする姿勢は，形質的にも文化的にも多様な都市のアボリジニのアイデンティティに揺らぎをもたらす要因となった。

　たとえば，アボリジニ・コミュニティで生まれ育った膚の白いアボリジニの中には，アボリジニとしての帰属意識を強くもちながらも，遠隔地の「伝統的なアボリジニ」との対比によって，自身を「本物の」アボリジニではないと考える人々がいる。彼／彼女らの中には，主流社会からアボリジニとしての承認を得やすくするために，アボリジニ・ダンスやディジェリドゥをはじめとする遠隔地の「伝統的な」文化を学び，アボリジニとしてのアイデンティティを確固なものとしようとする人々がいる。

　このように，膚の黒いアボリジニこそが本物のアボリジニであるというステレオタイプは，都市のアボリジニによってある程度内面化されていることがわかる。それを反映して，彼／彼女らの多くは，表向きにはアボリジニであることと膚の色とは関係ないと語るが，現実にアボリジニ・コミュニティにおいて知られておらず，かつ膚の色が白い人は，膚の黒い人と比べてアボリジニであることを疑われやすいといえる。

　さらに近年では，主流社会において誰が先住民を対象とした優遇政策の恩恵を受ける資格があるのかが問われる中で，政府による先住民の雇用創出によって誕生したミドルクラスの先住民のアボリジナリティが問題になるケースがある。特に，外見上白人と見分けがつきにくい都市のミドルクラスの先住民は，もはや「本物の」先住民ではないとみなされ，先住民としての権利を主張する

べきではないという認識が生まれたのである。このことについて，先住民研究者の中には，先住民によって構築された先住民性（汎先住民性）が，伝統文化の維持や外見，社会経済的地位の低さなど，主流社会における先住民に対するステレオタイプに基づいていると指摘した上で，今後は多様な人種的背景をもつ先住民を包摂する先住民性の構築が必要であると主張する人もいる。

5　非先住民との連帯と新たなアイデンティティ

　先住民コミュニティ内で生じたアボリジナリティをめぐる問題は，結果として先住民コミュニティの連帯を弱体化させることになったが，そのことは一方で，先住民と一部の非先住民との間に新たな社会関係をもたらす契機ともなった。とりわけ，1980年代後半以降の新自由主義の台頭により，先住民のみならず，非先住民内部でも経済的格差が拡大すると，都市の低所得者層の間では，その相対的な社会経済的地位の低さゆえに主流社会から排除される中で，貧困や相互扶助を基盤とする地域独特のアイデンティティが形成されている。そしてこのような地域に根ざすアイデンティティは，下層白人住民だけでなく，同地域に居住するエスニック集団や先住民をも包摂することもあった（Greenop and Memmott 2013）。

　まず，低所得者層の先住民と白人の関係について考えてみたい。都市の貧民地区に居住する白人は，その貧しさゆえにミドルクラスの白人に付与された白人としての特権を享受してこなかった。たとえば，アデレード北西部郊外に居住する白人は，同地域の先住民と同様に，相対的に教育レベルが低く，失業率が高く，世帯収入が低いことを特徴とする。このような白人貧困層の中にはもちろん先住民に対して否定的な態度をとる人も存在する。しかし一方で，彼／彼女らは子どものころから地域の学校やスポーツクラブなどで先住民と日常的な交流を繰り返す中で，最終的に先住民との間に友情を築く場合もある。彼／彼女らの多くは，親が失業中であり，場合によっては酒や薬物の問題を抱えているという類似した境遇で育つ中で，互いに親近感を抱くのである。

　このような貧困地区に居住する白人と先住民の間の交友関係は，個人的なレ

ベルを超えて，地域レベルへと広がることもあった。都市の先住民は，これまでも権利回復運動や土地権運動など，先住民としての権利を国家との間で交渉する際に，白人からの協力を得ながら彼／彼女らと団結してきた。その場合，先住民を支援した白人の多くは，都市の知識人や活動家などのミドルクラスの人々であった。先住民は白人と連帯する中で，政府との交渉の仕方を学ぶと同時に，先住民の権利に関する問題を，民主主義や社会的正義といった西洋の普遍的価値観に結びつけてオーストラリア社会全体にかかわる問題として提示することにより，白人からの支持を得やすくするという戦略をとっていたのである。

　一方で，アデレード北西部郊外の先住民が開始した先住民の遺産地登録をめぐる運動は，彼／彼女らが同地域の一部の白人と連帯する中で，再開発反対運動や正義や社会的公正を求める市民運動へと転化した。注目すべき点は，この運動で先住民と連帯した白人の多くは，ミドルクラスの人々ではなく，長年にわたって日常生活における相互扶助などを通して先住民と社会関係を築いてきた貧困層の人々であったということである。この運動の中で，先住民と地元の白人の連帯をもたらした要因は，貧困であることとそれに伴う差別の経験の共有と，社会経済的に不利な立場におかれながらも，互助によってそれを乗り越えてきたという誇りであった。そこでは，貧困地区に居住する低所得者層の住民らが，新自由主義下の市場競争から取り残される中で，受苦の経験を媒介として形成された地域独自のアイデンティティが連帯の基盤となったといえる（栗田 2018）。

　他方で，貧困や差別の経験を媒介とした社会的連帯は，先住民と移民・難民などのエスニック集団との間でもみられる。従来の研究において，先住民と移民・難民は，多文化主義の下で政府からの資源をめぐって競合関係にあることが指摘されてきた。実際に，都市の先住民の中には，多文化主義政策の下でオーストラリアの移民・難民が，本来先住民が享受すべき教育や就職の機会などの資源を奪っていると考える人々も存在する。しかし，日常生活における両集団間の関係は対立関係ばかりではなく，交友関係もみられる。

　とりわけ，都市の貧困地区に居住する先住民と非白人系の移民・難民は，地

方自治体主催の多文化交流行事や，学校や近所での日常的な交流を重ねる中で交友関係を築き，後にそれが婚姻関係へと発展することも珍しくない。先住民の非先住民との通婚は，1980年代以降増加傾向にあり，その割合は都市ほど高いことが報告されているが（2001年の時点で，シドニーおよびメルボルンでは約90％，アデレードでは約86％），非先住民の中には白人のみならず，非白人系の移民・難民も含まれる。

　特に，都市の貧困地区に居住する先住民と非白人系の移民・難民は，貧困に加え，日常生活において白人からの差別を受けてきたという経験を共有する中で，交友関係が深まるケースもみられる。このように非白人であり，貧困であることによって社会の中で二重に周縁化されているという共通性が両集団の成員を結びつけるというケースは，昨今，オーストラリアで白人であることに基づくナショナリズムが高揚する中で，今後も増加するものと考えられる。そして，白人ではないことによって生じた先住民とエスニック集団の連帯は，先住民にとって，従来の独自のアイデンティティに代わる，多様で重層的な新たなアイデンティティを形成する契機となる可能性を有している。

6　お わ り に

　これまでみてきたように，都市の先住民は，彼／彼女らを取り囲むその時々の政治的・社会的状況に応じて独自の文化やアイデンティティを構築してきた。とりわけ，そのアイデンティティは，親族関係や出身リザーブとの関係を中心としたものから，先住民の社会経済的地位の向上を目指す政治的性格を帯びたもの，そして特定の地域に居住する非先住民との相互作用の中で生まれたものなど多岐にわたっていた。しかし，これらのアイデンティティは，それぞれ独自に存在するわけではなく，互いに交差しながら共存し，状況や目的に応じて，柔軟に操作され，交渉されるものでもある。特に，政治的文脈において構築された先住民の集団的アイデンティティは，当初は主流社会の白人の権威に対抗するものとして形成されたものであったが，日常生活において非先住民との交流を積み重ねる中で，オーストラリア市民としてのアイデンティティと

交差することもあった。そしてそれは，最終的に，先住民対非先住民という二項対立を超えて，特定の地域の住民としての差異を包摂する重層的な様相を帯びたものへと変容しつつあるといえる。

　今後，都市の多文化社会で生活する先住民のアイデンティティは，白人のみならず，移民や難民との相互作用の中で，より多層的で複雑な様相を呈することが予想される。とりわけ，文化的多様性よりも，経済的貢献を通した市民としての義務の遂行が重視される現在のオーストラリアにおいて，両集団の中でも福祉給付金受給者をはじめとする低所得層の人々は，「望ましくない市民」として一括されやすい。こうした状況を踏まえ，今後は，都市の貧困地区に居住する先住民と非白人系の移民・難民の間で生まれつつある社会的排除の経験を媒介とした新たな帰属意識や，先住民と移民・難民の双方の出自を有する子弟によって形成されるアイデンティティの諸相を明らかにしていく必要がある。そして，先住民としての差異が，人種・エスニシティに加え，階層やジェンダー，地域性（ローカリティ）といかに交錯し，それぞれの差異の間でどのような交渉が行われるのかを丹念に追っていくことが，今後の都市先住民研究にとって重要な課題となるであろう。

【さらに学びたい人のための文献案内】
① Jones, D. and J. Hill-Burnett, 1982, "The Political Context of Ethnogenesis: an Australian Example," in *Aboriginal Power in Australian Society,* edited by M. Howard. St.Lucia, University of Queensland Press.
　アボリジナリティの創出のプロセスにおけるアボリジニ内部および外部社会との交渉について詳細に論じている。
② Cowlishaw, Gillian, 1988, "The Materials for Identity Construction," in *Past and Present: the Construction of Aboriginality,* edited by J. Beckett, Aboriginal Studies Press.
　地方町の先住民の間で形成された白人の権威に対抗するアイデンティティについて考察した論文。
③鈴木清史，1995，『都市のアボリジニ──抑圧と伝統のはざまで』明石書店.
　伝統文化の継承を阻まれたシドニーの先住民の生活実態とかれらによる文化復興について論じた一冊。
④上橋菜穂子，2000，『隣のアボリジニ──小さな町に暮らす先住民』ちくま文庫.

地方町の先住民の過去と現在について先住民と白人の視点を交差させながら描いた民族誌。

⑤栗田梨津子，2018，『多文化国家の都市先住民──アイデンティティの支配に対する交渉と抵抗』明石書店.

多文化主義の下で都市の先住民が繰り広げる主流社会とのアイデンティティの交渉について包括的に論じた一冊。

[栗田　梨津子]

第Ⅱ部

多文化社会オーストラリアと移民・難民

第7章 | 白豪主義オーストラリアの生成と発展

Introduction

　第Ⅱ部ではホワイト・オーストラリアの形成・発展とマルチカルチュラル・オーストラリアへの歴史的変化と現在があつかわれる。そのうち第7章と第8章では，オーストラリアへの英国系白人の入植により「白豪主義オーストラリア」から「多文化主義オーストラリア」への歴史変動をあつかう。第7章では，白豪主義が複雑な要因の下で出来上がったものであり，19世紀後半の連邦結成と密接な関係があることを論じるとともに，オーストラリアの人種差別的な白豪主義は，特に流刑植民地から一般自治植民地に変化して，経済発展と政治・社会面での近代化に成功し，豊かな民主主義社会を苦労して作り上げたオーストラリアだからこそ必要としたということを強調したい。人種主義と民主主義が併存していることに注意してほしい（人種主義の克服は簡単ではないことを予想させる）。なお，白豪主義に影響を与えた日本人移民の増加と，日本の近代化による富国強兵化の関係については第Ⅲ部の章も参照。

1　なぜオーストラリアに白人が入植したのか

　オーストラリア大陸へ英国系白人が入植した理由のうち最大のものは，流刑植民地の形成にあった。大航海時代最後期の1770年に南太平洋の科学的調査航海を行ったキャプテン・クックが，ニュージーランド（NZ）とオーストラリア大陸東南部を発見し，クックの航海に同行した博物学者ジョゼフ・バンクスが，オーストラリア大陸の東部と南部は入植に適しているとロンドンに報告したのである。オーストラリア大陸に最初に到来した白人は，1606年のオランダ人ウィレム・ヤンズーンとされるが，赤道付近の亜熱帯の北部地域西海岸に上陸したため，植民には向かないと判断した。そのためオランダ人は入植しなかった。

　バンクスの報告を受けた時期の英国政府は，新しい植民地の設置には消極的だったので，ただちに植民を行わなかった。しかし，当時の英国では産業革命が進行し，農村や地方都市で仕事にあぶれた大量の失業者の流入が起き，ロンドン市内の犯罪と逮捕者が急増していた。1873年の米国植民地独立以前には流刑囚は米国にも送られていたが，独立後は当然のことながら拒否されていた。そのため犯罪者の急増に困った英国政府はロンドン市内を流れるテムズ川に艦褸船（ぼろぶね）を浮かべ急造の臨時刑務所を用意した。しかし，この急造刑務所からの脱走者も相次ぎ，犯罪者と脱走者による治安問題が大きくなった。さらに艦褸船に多くの囚人を閉じ込めすぎたため衛生問題も発生した。そのため英国政府は拘留中の犯罪者を流刑囚として，海外の英国植民地に送り出すことにした。その候補地としては北米のカナダ，アフリカ，インド，カリブ海地域など英国の植民地などが候補地とされたが，僻地である，気候がきびしい，治安維持が困難，奴隷市場への悪影響への懸念などさまざまな理由で見送られた。

　その後，改めてオーストラリア大陸東南部の発見が見直され，流刑植民地の設営が決まった。流刑植民地としたのには，新しい一般植民地では常に労働力が不足するので，流刑者を低賃金労働力として利用すればよい，という判断もあった。また，流刑者の労働に対価としての賃金を支払い，刑期終了後は農地を安価に提供し，そのまま現地で農業・牧畜に従事させれば，植民地の発展につながるだけでなく，本人たちの更生と再出発を可能とするので一石二鳥だとの判断があった。さらに，英国の刑務所の犯罪者を減らすことができるので一石三鳥だった。確かに，ニューサウスウェールズ（NSW）植民地を犯罪者の更生と再出発のための理想の地とするという啓蒙主義に基づく意図もあったとはいえ（クラーク 1978），英国から遠く「距離の暴虐」が感じられるオーストラリアへの入植への理由は，なんといってもロンドンの犯罪増加・治安維持対策の観点からだったことは間違いない（ブレイニー 1980）。もちろん，流刑植民以外にも目的があったようだが，どれも犯罪対策ほど重要なものではない。なお流刑植民地としての性格上，当初，一般自由移民は認められなかった（関根 1982-83; 関根ほか 1988）。

2 流刑植民地から一般自治植民地へ

2-1 捕鯨産業と流刑植民地のサバイバル

　流刑囚監視と植民地防衛と治安維持のために特別に編成された NSW 軍団と流刑者を乗せた第一船団は，1788年1月にボタニー湾に到着し，アーサー・フィリップ総督は大陸東半分を英国領土と宣言した後，より地理的条件のよいシドニー湾に移動して上陸し，当地を流刑植民地建設地とし開拓を開始した。フィリップ総督は先住民たちを当初は植民地で働く労働者に仕立てると同時に，先住民との間の友好関係を維持することを英国政府より求められていたが，どちらもうまくいかず紛争がしばしば起き，第5代ラクラン・マコーリー総督による努力を最後に，最終的には先住民の労働力化と融和努力はあきらめられた。これ以降，キリスト教会を中心とした先住民保護活動はあったものの，先住民は「滅びゆく人々」としてあつかわれるようになった。19世紀前半に植民者がアウトバックに進出し広がり始めると，NSW やビクトリア（VIC）植民地では，先住民虐殺事件がしばしば起きている（藤川編 2004; ブレイニー 2000）。

　植民地の農業・牧畜・土木工事の中核的労働力として先住民の労働力化に失敗した後は，当初の予定通りもっぱら囚人流刑者たちが働くことになった。とはいえ，都市失業者出身の多い囚人流刑者に農業・牧畜の経験はなく，また，農業・牧畜経験者自由民を同道していなかったこともあり，植民地建設は大いなる苦労の連続だった。北半球と季節が逆だということも把握せず種まきが行われたほどだった。第二船団の到着が1年近く遅れた1791年だったこともあり，第二船団到着時の植民地は崩壊寸前だったといわれている。植民地生活のきびしさから逃れるために脱走する流刑者も多かった。脱走しても捕えられた者は，タスマニアやノーフォーク島に再犯者として送られた。

　幸いにも第二船団到着後，シドニー北部と西部そして南部の郊外に農業・牧畜に適した土地が見つかり，植民地は一息ついた。その後は順調に発展していった。最初にこの発展を支えたのは捕鯨を核とする海産物産業だった。大陸

東南部海岸地域から南極にかけての海には大量の鯨やアザラシが生息し，海岸近くに大きな漁場があった。さらに大陸北部の海岸には中国人が好むナマコが大量に生息していた。捕鯨を中核とする海産物産業は農業・牧畜の発展が進む前の流刑植民地の屋台骨であった。オーストラリア大陸近海の鯨漁場発見の情報が世界に伝播すると，欧米ロシアからの捕鯨船が南太平洋に進出し，後に太平洋全域で捕鯨が展開された。シドニーは捕鯨基地として発展し，捕鯨船の修理基地となって繁栄した。NSW 流刑植民地開拓が，日本近海で難破した捕鯨船の救助を要求するために，ペリー総督が日本に開国を迫るきっかけとなっている。オーストラリアの捕鯨は1970年代後半まで続いた。その後は捕鯨禁止運動のリーダーとなっている（関根 1982-83; 森田 1994; Newton 2013）。

2-2　流刑植民地から一般植民地へ

NSW 軍団退役後，オーストラリア植民地で最初の新聞を発行した W. ウエントワースを含む 3 名が，1813年にブルーマウンテンを越えて現在のバサーストに行くルートを発見し，広大な牧草地になり得る土地を発見した。そのため，大陸東部での本格的な牧畜産業が展開し，オーストラリアは羊の背に乗った。その NSW 植民地は，当初，捕鯨産業を基礎に農牧畜産業を拡大させたが，綿花産業の拡大にも成功した。米国南部と競合しつつ，英国への綿花輸出を拡大し，英国への経済的依存から脱却し始め，元囚人（エクスコンビクト）や恩赦により自由移民となった人々（エマンシピスト）だけでなく，英国政府の許可を受けた資産家の自由移民も増えたため，NSW 植民地への流刑制度は1840年に停止された（タスマニアへは1852年まで続けられた）。

しかしその結果，NSW 植民地では労働力不足が感じられたので，流刑を再開しようとする動きに対抗して，低賃金労働者や家事労働者として，中国人やインド人，さらには南太平洋諸島人（主にメラネシア人だが19世紀のオーストラリアではポリネシア人と誤認されていた）の実験的導入が1840年以降に企てられた。オーストラリアの多文化社会化の萌芽が生じたが，実験はうまくいかなかった。元流刑植民地人は有色人労働者との経済競合（多文化競生）を避けたかったし，植民地政府も流刑制度を終えたばかりの植民地の多文化社会化による秩

序維持と治安対策への不安に加えて，奴隷制度を1833年に廃止したばかりの英国政府が植民地の労働力不足対策とはいえ，組織的なインド人導入などに反対したこともあり，植民地政府としては全体としては積極的な支持も反対もせず，放任的な態度を維持し，有色人入植にはどちらかというと終始消極的態度をとっていたからである（流刑植民時代の有色人移住と社会統合の放任時代）。

　NSW 植民地の発展が1820年ころより確実視されるようになると，英国では NSW 植民地に続けと，南オーストラリア（SA），西オーストラリア（WA）方面で自由移民による植民地開拓が進められた。VIC 植民地，タスマニア（TAS）植民地（1803年入植），クイーンズランド（QLD）植民地（1824年開発開始）は，NSW 植民地の経済活動の拡大の結果あるいは再流刑地として設置された植民地だったが，WA 植民地（1826年入植開始，27年英領に編入）と SA 植民地（1836年設置）は，エドワード・ギボン・ウェイクフィールドの組織的植民論に従った自由移民による植民地開拓だった。NZ も同じウェイクフィールドの計画に従った植民だった。

　19世紀の前半から半ばにかけて，オーストラリア大陸の植民地の拡大と，その基礎も整い始める1840年代になると，各植民地から自由民による一般自治植民地への移行の請願が英国議会に送られた。WA 植民地での開発は最初から労働力不足に悩まされていたこと，また，英国政府は NSW 植民地への流刑が終了すると，新たな流刑囚の送り先を探していたので，1850年から68年まで WA 入植地に送ることになったこともあり WA 植民地の自立は遅れたが（1890年），英国政府は1850年にオーストラリア植民地法を定め流刑の歴史のない SA 植民地を皮切りに，各植民地の自治植民地化を認め，植民地議会と選挙の実施・拡大を認めたのである（関根 1982-83）。

3　ゴールドラッシュと19世紀後半の植民地発展

3-1　植民地の経済発展と流刑時代の夢の実現

　流刑植民地大陸から一般自治植民地大陸へと脱皮した1850年代のオーストラリアでは，大陸東南部 NSW・VIC 植民地で始まったゴールドラッシュを契機

として大いに経済が発展した。NSW と VIC 植民地のゴールドラッシュは世界中から一獲千金を狙うにわか金鉱夫の入国を促し植民地の人口を増やした。大陸東南部の人口は1848年には33万人だったが，1858年には105万人となっている。金鉱地帯を中心に人口が拡大し，その人口増加にあわせて植民地内の製造産業や食料産業も発展した。オーストラリアの人口増は国内製造業に加え，農牧畜産業への需要も高め，農牧畜産業の発展も促された。1820年代より植民地経済自立化の動きが進み始めたが，ゴールドラッシュはその動きを促進した。しかし，この東南部のゴールドラッシュは地表近くの金産出が減少した結果1860年代に衰退し，多くのにわか金鉱夫はゴールドラッシュ地帯での活動をあきらめ出身国へ帰国するが，無一文となったにわか金鉱夫の場合は帰国できず植民地産業労働者となった。

　増加した白人賃金労働者の多くは，賃上げと政治参加を求めた。かれらの多くは英国・米国出身者であり，金鉱地帯で植民地政府が課す金鉱入山料や鉱区登録料の多寡をめぐって，植民地行政とのトラブルを何度も起こしていた。なかには1864年のバララットの金鉱地帯で起きた小規模な「ユーリカ砦の反乱」に参加して，植民地警察や軍隊と対立した者もいた。こうした人々が植民地労働者として居残ったことから，NSW と VIC 植民地では早くから労働組合運動が発達した。なお，この中には，英国でのチャーチスト運動につながる労働運動経験者もおり，各植民地の労働組合運動を支えることになる。

　19世紀半ばから後半にかけて労働運動や労働組合運動が展開し，労働者の賃金や労働条件は向上した。19世紀後半のオーストラリアの生活条件は高い賃金を背景に，英国の生活レベルをはるかに上回っていたと推定されている。1850年代には世界に先駆けて8時間労働制が導入されている。これは植民地ではアボリジナルのいう架空の吝嗇怪物にちなんだバンイップ貴族と呼ばれた保守勢力が，英国の伝統的保守勢力ほどには強くなかったことと（藤川 2016），植民地産業の発展に労働力の供給が追いつかない慢性的労働力不足状態が続き，労働者の立場が強かったからだ。

　他方，政治面では植民地人が一体となって植民地自治の推進と植民地議会の拡充，そして選挙の近代化を押し進めた。SA 植民地では，男子普通選挙法が

いち早く導入されるだけでなく（1856年），議員報酬制，1人1票制，秘密投票制も各植民地に導入された。こうした革新的な選挙制度改革により生まれた制度は「オーストラリア式選挙制度」と呼ばれた。女性参政権は1894年にSA植民地が導入している。19世紀後半のNSW植民地を中心とする経済・社会・政治的発展と近代化は，英国系白人の偉大なる成果であると賞賛されるだけでなく，労働者の労働条件の良さから「労働者天国」とさえいわれるようになり，英国からの労働者を惹きつけた。この結果，流刑植民地時代の英国の貧困から抜け出して，更生と人生の新たな出発をするという当初の夢は，シドニーのセンテニアル・パークで入植100周年記念祭が行われたころにはほぼ達成されたのである（クラーク 1978; ブレイニー 2000）。

3-2 オーストラリア連邦結成への動き

　植民地の経済・社会・政治的発展は，大陸に存在するすべての植民地を統合しようとする連邦形成運動を生じさせた。連邦形成には，①オーストラリア大陸での経済活動の拡大と活発化，そして植民地間の経済連携関係の強化が進んだことから，経営側と労働側の双方から連邦化が要請されたという経済的要因，②発展してきた経済力を背景に，英国に対する政治的発言力を強化したいという政治的要因，③南太平洋地域での西洋列強による植民地争奪合戦と，それに伴う砲艦外交時代の中で，大陸の安全保障を確保するという軍事的要因もあった。さらに，④議会制と選挙制度の発展により，大衆政治が展開し，中国人排斥を公約に掲げて票を獲得しようとするポピュリスト的な政治家が登場したことも大きい（これがQLD植民地での労働党の結成につながった）。

　この動きは，19世紀の最後の10年間に生じた植民地の経済不況の際にさらに強化された。長いゴールドラッシュを基礎に発展してきたオーストラリア経済をみて，英国からの投資が続くとともに過剰になりバブル経済が生じ，それが1890年代前半にはじけたのである。ゴールドラッシュは1850年代の大陸東南部バサースト，バララット，ベンディゴに始まり盛衰を繰り返しながら1890年代のWA植民地のカルグーリーにまで広がりつつ，オーストラリア植民地全体の経済を発展させた。1850年代に始まったオーストラリア東南部のゴールド

ラッシュは1860年代前半にかけて収束したが，ゴールドラッシュは次にQLD
植民地で始まり，NSW 植民地での経済発展の再来が起きた。このゴールド
ラッシュは1870年代から80年代に断続的に生じ，現在の大陸北部へと順次広
がっていった。QLD 植民地北部と大陸北部のゴールドラッシュは1880年代後
半には収束したが，今度は1880年代から90年代にかけて WA 植民地内陸部で
始まった。場所を変えつつゴールドラッシュが続き，繁栄するオーストラリア
に英国から資本と人口が流入し続けシドニーとメルボルン中心に経済成長が続
いたが，1880年代後半には過剰投資の懸念が広がっていた。

　1893年にバブルがはじけると，英国資本は一斉に引き上げようとした。困っ
た植民地の政財界はこぞって英国政府に資本の引き上げを抑制するよう陳情す
ると同時に，経済支援を求める必要に迫られた。対英国交渉において各植民地
は，個々バラバラではなく一緒に交渉したほうが得だとの判断を強めた。ま
た，不況時には労使紛争が多発し，危機感を強めた経営側も経営者同士の結束
のために連邦化を強く求めたのである。

　19世紀半ばからの連邦形成を推し進めようとした動きを察知して，強力に連
邦化を進めたのが NSW 植民地の首相だったヘンリー・パークスで，彼は1850
年代より NSW 植民地議会で活躍していたが，19世紀後半には英国に対する植
民地の政治的立場の強化を求めるため，連邦形成に注力した。当初，NZ やオ
セアニア島嶼地域（フィジー諸島）もこの動きに興味を示したが，連邦結成議
論が進むうちに，大陸の植民地との間の利害関心が離れたこともあり NZ と
フィジーは興味を失い，議論から離れていった。最終的にはオーストラリア大
陸とタスマニア植民地だけの企画となった。NZ やフィジーは連邦に加入し
て，遠いシドニーやメルボルンからの支配を受けることを嫌ったのである（関
根 1982-83; 関根ほか 1988; ブレイニー 2000; 藤川編 2004）。

4　白豪主義とオーストラリアの連邦形成

4-1　白人労働者と白豪主義

　経済・政治的・安全保障要因に加え，連邦化の大きな要因として次に挙げな

ければならないのは，「白豪主義（White Australia Policy)」の発展である。白豪主義の登場にも，ゴールドラッシュが大いにかかわっている。

　ゴールドラッシュは，1850年代の大陸東南部に始まり，オーストラリア植民地全体の経済を発展させた。既述のごとくそのゴールドラッシュは，世界中からにわか金鉱夫を集合させたが，その中には有色人もいたのである。なかでも，1840年に開国して米国やカナダに出稼ぎ労働者を大量に送り出していた中国大陸南部からにわか金鉱夫が大量に渡ってきた。この結果，NSW と VIC 植民地の金鉱地帯の中国人人口は金鉱地帯の 5 - 10% 近くになった。

　中国人の多くは，中国との貿易に携わっていたオーストラリア商船の船長が，貧乏な中国人に渡航費の前貸しを行い，呼び込んだものである。中国からオーストラリアへの航海ではしばしば船倉が空だったので，その対策だった。なお，中国人は米国のカリフォルニア州が1880年代に中国人労働者・金鉱夫の移住制限を始めたため，オーストラリアに大量流入したことも見逃せない。しかし，カリフォルニアのゴールドラッシュ同様に，地表で採取できる金や砂金は早く掘り尽くされることが多く，一攫千金の夢は簡単に実現できない。焦っている白人金鉱夫も多いところに，大量の中国人がやってきて金採地帯で競合するようになると，多文化共生どころではない。すぐ多文化競生が多発した。

　白人が掘り尽くしたと思った場所を中国人がまた掘り返して金や砂金を持っていくことも多くなり，白人の間に不満が高まっていく。また，地中深く掘る場合，中国人は組織的な活動を得意とすることが多く，個人作業の多い白人にわか金鉱夫の気分を逆なでし，金鉱地帯のあちこちで白人による中国人金鉱夫への暴行騒ぎが始まり多文化凶生が始まった。植民地政府は警察官を動員して秩序維持に動いたが，治安維持のための費用の捻出と中国人金鉱夫の保護という名目で，中国人がシドニーやメルボルンに上陸する際に人頭税・上陸税などを徴収した。その額は年々上昇した。間接的だが中国人の移住を制限して白人金鉱夫の利益を守ろうとしたのだが，中国政府を刺激しないよう名目はあくまで中国人保護だった。

　この結果，NSW と VIC 植民地への中国人の入国は減少したが，中国人たちは，シドニーとメルボルンを避け，SA 植民地に上陸し，SA 植民地経由で

NSW や VIC 植民地の金鉱地帯に徒歩で向かったのである。その結果，ゴール
ドラッシュのない SA 植民地政府も，NSW や VIC 植民地政府にならって，中
国人に対し人頭税や上陸税を課して上陸制限をせざるを得なくなった。いずれ
にせよ，中国人金鉱夫は目障りなので上陸を制限することが TAS 植民地以外
の大陸東南部で一斉に制度化されたのである。

　こうしたなかで，中国人を排除してオーストラリアは白人だけのものにした
いという気分も生まれた。しかしながら，その気分はすぐには盛り上がらな
かった。というのは，中国との貿易に携わる資本家の反対があり，植民地政府
が同調せざるを得なかったことに加え，大陸東南部のゴールドラッシュは1860
年代には終息しつつあり，各植民地政府も中国人上陸制限の必要がなくなった
と判断し，1860年代には制限を撤廃していったからである。また，ゴールド
ラッシュは次第に大陸東南部から QLD 植民地に移っていったこともあり，中
国人も白人と一緒に北に移動していったのである。

　ここで白豪主義は頓挫したかのようにみえたが，ゴールドラッシュは大陸東
南部を離れ，QLD 植民地や大陸北部，西オーストラリア北部へと移行してい
くと，今度はそれぞれの地域で中国人と白人の間の金争奪戦と暴動が頻発して
いった。そして，中国人制限を大陸全体で行おうという動きが強まった。その
動きに大陸東南部植民地も同調することになった。その理由は，確かにゴール
ドラッシュは一段落してにわか中国人金鉱夫の数は減ったものの，一攫千金の
夢破れて帰国できずに大陸に居ついた中国人が増えていたからである。その結
果，オーストラリアの人口は1868年に153万9552人，1878年には209万2164人へ
と増加を続けていた。

　大陸に住み着いた中国人は，最初は，野菜農園や小売業，床屋・洗濯屋・食
堂経営などのサービス業に従事し，白人労働者との間で職をめぐる競合は少な
く，むしろ「文化的分業」状態が出来上がり，つかの間の多文化共生状態が存
在していた。しかし，白人金鉱山経営者や石炭鉱山経営者たち，そして発展し
つつある植民地製造産業の経営者たち，さらに交通運輸産業の経営者たちは，
普段から白人労働者の高い賃金や労働組合運動に悩まされていたので，オース
トラリアに残留した中国人を白人労働者によるストライキの際の「スト破り労

働者」として動員するようにしただけでなく，低賃金労働者として雇用を拡大
すると，白人労働者たちは，白豪主義オーストラリアへの志向を強めるので
あった。大陸東南部植民地の労働者の圧力により，NSW，VIC，そして中国
人の少ない TAS と SA の各植民地も全国的な白豪主義運動に加わり，連邦形
成に関する植民地政府間会議や植民地間労働者全国会議に代表を送ることに
なった。白豪主義という言葉は1880年代の植民地間の連邦会議の最中に論じら
れるようになったといわれている。

　こうなると白豪主義の全国的展開と連邦形成の動きは重なり，白豪主義オー
ストラリア連邦国家の結成につながった。白豪主義導入を叫んだのは，当初
オーストラリアの白人労働者だった。アジアからの有色人低賃金労働者の移住
を許すと，かれらの故国での生活水準は低いので，長時間低賃金労働に喜んで
従事するだろう。そうなれば，白人労働者の生活水準が下がるだけでなく，19
世紀半ばより達成した政治的近代化にも悪影響が出るに違いない（生活不安）。
有色人は近代的西洋市民社会の基本的価値を身につけていないどころか，教育
レベルも低く英語もまともに読めない，オーストラリア大陸植民地の豊かで高
度に発達した近代的な社会生活に適応できないであろう（文化不安）。人種的に
も知能が低く高度な近代的生活や文化に適応できるとは思えない（人種不安）。
19世紀後半にはダーウィンの社会進化論の影響がオーストラリア大陸にも深く
及んでおり，こうした議論は受け入れられやすかった。1890年代の不況時に
は，白人も QLD 植民地北部や大陸北部に職を求めて移住し始めると，そこは
有色人の多い多文化社会であり驚いたであろう。白人労働者の生活不安と文化
不安が白豪主義を生み出し，白豪主義を後押しした（Lake and Reynolds 2008; 関
根ほか 1988; 関根 1989）。

4-2　白人経営者と白豪主義

　ただし，白人労働者に対して，オーストラリア植民地の資本家たちや，資本
家よりの政治家の多くは，白人労働者の議論に簡単には同調できなかった。白
人労働者の高賃金を白豪主義によって維持することは受け入れがたかっただけ
でなく，大陸奥地では慢性的な労働力不足に加え，都市，道路や鉄道建設など

の公共土木事業労働者も慢性的に不足していた。そのため，SA や WA 植民地
では，インド人や中国人を出稼ぎ労働者として雇い入れていた。SA 植民地政
府は，開国したばかりの日本から組織的な日本人の移住を企画していたほどで
あった。これは西南戦争によって頓挫したが，アジア人労働力への依存は植民
地のアウトバックでは当然のこととされていた。

　さらに，19世紀後半の QLD 植民地では，北部を中心に砂糖黍栽培プラン
テーションが展開していた。QLD 植民地の気候の下での砂糖黍栽培や刈込労
働者に白人労働者は不向きだと思われており，QLD 植民地の砂糖黍プラン
テーション労働者には南太平洋諸島人を短期的労働者（カナクあるいはカナカス
労働者と呼ばれた）として雇い入れていたのである。南太平洋諸島人は近代的契
約などについて理解できないため，リクルート船の白人船長の甘言の下，何も
わからないまま騙された状態で雇用契約を結び，半ば誘拐に近いかたちで移住
させられた。これは「ブラックバーディング」と呼ばれて国際的非難を招いて
いた。その上，諸島人たちはきびしい労働条件と無権利状態におかれていた。
米国南部の黒人奴隷制度より酷いと批判され，英国政府も QLD 植民地政府に
警告を出さざるを得なかった。

　QLD 植民地では，砂糖黍栽培に加え北部の木曜島を中心に漁業に日本人が
雇われて居住していた。さらに，当時の大陸北部各地では，真珠貝産業も盛ん
になっており，日本人以外にも東南アジアからの出稼ぎ労働者が多く雇われて
いた。また，大陸北部の日本人出稼ぎ労働者男性の相手をする「唐行きさん」
もダーウィンやブルームを中心に最大数千人規模で在住していた時期もあっ
た。

　さらに，QLD 植民地では白豪主義成立後の日本人や南太平洋諸島人労働力
代替のため，19世紀後半にはイタリア人の移住を進めていた。また，大陸内部
では，ラクダが重要な交通運輸手段となっており，アフガニスタンからのムス
リム系移民がラクダ飼育とラクダ操縦のため移住していた。さらにレバノンや
トルコからムスリム系の行商人が内陸部を巡回していた。白豪主義が芽生え大
きく育ったころのオーストラリアは，すでに多文化社会となっていたのである
（多文化主義なしの白豪主義多文化社会）。

Key Word

ナショナリズム

　ベネディクト・アンダーソンは『想像の共同体』（2007年）の中で，近代はナショ
ナリズムの流行の時代だとし，そこにはいくつかの流行の波があるとする。第1次ナ
ショナリズムの時代は，フランス革命，米国独立革命などによるリベラルな国民国家
（liberal nation）の形成が試みられた時代である。第2の時代は19世紀後半に始まっ
た，文化的に同質的な古典的でエスニックな国民国家形成（ethnic-nation）が当たり
前とされた時代である。白豪主義もその動きに強く影響されていた。ドイツ，イタリ
ア，日本などがその例として挙げられよう。また，オーストラリアが白豪主義を導入
したころ，カナダ，米国，NZでも類似のアジア移民入国規制が導入されていたこと
も忘れてはいけない。第3次ナショナリズムの時代は，第二次世界大戦後のアジア・
アフリカ・オセアニア地域の旧植民地の独立の時代である（旧海外植民地のナショナ
リズム）。以上は，アンダーソンの議論だが，第4次ナショナリズムの時代があると
すれば，それは1960年代から始まる欧米先進諸国内の下位民族集団や先住民族による
分離・自治・独立運動の時代である（国内の下位集団ナショナリズム）。ブレグジッ
トで揺れる英国のスコットランドのほかに，スペインのカタルーニヤ，イタリア北部
の分離運動を引き起こしている。
　⇨第8章のキーワード「多文化共生サイクル」参照。

　こうした人口構成もあり，連邦形成はすんなりいかなかった。QLD植民地
やWA植民地は有色人労働力の必要性とシドニーやメルボルンという遠いと
ころから政治的に管理されることへの不信もあり，参加を渋っていた。肝心の
NSW植民地がパークス亡き後，連邦参加に逡巡していた。VIC植民地が保護
貿易を主張したが，NSW植民地は自由貿易を主張し対立していたからだ。

　しかしながら，19世紀後半は第2次ナショナリズムの時代でもあり，文化的
に同質的な古典的国民国家形成が当たり前とされていた時代でもあり（アン
ダーソン 2007），1890年代の経済不況のなか白豪主義と連邦形成に資本家側も
理解を示し始め，最終的に白豪主義連邦国家オーストラリアが誕生したのであ
る。これには，白人女性と結婚し，同化し始めた中国人，南太平洋諸島人の永
住が増えたことによる不安も影響していた。

　また当時多くの白人は，有色人の知能は低く西洋社会の価値観に従った生活
への同化は不可能と考えていたが，その一方で，日本や中国が近代化を着々と

進めている状況をかんがみて，ぽやぽやしていると中国人や日本人がオースト
ラリアに大量に移住して，結果的にはオーストラリアはアジア人に乗っ取られ
るかもしれないので白豪主義が必要だという悲観的な議論も展開された。たと
えば，歴史家，教育者，政治家，ジャーナリストと多彩な経歴をもつ知識人
チャールズ・ピアソンの『国民生活とその特質──未来展望』(1893) は，米
国や NZ の政治家や知識人にも大きな影響を与えていた。19世紀後半からアジ
ア人による大陸侵略不安が高まり，侵略小説・フィクションが生まれ始めた
(加藤 2013)。いずれにせよアジア人の知能が高かろうが低かろうが白豪主義は
民主主義社会オーストラリアの白人の生活と文化を黄禍主義から守るために必
要だというコンセンサスが出来上がっていた。特に日本の開国・近代化・富国
強兵化は，日清戦争 (1894-95年) の後，「黄禍」の主体が中国人から日本人に
切り替えられることにつながり，それは20世紀の白豪主義の発展に影響した。

　オーストラリア連邦が結成され，1901年に制定された連邦憲法の第51条に
は，移民を制限する権利や有色人種を対象とする特別法を制定する権利を連邦
政府に与えられることが明記された。その結果，連邦議会が1901年に最初に生
み出した法律の中に「連邦移住制限法」と「南太平洋諸島人帰還法」があっ
た。この法律に対して，当時，日英通商航海条約 (1894年) を結んでいた英国
は，連邦法が日本人やインド人への人種差別にならないように，当時アフリカ
のナタール地方で採用されていた移住制限法を参照するよう強く求めた。その
法律では有色人だから制限するのではなく，ヨーロッパ言語の知識があるかな
いかで判定する能力基準を採用していた (50単語の文書書き取りテストの採用)。
結局，有色人という言葉は連邦法には一言も採用されなかったが，日本人や中
国人，インド人の移住制限に成功したのである。その結果，中国人人口と南太
平洋諸島人は急減し，文化的同質性が高まったのである (関根 1989; 藤川編
2004; Cochrane 2018)。

5　ガリポリ上陸と白豪主義国民国家の完成

　オーストラリアは平等主義とメイトシップ，そして公正 (フェアゴー) で反

権威主義的な国といわれているが（竹田・永野・森編 2007），その価値とその価値に従ったオーストラリアの社会制度とオーストラリア的生活を守るために白豪主義を必要とした。そのオーストラリアは多文化共生を拒否して，アジアの閉鎖的太平洋国家として生きることを選択したのである。その白豪主義には2つの側面があった。第1の側面は「狭義の白豪主義」である。これは，連邦移住制限法を中核とする有色人入国規制であり公民権の制限のことである。

　第2は「広義の白豪主義」である。オーストラリアは連邦結成とほぼ同時に，成長し始めたオーストラリア国内製造産業を守るために関税保護政策や産業助成政策をいち早く導入している。もともと NSW 植民地は農牧畜産品輸出を促進したいので自由貿易を，VIC 植民地は育ちつつあった国内産業保護のため保護貿易を主張していたことから連邦結成議論がこじれたが，最終的に保護政策にまとまったため，連邦政府は結成直後に保護主義を導入した（1904年）。また，労働者の生活を守り平等主義的なオーストラリアを維持するために労使関係制度としては，北半球の先進諸国ではほとんど採用されていない中立的な労働審判所に労使紛争の調停と仲裁をゆだね，その裁定を全国的に強制適用させる「連邦強制調停・仲裁法」を1907年に制定し，労働者の賃金水準を守るため，これまた欧米では採用されていない「基礎賃金」概念を同年に導入している（関根ほか 1988）。

　そして，連邦オーストラリアの安全保障に必要な大陸防衛軍としての独自の連邦陸・海軍の創設を英国に求めている。これは，英国に安全保障面で依存しつつも，オーストラリアが必要とするときに英国海軍が保護してくれるかどうか不安があったからである。これは英国への不信を強化し連邦形成を促進した。特に，英国が黄禍の源泉である日本との間に通商協定や日英同盟を結び，白豪主義を批判したことにも要因がある。英国が最終的に白豪主義を認めたのは，低賃金労働者の多い多文化社会オーストラリアへの移住に，英国系移民が消極的にならないようにという配慮からだった。いずれにせよ，関税保護，移住制限，強制調停・仲裁制度・生活賃金概念，そして連邦陸・海軍によりオーストラリア国民と自由・平等民主主義社会，そして高い生活水準を保護しようというのが広義の白豪主義，すなわち，白人のオーストラリアを守るための

「オーストラリア保護主義」である（関根 1982 83; 関根ほか 1988）。

　それはアジアで孤立していても，英国および英帝国諸国との関係さえ維持していればオーストラリアは安泰だという信念に基づいていた。貧弱な連邦軍を補完するのは当然英国軍である（当初連邦軍は英国軍の指揮の下にあった）。安全保障不安時に英国軍の支援を期待するため，オーストラリアは，英国が参戦する戦争に必ず参加して英国軍を補助し，その見返りとして大陸を守ってもらうという「前進防衛政策」を採用してきた（竹田 2000）。19世紀後半に QLD 植民地で生まれた保護主義を求める傾向の強い労働党と，資本主義自由経済を求める傾向の強い保守系自由党と地方党（後の国民党）の保守連合による「準二大政党制」に基づく二院制の連邦議会を中心に，豊かな生活と近代的な民主主義政治制度をもつオーストラリアを，有色人の参入を防止しつつ守ろうとしたのである。オーストラリア民主主義を守るための人種差別が必要だったのである。

　そのオーストラリアは NZ とともにアンザック軍を編成し，英国が参戦すると同時に第一次世界大戦に参加し，中近東・ヨーロッパ戦線に兵隊を送った。1915年 4 月より翌年の 1 月まで続いた英国軍司令官チャーチルの下でのトルコ上陸作戦である「ガリポリ半島の戦い」に参加し，海岸での塹壕堀の日々に耐え抜いた忍耐強さに裏打ちされた，武勇を英国は認めることになった。そのことで，それまでの本国人に対する植民地人特有の「劣等感」を振り払い，オーストラリア人は英国人と対等になったという意識をもち始め，オーストラリア国民としての意識を強めた。英国臣民からオーストラリア国民への変貌である（津田 2012）。

　結局，後にトルコの最初の大統領となったアタチュルク将軍が守るガリポリ半島への上陸作戦は失敗したが，上陸日である 4 月25日を記念して，現在ではアンザックデーとして，大陸全体の街々で帰還軍人を中心としたパレードが行われる祝日となり，オーストラリア国民の誕生を祝う日となっている。アンザックデーは現在行われている移民の帰化テストとしてのシティズンシップ・テストの中で重要な問題項目となっている。このことを知らないで真のオーストラリア人にはなれないのである。

　白豪主義オーストラリアの国民意識はガリポリの戦いを契機として完成した
とはいえ，オーストラリアはその後も英国の保護が必要だということから，
1931年の英帝国内自治植民地の独立と独自外交を認めるウェストミンスター憲
章の批准を，第二次世界大戦において日本軍と戦うという危機的な事態が生じ
るまで遅らせていた（1942年承認）。白豪主義を1970年代に捨て去るまでオース
トラリアは，アジア太平洋閉鎖国家である「民主主義人種差別国家」だった
（Cochrane 2018）。

【さらに学びたい人のための文献案内】
①関根政美・鈴木雄雅・諏訪康雄・加賀爪優・竹田いさみ，1988，『概説オーストラリ
　ア史』有斐閣.
　　項目別に論じたオーストラリア史。
②クラーク，マニング（竹下美保子訳），1978，『オーストラリアの歴史──距離の暴虐
　を超えて』サイマル出版会.
　　副題の「距離の暴虐を超えて」は原書にはない。流刑植民地オーストラリアを啓蒙主義の
　観点から犯罪者の更生と再出発の地とみていたはずだが，実際には理想とは異なる物質欲
　にまみれた歴史をオーストラリアは歩んだとする歴史解釈はクラーク独自な視点。
③ブレイニー，ジェフリー（加藤めぐみ・鎌田真弓訳），2000，『オーストラリア歴史物
　語』明石書店.
　　執筆者のブレイニーは第8章であつかうようにアジア移民制限論を唱えてメルボルン大学
　を退職した人物。後に，先住民への謝罪を含む新しいオーストラリア史の書き方の流行に
　対抗した，伝統的白人歴史家の頭目とみなされるようになった。
④津田博司，2012，『戦争の記憶とイギリス帝国──オーストラリア，カナダにおける
　植民地ナショナリズム』刀水書房.
　　豪カ両国の国民国家形成とナショナリズム，そして国民意識形成の比較史。
⑤竹田いさみ，2000，『物語オーストラリアの歴史──多文化ミドルパワーの実験』中
　央公論新社.
　　白豪主義オーストラリアの形成と終焉から多文化主義オーストラリアへの変遷したミドル
　パワー・オーストラリアの歴史。

　　　　　　　　　　　　　　　　　　　　　　　　　　　　　　　　　　［関根 政美］

<table>
<tr><td>第8章</td><td>多文化主義導入と
多文化主義社会の形成</td></tr>
</table>

　オーストラリアがかつては「白豪主義」を採用していた人種差別国家だったことを知る若者は，近年の日本では減少し，カナダとともに多文化共生国家の模範的な存在だとみられることが多くなっている。しかし，最近では多文化社会オーストラリアの問題を紹介する日本の新聞やテレビの報道も増えている（第9章や第11章の内容に関連するテーマが多い）。はたして多文化主義国家オーストラリアで何があったのか。まず，多文化主義の基本的理念や政策を明らかにし，導入と同時に開始された多くの多文化主義批判とその背景に言及し，多くの批判にもかかわらずオーストラリア多文化主義は現在でもかろうじて生き残っている理由を探る。

　特に本章で重視してほしいのは，多文化社会の安定的統合は簡単ではなさそうだということ。それは，多文化共生→多文化競生→多文化凶生→多文化矯正→多文化強制の「多文化共生サイクル」の存在による。といって，こんにちの経済グローバリゼーションや国際移民の時代を考慮すると，多文化社会化は避けて通れない。注意すべきは，多文化共生や多文化主義そのものが，多文化社会の不安定の原因のひとつでもあるだけでなく，ポピュリズム台頭の条件でもあるということである。他方で多文化共生と多文化主義は，自由・平等，議会制民主主義，寛容・博愛を第一とする西洋民主主義社会の原理に基礎をおくので，多文化共生や多文化主義を安易に否定することは，民主主義そのものの否定につながりかねないということである。これらの点を，オーストラリア多文化主義の導入・展開とその帰結の歴史をみながら考えてみたい。

1　アジア太平洋の白豪主義国家から多文化主義国家へ

　第7章で多文化主義導入以前のオーストラリア連邦の移民受け入れと社会統合の歴史が論じられた。本章では1970年代の多文化主義導入期から2010年代の多文化主義社会の成熟期までの，移民受け入れ状況と多文化主義の展開，そし

て多文化主義への反発の歴史を論じたい。

　オーストラリアが1970年代に白豪主義をやめたのは，その必要が生じたから
だ。その最大の理由は，旧宗主国英国が1973年にヨーロッパ共同体（EC）に加
盟したため，それまでのアジア・太平洋地域の孤立閉鎖的白豪主義国家オース
トラリアは，アジア・太平洋国家として環太平洋地域の諸国家との関係拡大が
必要になったのである。そうなると白豪主義は，そのための障害と意識される
ようになった。日豪経済関係が再強化され始めた1960年代までは白豪主義国家
のままだったが，マレーシアやシンガポールなどはオーストラリアの白豪主義
を苦々しく思っていた。これが白豪主義をやめた第1の理由である。さらに，
ベトナム戦争が南ベトナムの敗戦で1975年に終了すると，ベトナムからの難民
を米国とともに大量に受け入れることになり，急速なアジア人の増加が見込ま
れた。そのため白豪主義の終焉と多文化主義の導入が急がれた。

　他方で，オーストラリアは1960年代半ばまでには，すでにヨーロッパ系移
民・難民を中心に多文化社会になっていたことも影響する。第二次世界大戦中
の1942年に早くも戦後経済復興のため連邦政府はオーストラリアの人口増加の
必要性を認識し，1947年より大量移民政策を実施し，英国系のほかに非英語系
ヨーロッパ移民・難民を大量に受け入れた。これは，第二次世界大戦以前より
少子高齢化が進み人口増加率の縮小や，戦間期の世界恐慌後の帰国移民増加な
ども影響していた。同時に，第二次世界大戦中の日本軍による大陸北部ダー
ウィン爆撃とパプア・ニューギニア侵攻に懲りた連邦政府が，大陸北部防衛強
化のための人口増加と内陸開発を強く望んだ結果である。そして，1960年代の
米国での黒人の公民権運動の拡大が，オーストラリア国内の人権運動を刺激
し，何よりも国内の先住民族を含む多文化社会化の統合には，同化主義ではな
く多文化主義が必要だという議論が強くなったのである（鎌田 2012; 関根 1989）。

　日本の国土の20倍ほどの広さをもつオーストラリアの人口は現在2400万人ほ
どだが，人口の4人に1人は世界中からの海外出生の移民・難民であり，両親
あるいはその一方が移民・難民という第二世代人口は5人に2人（海外出生者
も含む），そしてアジア系人口は10％を超えている。こんにちの移住者の半数
近くはアジア・アフリカ諸国からとなっている。シドニーの小学校の多くは4

人に1人が非英語系住民の子女であり，ムスリム系国民も急増している。イスラム教が第2の宗教となっているという典型的な多文化社会である。

2　多文化主義とは

「オーストラリア多文化主義」は，20世紀初頭の連邦国家形成の際に確立した白豪主義を否定するため，1970年代に改正市民権法（1973年）と人種差別禁止法（1975年）を導入したゴフ・ウィットラム連邦労働党政権（1972‐75年）のオル・グラスビー移民大臣が，カナダの多文化主義を意識しつつ1973年に導入を示唆し，次のフレイザー連邦自由党・地方党連合政権首相が委嘱したアジア系移民受け入れと多文化主義に関する1978年の『ガルバリー報告書』の勧告を全面的に採用し，本格的に導入したものである。現在も採用されているが，連邦レベルでは後に論じるように国民統合政策としてではなく，社会的マイノリティ支援福祉政策の一環として存続している。当初のオーストラリア多文化主義は，従来の人種差別主義や同化主義国民統合を否定し，本質主義的文化観を退け，社会的構築主義文化観と文化交流発展主義を標榜していた。移民・難民の定住・社会参加支援だけではなく，文化的多様性を積極的に評価し，多文化な人々を差別なく平等に人的資源として有効活用して国際貿易を展開し，国民経済の発展を求める国家経済発展政策でもあった。その結果，多文化主義と国益の関係が当初より強調されていた。

　オーストラリアの多文化主義の基本理念を示した連邦政府の1989年『多文化社会オーストラリアへの全国的課題——未来を分かち合うために』によると，第1に，すべてのオーストラリア人が，慎重に定義された枠の中で，言語と宗教を含むそれぞれの文化的伝統を重視し，分かち合う権利としての文化的独自性を維持する。第2に，すべてのオーストラリア人が，待遇と機会の平等を享受し，人種を重視する。民族，文化，宗教，言語，性，出生地などの障壁から自由になる権利を認める社会正義，第3に，すべてのオーストラリア人が，その背景にかかわりなく，技能と才能を維持し発展させ，これを効果的に用いる必要性が強調されている。すなわち，経済的効率を基礎において，社会正義と

経済効率の向上を柱として，よりよいオーストラリア社会・経済の実現を目指すことになる。経済的効率を強調して差別が人道違反であると同時に，不経済であることを指摘する（「差別は非生産的!!」）。

　しかし，オーストラリア多文化主義は多様性を無制限に認めるわけではない。一定の枠がある。オーストラリア多文化主義では，すべてのオーストラリア人が第1にオーストラリアの利益と未来を優先し，そのために，結束してひとつにまとまった責務をもつべきだという前提，すなわち，社会的結束と国益が優先される。そして第2に，オーストラリア社会の基本的構造と原則の受け入れが求められる。すなわち憲法と法の支配，寛容と平等，議会制民主主義，言論と宗教の自由，国語としての英語，および男女平等である（リベラルな価値と制度が優先される）。第3に，与えられた権利とならんで義務を課している。すなわち，自分自身の文化と信条を表明する権利は，相互責任を伴い，他の人々がその見解と価値を表明する権利を，自らも受け入れなければならない（義務と責任の遵守が求められる）。要するに，多様性にも限度があるということである。

　多文化主義の理念の下に，以下のような具体的な政策が実施される。

① 定住支援・社会参加促進プログラム→移民・難民などの定住，就職，教育支援

② 文化・言語維持促進プログラム→移民・難民集団の伝統文化・言語維持と世代間継承支援

③ 異文化間コミュニケーション促進プログラム→ホスト国民と移民・難民集団との間，および各移民・難民集団間の相互理解と交流支援・促進

④ 主流主義的な多文化プログラムの制度化→国民全体の多文化社会適応的意識・態度の全国的な普及のための政策実施

　①の定住・社会参加支援は移民・難民系住民の生活機会を保障し，②の文化・言語維持支援は移民・難民系住民の生活様式を保護するものである。①と②は移民・難民を対象とする特殊主義に基づく特定プログラムであり，③は国民間の相互交流・理解を促進するものである。④は多文化主義政策の全国化を求めるものである。③と④は主流主義に基づく全国民対象のブリッジ（橋渡し）

131

プログラムである。

　具体的には，①の定住支援・社会参加促進プログラムには，受入（ホスト）社会の公用語（英語）のみならず，公定文化・歴史教育に関する無料教育サービス，各公共施設での無料通訳・翻訳サービス（通訳・翻訳電話サービス）の充実，市民への多言語公用文書配布，公共施設での多言語表示，国外取得教育・技能・専門職資格の認定，再資格獲得のための成人英語教育・再教育訓練支援プログラム，優遇・補償政策，差別禁止法・人権・雇用機会均等委員会設置，永住者・長期滞在者への市民権付与促進策とセレモニーの実施や，国家・地方公務員雇用促進プログラムの実施などがある。

　②の文化・言語維持促進プログラムには，エスニック・メディアの許認可・援助，エスニック・スクールの許認可・援助，エスニック・ビジネス支援プログラム，エスニック集団文化祭典援助，エスニック専門職の移住許可（医師，僧侶，教師など），多文化法制定（いまのところカナダのみだが，文化・言語の利用の自由・平等なあつかいの法制化による文化・言語権承認）などが含まれる。

　③の異文化間コミュニケーション促進プログラムには，多文化教育の実施が含まれる（これには文化・異言語集団が自文化・自言語を学ぶ教育と，国民全体が社会の多文化社会化を理解し近隣に住む異文化・異言語集団の存在を認知し，その文化・言語・歴史を学ぶ教育という2種類がある）。多文化放送（テレビ・ラジオ）の実施（異文化・異言語集団の言語による放送と母国放送の放映，国内の異文化・異言語集団の文化・言語・歴史を受入国の国民側が学べるように，英語のサブタイトル付き多文化・多言語・英語放送）も含まれる。そして多文化フェスティバル・移民博物館運営などへの支援も含まれる。

　④の主流主義的な多文化プログラムの制度化とは，国民全体の多文化社会適応的な意識・態度の促進と，全国的な多文化政策実施を連邦政府が促すことである。また，州政府が州内の自治体や移民・難民系支援団体の全国的・州全体でのネットワーク化のための支援と，そのための法的整備に加え，連邦政府や州政府内部に多文化問題対応のための部局（多文化問題局やコミュニティ関係局など）を整備することも含み，時には移民・多文化問題研究所の設置もある。

　多文化主義というと，この4つのプログラムのうち，②に加え，①のプログ

ラムを多言語で対応することだと日本ではとらえられやすいが，オーストラリアでは③と④も大いに重視される。主流主義は，移民・難民系住民が一部の地域に押し込められることなく，全国で活動できるようにするものであり，受入国民全体が自国の多文化社会化を理解し，移民・難民系住民の存在を受け入れ，共生するものである（日本ではノーマライゼーションとも呼ばれる）。それゆえ，オーストラリアでは多言語ラジオ・テレビ放送が全国的に展開すると同時に，多言語・多文化教育は移民・難民系住民の子女のみに受講させるのではなく，一緒に国民の子女も受講させることも主流主義化の一環とされ，そのことにより移民・難民系住民への支援と国民への啓蒙が同時に可能となる。

　以上のような用意周到な多文化主義の実施には時間がかかるとしても，国内のコミュニティ・レベルの多文化共生がうまくいき，その結果，オーストラリア全体の多文化共生が可能となり，それは世界全体の多文化共生の基礎になると考えられ，当初は超党派支持の下で導入された（関根 1989）。

3　茨の道を歩む多文化主義

3-1　9.11以前の多文化主義批判とその社会的背景

　1980年代に本格化したオーストラリア多文化主義は当初，超党派の支持を得て大いに期待されたが，その歩んだ道は決して波風のない平坦な軌跡ではなかった。それは批判との戦いでもあり，こんにちでも続けられている。茨の道を歩む多文化主義である。多文化主義批判は早くも1980年代より開始されている。その主なものは以下の通りである。

(1)　1984年メルボルン大学歴史学教授ジェフリー・ブレイニー博士によるアジア移民制限と多文化主義批判

(2)　1988年スティーブン・フィッツジェラルド元シドニー大学教授（元中国大使）による経済合理主義に基づく移民制度改革と多文化主義批判

(3)　1988年フィッツジェラルド報告に基づくジョン・ハワード連邦野党リーダー（後に連邦首相就任）によるアジア移民制限論

(4)　1996年ポーリン・ハンソンとワン・ネイション党による多文化主義批判

　(1)1984年のブレイニー博士による批判は，①失業増加中にベトナム難民中心にアジア移民受入数は急増し，国民は不安・不満を大いに感じている（生活・文化不安），②多文化主義への国民の理解はいまだ不十分，③アジア人急増のため英・欧州からの移住者が減少しているので，供給国のリバランスが必要であり，とりあえずアジアからの移住者を減らせと主張する。さらに④アジア・太平洋国家とはいえ，メルボルンとシドニーはアジアから遠い（距離の暴虐）ことを確認しようとする。

　(2)フィッツジェラルド・シドニー大学教授（元中国大使）による批判は，①現在の移民政策は経済的移民に比べ，社会的移民が多く国益にそぐわないので，経済合理主義の観点から前者を増やし，後者を減らしてバランスを取るべきだとする。経済的移民とは専門・技術・熟練労働者，起業家移民，豪州留学経験者であり，社会的移民とは家族呼び寄せ，人道的プログラム移民・難民のことだが，改善の結果，アジア移民が増えてもかまわないとする。そして，②多文化主義ではなくメルティングポット（融合）主義がよいと主張する（多色社会ではなく茶色社会が望ましい）。

　(3)ハワード野党党首は，ブレイニー，フィッツジェラルドのアジア移民削減論への，ビン・モハマド・マハティール　マレーシア首相とリー・クアン・ユーシンガポール首相の痛烈な批判に答え，移民受入数量と供給国の選定は国家主権に属すから，主権への干渉は許さないと主張する。①とりあえずアジア移民・難民は減らし，②多文化主義の行き過ぎには制約を設ける。そして，③英王室との関係は維持（共和国化反対）するとの立場を表明したものである。

　(4)ポーリン・ハンソンと彼女を党首とするワン・ネイション党は，①国民の職と生活を守るのが国家の仕事，国民第一主義の国是を守るべきである。②オーストラリアは中国人に乗っ取られる危険があるとして，③先住民族先住権承認と過剰な福祉予算拡大を促進するマボおよびウィク判決に反対し，移民・難民への多文化主義予算拡大は不必要だと主張する。それは国民への逆差別である。さらに，④国連への資金拠出には反対し，⑤関税・産業保護主義と国民福祉主義の復活を要求する。最後に，⑥法と秩序の維持のためには，とりあえずアジア移民を減らし，多文化主義ではなく同化主義が必要，などと批判す

る。これは2016年に誕生した米国トランプ大統領の議論を先取りしたものだ。

　以上の多文化主義への反発の背後にあるものは何か。

① 　新自由主義経済政策の主流化に伴う福祉国家主義の後退に伴う生活不安

② 　多文化主義の主流主義化による政策規模および予算拡大に伴う，国民側の
　生活不安と文化不安の拡大

③ 　「多文化共生」から「多文化競生」への移行不安（多文化主義の変容）

④ 　多文化主義への無理解から十分な理解への変化の結果（こんなはずではな
　かったのに!!）

　新自由経済政策の主流化・拡大を意味する①は，1980年代のボブ・ホーク首
相とポール・キーティング首相の労働党政権（1983 - 96年）が先鞭をつけ，ハ
ワード保守政権（1996 - 2007年）が強化してきたが，脱福祉国家主義の鮮明化
は国民労働者階級の生活不安・不満を強化する。そのようなときに，②の移
民・難民系住民を優先すると思われる多文化主義が拡大・主流化すると国民が
逆差別を感じやすくなる。国民福祉サービスは削られているのに，移民・難民
系住民への援助は拡大し，国民第一主義が守られていないという不公平感によ
る不満が成長する。また，新自由主義経済は国民間の経済競争を激化する。
オーストラリアでは，社会的弱者としての移民・難民系住民に対する支援を展
開する多文化主義の下で多文化共生が求められるが，多文化共生の下でエンパ
ワーされた移民・難民系住民やその第二世代の人々が次第に社会参加し，国民
と職・住・教育をめぐって競合（多文化競生）し始め，国民の敗者も拡大し，
生活不安・不満が国民の間に募っていく。

　そして，多文化主義導入期の無知に基づく先行きに対する不安・不満から，
多文化主義の展開による社会的影響を国民が実感し始める多文化主義成熟期に
は，人々は多文化主義への理解を深め，むしろ不安・不満を強める。そうした
なかで多文化競生が拡大し移民・難民系住民と国民の双方に敗者が増えると，
国民の側には移民・難民排斥の動きを求める「ポピュリズム（大衆迎合主義）」
が育ち始め，他方で敗者となった移民・難民系住民による反差別デモ行進や過
激な原理主義運動に共感する若者が増え，テロ活動や未遂事件が発生する。つ
まり，「多文化凶生」が発生する。オーストラリアではポーリン・ハンソンと

ワン・ネイション党が1990年代後半より活動し始めると，体中に刺青をして黒い服を着用し，「アジア・ムスリム系移民は帰れ!!」のプラカードを掲げつつ大声で叫ぶ反移民デモ行進を組織するさまざまな極右団体の活動も活発化する（たとえば，「オーストラリア防衛同盟」や「オーストラリア第一主義党」など）。それに対して，反人種差別団体によるデモ隊も増え，双方の間での暴力的な接触も増える。移民・難民系住民からのテロ活動はオーストラリアでは目立たないものの，小規模のものが散発し始める。

　多文化主義には，既述のように社会的弱者を包摂しエンパワメントを進める「多文化共生」の側面と，エンパワーされた人々が自立し社会参加して自由競争に参加するとともに，国民のライバルとして活動する「多文化競生」を促進する２つの側面がある。前者の側面を基礎とするのが「福祉主義的多文化主義」であり「ケアの論理」に基づく傾向が強い。福祉主義的多文化主義は移民政策においては社会的移民である家族呼び寄せ，人道主義的な移民・難民を受け入れる傾向が強い（人道主義移民政策）。多文化競生を基礎とするのは「経済主義的多文化主義」であり，新自由主義経済の影響が強く，移民政策においても高度人材を中心に受け入れて社会的移民を避けようとする傾向が強い（非人道主義的な移民政策）。また，短期滞在外国人労働者制度導入にもつながる。この傾向はフィッツジェラルド批判以後強まる。

　そしてこれが，9.11連続テロの直前の「タンパ号事件」を生み，その後はボートピープルへの連邦政府による対応が排除的になる。タンパ号事件とは，2001年８月インドネシアとオーストラリア大陸北部の海域で，ノルウェー船タンカーのタンパ号が400名を超えるボートピープルを国際海洋法・人道的観点から救助し，オーストラリア北部のダーウィンへ移送し，上陸させようとしたが，時のハワード政権はこの動きを阻止するため海軍を派遣したという事件である。ノルウェー政府はタンパ号船長を人道的英雄として表彰し，国連はオーストラリアの行為を非人道的だと非難した。

　キーティング労働党政権に引き続きハワード政権は，1990年代に増えたアフガニスタンからのボートピープルの上陸増加に苦慮していたので，このたびの強硬な対応となった。しかし，背景に多文化主義への首相自身のもつ批判的態

🔑 **Key Word**

多文化共生サイクル

　本章には多文化主義に関連した5つのタブンカキョウセイが登場する。多文化共生，多文化競生，多文化凶生，多文化矯正，多文化強制である。校正ミスではない。それぞれ異なる意味が与えられている。本文中で簡単に説明されているので注意してほしい。多文化共生と競生は多文化主義の重要な特質を示し，多文化凶生・矯正・強制は多文化主義の展開に伴う社会的帰結を示す。多文化共生が国民国家福祉主義やリベラリズムと結びつく福祉主義的多文化主義，そして多文化競生が新自由主義経済と結びつく経済主義的多文化主義と関係している。多文化共生および福祉主義的多文化主義が社会的移民受け入れに重きをおく社会的移民政策（人道主義的移民政策）と，多文化競生および経済主義的多文化主義が高度人材優先の選択的移民政策（経済的・非人道主義的移民政策）と短期滞在外国人労働者制度とが結びついている点に注意してほしい。時代は福祉主義的多文化主義から経済主義的多文化主義へと変化しつつ移民・難民政策の変化を促し，多文化主義への批判を強めるが，民主主義社会では多文化社会化と多文化主義を簡単に否定できないことも明らか。この多文化社会の継続と，ポピュリズムの登場を多文化共生サイクルというが，これは白豪主義を採用していたオーストラリア独自のものではなく，多文化主義および類似の政策を導入した欧米民主主義国家にもみられる現象であることに注意してほしい。確かにこの現象の背景には白豪主義オーストラリアを生み出した，オーストラリア独自の社会地理的・歴史的な安全保障不安があることは否定できないとしてもである。

度があったことは否めない（「多文化主義のお陰でボートピープルがたくさんやってくる」というわけである）。いずれにせよ新自由主義経済の下では経済主義的多文化主義と多文化競生が強まりやすい。多文化主義の展開の中で多文化共生→多文化競生→多文化凶生の一連の過程が生じる可能性が高くなる（1970年代は新自由主義経済の黎明期だが，導入された当初の多文化主義は福祉主義的なものであった）。このような動きを避けるには，多文化主義の下での多文化共生と多文化競生のバランスが必要と思われるが，これまた新自由主義経済下の多文化社会では，多文化競生が強調されるので，多文化凶生に移行してしまう可能性が高まりやすい（**多文化共生サイクルの展開**）。

　この結果，次に生じてくる社会的帰結は「多文化矯正」である。多文化主義を批判する人々は，多文化凶生が生じるのは，多文化主義の下非英語系アジア移民・難民が多文化教育を受け，その分，十分な市民教育を受けないから，通

常の市民生活ができないのだとして，多文化教育より市民教育（シティズン
シップ教育）を重視せよと主張することになる（飯笹 2007）。そして，1990年代
後半よりハワード政権下で市民教育の重要性が主張され，多文化主義政策の抑
制が始まる上に，多文化主義が社会的分断を引き起こしたとする同政権は「社
会的結束」の再生を強めた。法と秩序維持のため，リベラルな価値が「オース
トラリア的価値」として強調され，「リベラル・ナショナリズム」も強化さ
れ，多文化社会オーストラリアの矯正が試みられるようになる。1999年のハ
ワード政権による『新多文化オーストラリアの課題』では，旧版に比べ多様性
よりも市民的価値と法と秩序維持がより重視されるようになった。そして1999
年11月の共和国化の是非を問う国民投票では，共和国化に反対するハワード首
相の活躍により反対票が過半数を超えた。共和国化は多文化主義を推し進めア
ジア・太平洋国家となったオーストラリアに英国王室は必要ない，というキー
ティング労働党首相によって1995年に提案されたものだった（石井・塩原・関根
2009）。

3-2　9.11以後の多文化主義批判とその社会的背景

　9.11以後には，当然のことながら，オーストラリア多文化主義への批判は
いっそう強まった。2001年9月の米国へのアルカイダによるハイジャック連続
テロ攻撃による多くの被害者には，オーストラリア人も含まれていた。テロ事
件の際にハワード首相は米国訪問中で，米空軍の配慮のもと無事帰国できた
が，ハワード首相の受けた衝撃は相当大きなものに違いない。世界貿易セン
タービル攻撃は，21世紀初頭のテロの時代の幕開けを告げたが，幸いにもオー
ストラリア国内には大きなテロは波及しなかった。だが，隣国のインドネシア
でのテロ攻撃がオーストラリア人を狙ったものだと報道され，その衝撃は大き
かった。9.11の翌年10月にはインドネシアのバリ島のレストランへの自動車自
爆攻撃があり，オーストラリア人観光客が90名近く犠牲になった。2003年7月
にはオーストラリア人宿泊者の多いジャカルタ・マリオットホテル自爆テロ攻
撃を受け，2004年9月にはインドネシアのオーストラリア大使館自動車爆弾攻
撃があった。2005年7月の英国ロンドン地下鉄連続テロ攻撃の共犯者の中に

オーストラリア国籍のムスリム系人物がいることが明らかになった。これは，本人の弟が兄のパスポートを利用して加わった犯行であることが後に判明し，兄である本人は無関係だったが，兄を犯人あつかいした連邦政府は後に謝罪と補償に追い込まれている。さらに，2005年12月にはシドニー南方のクロヌラ海岸で，オーストラリア白人若者とムスリム系若者との間のいざこざから始まった5000人規模の暴動があった。これは直前の11月のフランス・パリ郊外の戒厳令導入を生み出した暴動騒ぎに続いて起きたため，世界的に報道された。この事件を受けハワード首相はオーストラリア多文化主義とムスリム系住民への態度をさらに硬化させた。

　オーストラリア国内外でのテロ事件が増加すると，国内でのムスリム系若者の犯罪や犯罪未遂の報道も増える。法と秩序維持の掛け声の下，国民の間にムスリム系住民への不信と「イスラム嫌悪」が拡大していく。9.11以後は，それ以前の多文化主義批判とは異なり，連邦政府が率先して行うようになった。ムスリム系住民の反世俗主義的価値観や女性のベール着用強制問題などが，オーストラリア的価値にそぐわないので，ムスリム系移民受け入れ縮小やムスリム系ボートピープルの受け入れの抑制，あるいはボートピープルのオーストラリア上陸を制止しオセアニアの近隣島嶼国へ移送して難民審査を行うとしてボートピープルの大陸上陸阻止のため国境警備隊の拡充に加え，海外の難民収容施設の拡大策が実施された（パシフィック・ソリューションなど，ジョーデンス2018）。その一方で，国内のムスリム系若者（移民第二世代）によるテロ未遂の検挙事例も頻発し，州・連邦警察や諜報機関による監視・諜報活動も拡大した。さらに，安全と思われる教育レベルと英語力のある技能労働者や高度人材の受け入れが拡大された（選別的移民政策の強化）。国内での多文化教育予算の縮小と市民教育予算の拡大は引き続き叫ばれていた（飯笹 2007）。ハワード首相は，小学校の校庭にはオーストラリア国旗を掲揚することを，小学校に対する補助金支給の条件とした。ハワード首相やコステロ財務大臣によるムスリム系住民への批判に対して，野党の中にも賛同する議員が増加した。その結果，高度人材への多文化共生，非経済的移民・難民への多文化矯正策の適応の二枚舌移民・難民政策の実施となった（石井・塩原・関根 2009）。

4　多文化主義解体の始まりと太平洋の囚人流刑時代への回帰？

　非ムスリム教徒人口の統合に成功した多文化主義も，ムスリム系住民の社会統合には限界があると論じられ始めたのは，イスラム教が，多文化主義の前提である近代社会の原理としての政教分離・世俗主義化（脱魔術化）を認めないからである（Levey and Modood 2009）。その結果，ムスリム教徒は非近代的で劣っている人々であると感じる国民が増えたからでもある。と同時に多数のアジア人社会に囲まれ太平洋に孤立する大陸に住むオーストラリア人がもつ歴史的な安全保障不安（アジア人に占領されるという不安）がボートピープルの増加により活性化した。こうしたムスリム移民や移民系住民への警戒感は，ハワード政権の反多文化主義的な政策へとつながった（Burke 2008）。

　そのひとつは，移民省の名称変更であった。移民省は第二次世界大戦後の1945年に設置されたが，1975年から移民・エスニック問題省となり，オーストラリアの移民・難民の入国管理と多文化主義に基づく社会統合を担当することになった。その後，政権の交代のたびに名称変更がなされたが，「エスニック」あるいは「マルチカルチュラル」の文字が名称から省かれることなく挿入され続けていたが，2007年初頭にハワード首相が内閣改造を行った際に，移民・シティズンシップ省に名称が変更されたのである。この名称変更は多文化主義社会統合より伝統的な欧米市民社会の統合論理と，シティズンシップの重要性を再確認しつつ社会統合を進めたいとするハワード政権の意思の現れであった。その際に，移民省の多文化問題担当部局は廃止されなかったものの，社会サービス省に異動させられた。移民大臣は存続したが，その役割は国民統合政策としての多文化主義からマイノリティ支援政策のひとつに格下げさせられた，多文化政策の運営にあるといってよい。同時に，長期滞在・永住ビザ申請者には市民価値声明同意書にサインを求めることになった。さらに同年には，移民・難民系住民の帰化に際してシティズンシップ・テストを導入した（浅川 2012）。

　シティズンシップ・テスト実施のために，ハワード政権はオーストラリア的価値とオーストラリア的な生活（様式）についての教科書『オーストラリアで

の生活』と同時に，シティズンシップ・テスト用の教則本『市民になる——
オーストラリアに深く関与する』を刊行し，テストの準備を帰化申請者に押し
つけた。その際，強調されたオーストラリア的価値とは，自由と個人の尊厳を
敬うこと，男女平等，宗教の自由，法の支配，議会民主主義への支持，平等主
義と相互信頼，寛容，公正，人助けの精神，公共の利益優先，人種・宗教・エ
スニックな違いにもかかわらず機会の自由を保障する，などであった。シティ
ズンシップ・テストは英語で行われるため，移民・難民系住民への英語教習が
強化されたことと，不合格者を少なくするためにテストそのものは答えやすく
工夫されたこともあり，合格率は90％を超えた。そのため，現在でも修正を加
えながら継続されている。

　2011年 7 月のノルウェーでのノルウェー人若者テロリストによる政府施設爆
弾攻撃とウトヤ島でのノルウェー労働党の若者党員集会参加者の殺りく事件以
後にも，2013年 4 月の米国ボストン・マラソンに対するテロリスト攻撃事件，
2014年 9 月のイスラム国（IS）支持の若者によるカナダ国会議事堂襲撃事件に
続き，2014年12月のシドニー・マーティンプレイス・リンドカフェでの人質立
てこもり事件が発生する。これは，IS支持者を自称するムスリム系オースト
ラリア人による人質立てこもり事件であり，犯人含め 3 人の犠牲者が出た。IS
支援のために出国するムスリム系オーストラリア人の若者が増加する事態も発
生する。なかでもオーストラリア人にとり衝撃的だったのは，アングロ・サク
ソン系の若者がイスラム教に改宗し，ISに参加していたことである。さら
に，2015年 2 月のIS支持者によるフランス・パリでのシャルリ・エブド紙本
社襲撃に続き， 9 月にはパリ市内でのIS連続テロ攻撃が続き100名以上の犠牲
者をだしている時期に，オーストラリアでは同年10月にシドニー西郊外のパラ
マッタにて15歳のムスリム系少年による警察署員攻撃殺害事件が起きると，ム
スリム系の若者の過激化と多文化主義との関係が疑われ批判が強まると同時
に，ホームグロウン・テロリスト対策関連法が相次いだ。そして，多文化主義
失敗論や終焉論が再度メディアを賑わせたのである。

　オーストラリアの移民問題研究者の間ではハワード政権の登場と移民省名称
変更やシティズンシップ・テスト導入をもって，ポスト多文化主義の時代に

入ったとする者も増えた（Jupp 2018）。また，2013年に登場したアボット自由党・国民党連合政権（2013-15年）が，移民省の名称を「移民および国境警備」省に変更して多文化主義との距離をさらに拡大した。これは国境管理と国境警備を強化し，移民政策と多文化主義の安全保障政策化を進めた。さらに，2014年にはムスリム系ボートピープルの国内上陸を阻止するだけでなく，ボートピープルをパプア・ニューギニアのマヌス島やナウルに引き取り手が見つかるまで解放のあてもなく強制収容し続けるとともに，非認定者はもちろん難民認定者への永住ビザの発給さえも停止するという国連難民条約（1951年）や議定書（1967年）を無視する暴挙に出た（これも多文化凶生に含まれる）。

　そのことで多文化主義時代終焉だけでなく，200年前のオーストラリア初期の太平洋の囚人流刑地時代への回帰を論じる者もいる（それは，マヌス島とナウルへの強制収容は，流刑植民地時代の流刑囚のうち凶悪犯と流刑地での再犯者を大陸外のタスマニアのマコーリーハーバーやオセアニアのノーフォーク島に送っていた時代を想起させるからである）。マヌス島やナウルでの強制収容は流刑植民地時代の流刑者よりもひどいあつかいであるとさえ批判する者もいる（Jupp 2018）。研究者の中には筆者を含めて，まだまだ多文化主義は生きているとする者も多い。しかし，多文化主義時代の終焉を唱える研究者も増えていることも確かだ。

　オーストラリア多文化主義の終焉ではなく，復活や継続を論じ続ける人々が依然としているのは，オーストラリアへの移民と社会の多文化化がいまも継続しているからだが，2011年2月にギラード労働党政権（2010-13年）がハワード政権によって矮小化された多文化主義の復活を明言すると同時に，メルケル独首相，サルコジ仏大統領，キャメロン英首相による2010年の「多文化主義は失敗」宣言に対抗して，オーストラリア多文化主義の成功を論じたことや，2015年にアボット首相にとって代わった保守政権のマルコム・ターンブル首相（2015-18年）が，2017年に多文化社会を肯定的に評価し，『オーストラリア連邦政府多文化声明――多文化オーストラリアの結束，強さ，成功』を発表し，多文化オーストラリアのよさを改めて重視することを表明し，2018年には共和国化国民投票の再実施を提案していたからである。さらに，より住民に近い州政府・地方自治体のレベルでは，多文化主義の継続意欲は強いことも見逃せな

い。

　とはいえその間も，移民省の名称にエスニックあるいはマルチカルチュラルの単語の復活はなく，多文化問題局は社会サービス省におかれたままだったし，ギラードの多文化主義復活宣言の中身は，経済主義的多文化主義に大きく偏ったものであり，ケアの論理に基づく福祉主義的多文化主義への期待が弱まっていることは否定できない。こうなったのは，ケビン・ラッド労働党政権（2007-10年）の誕生により，多文化主義が復活するとみられ，内戦が2009年に終了したスリランカからのボートピープルが急増し，反多文化主義の機運が労働党政権時代でも国民の間に強まり，反多文化主義の立場から急増するインド系移民へのいやがらせ（「カレーバッシング」と呼ばれた）が発生し，昔ながらの多文化主義復活は難しかったからである。しかし，痩せ細ったとはいえ多文化主義は生き残った。

　移民省は，福祉サービス省の下にあった多文化問題局とともに，2017年12月に新しく設置された内務省（Department of Home Affairs: DOHA）に吸収され消滅した。DOHA省内で多文化問題局は，移民局と名称変更された古巣の移民省と同列に位置づけられたが，国境管理・警備や反テロ対策部門に挟まれており，多文化問題局の位置づけは，移民・難民問題の安全保障問題化と多文化矯正の動きの強化への影響下のままである。

5　日常的多文化主義と日常的人種主義の時代へ？

　以上，オーストラリア多文化主義導入・成熟・衰退期の40年の歴史をみてきた。多文化主義批判の時代でも，労働党ギラード政権は多文化主義の復活を試み，ターンブル保守政権首相は多文化オーストラリア声明を発表し，多文化主義社会の再生・維持を試みた。しかし，政府主導の公定多文化主義は衰退し超党派支持も終焉した。それでもしぶとく多文化主義はDOHA省の一部局として痩せ細ったものの維持されている。これは，民主主義社会では文化的多様性を否定することは人種差別・同化主義への回帰と，オーストラリア的価値の否定になるので，完全否定できないからだ（民主主義と多文化主義の関係について

143

は，キムリッカ 2018; ブシャール 2017参照）。と同時に，公定多文化主義の衰退とは別に，他方で草の根レベルでの多文化（主義）社会の維持を意味する「日常的多文化主義」が定着していくからでもある。国民の間には反多文化主義ポピュリズム支持の動きが強まり，「日常的人種差別」も拡大するややこしい時代となった。そうなるのは，公定多文化主義は衰退しても，民主主義の原理に基づく日常的多文化主義は繁栄し，多文化主義的日常生活が規範となり，人々に多文化社会を強制し続けているからである（これを「多文化強制」という）。そして，国際移民の時代と日常的多文化主義の下で今後も多文化社会は継続し，ポピュリズムも継続するのである（カースルズ／ミラー 2011; ミュデ／カルトワッセル 2018）。

【さらに学びたい人のための文献案内】

①関根政美，1989，『マルチカルチュラル・オーストラリア──多文化社会オーストラリアの社会変動』成文堂.
　オーストラリアの人種関係の歴史的変遷を1980年代まで追った歴史社会変動論。

②関根政美，2000，『多文化主義時代の到来』朝日新聞社.
　現代オーストラリアの多文化主義を念頭において，多文化主義とその時代の問題点を論じる。

③加藤普章，2018，『カナダの多文化主義と移民統合』東京大学出版会.
　カナダの移民政策の歴史とその現在，そしてカナダ多文化主義の現状に関する議論。

④南川文里，2016，『アメリカ多文化社会論──「多からなる一」の系譜と現在』法律文化社.
　米国の移民政策の歴史とその現在，そして米国の多文化主義の歴史と現状に関する議論。

⑤安達智史，2013，『リベラル・ナショナリズムと多文化主義──イギスの社会統合とムスリム』勁草書房.
　英国在住のムスリム系移民の生活と英国の多文化主義の現状についての議論。
　②から④はそれぞれカナダ，米国，英国の多文化主義政策について論じたもの。

[関根　政美]

| 第9章 | 移民・難民の受け入れと支援 |

Introduction

　オーストラリアが多文化主義を導入してから約40年が過ぎた2017年，当時のマルコム・ターンブル首相はオーストラリアを「世界でもっとも成功した多文化社会」であると誇らしげに宣言した。オーストラリアは多様な文化や民族によって構成される社会だが，人々は「公正さ（fair go）」をはじめとする共通の価値観をもち，お互いに尊敬しあい，結束している。それゆえ国際環境が不透明さを増している現在でも，オーストラリアは多様性を礼賛し，調和に満ちた平等な国家の確固たる模範例であり続けているのだという（Australian Government 2017）。

　確かに，オーストラリア政府による移民・難民の受け入れは多様性に富んだ社会をもたらした。そして，その多様な人々を共通の価値観の下に包摂し，労働者・市民としての参加を促す社会統合政策も発展してきた。ただし，こうした政策は排外主義や新自由主義の影響を受け，じょじょに変容してきている。したがって，それを手放しで称賛する前に，オーストラリアにおける移民・難民の受入政策と公的支援の経緯と現状について，より詳しく知っておく必要があるだろう。

1　移民政策の形成

　第7・8章で述べたように，18世紀末に英国が入植したときからオーストラリアは移民社会であり，連邦成立以降は移民国家として発展してきた。こんにちのような「移民政策」の端緒は，1945年の移民省の設置に遡る。ただし当時の大量移住政策は，あくまでも白豪主義の枠内に留まるものであった（関根1989）。また連邦政府は1954年に難民条約を批准したが，受け入れた難民はやはりヨーロッパ系の白人に限られていた。

　1970年代，その白豪主義が終焉したきっかけのひとつは，東南アジアから漂着するボートピープルが増加したことであった。連邦政府は1978年に難民等を

人道上の見地から，それ以外の移民とは別枠で受け入れ始めた。こうして「人道的受入プログラム（Humanitarian Program）」（難民・人道的受入プログラム（Refugee and Humanitarian Program）とも呼ばれる）と「移住プログラム（Migration Program）」という，現在まで続くオーストラリアの移民政策の二本柱が形成された。人道的受入プログラムと移住プログラムはそれぞれ，毎年受け入れる人数の上限を定めて，さまざまなビザを交付する。ビザ申請の審査と交付は移民省（2017年末からは移民省と他省が統合した内務省（Department of Home Affairs: DOHA））が担っている。

　1970年代は，移住プログラムにおいても人種差別的な制度が撤廃された時期だった。その結果，非英語系・非白人系の移民が急増した。こうした多様な人々を社会に統合するためにオーストラリアは多文化主義を掲げ，新規移住者の社会統合を公的に支援する施策を1980年代以降，発展させていった。

2　難民・人道的見地からの受け入れと初期定住支援

　オーストラリアの人道的受入プログラムは，ボートピープルへの対応を契機に確立された。しかし船や飛行機などで入国してから庇護申請する人々（オンショア）の受け入れは，制度としては例外あつかいである。にもかかわらず2000年代以降，オンショアの庇護希望者（asylum seekers）が増加したことで制度が混乱し，社会問題となった（⇨第11章参照）。そこで2013年度からは，オンショアの庇護申請への対応は人道的受入プログラムとは別枠となった（DOHA 2018b）。

2-1　オンショアの庇護希望者の処遇

　非正規に入国し庇護申請した人々は，収容施設（detention facilities）に入れられて審査結果を待つ。連邦政府は1992年以来，非正規入国者を原則として全員，無期限で収容する方針（mandatory detention）を維持している。非正規入国した庇護希望者の多くは，密航船で漂着し（いわゆるボートピープル），移民省・内務省の公的文書では IMA（Irregular Maritime Arrival または Illegal Maritime Arrival）とも呼ばれる。

　IMA の庇護申請は2009年から2013年にかけて急増し，2万件近くに達した（DIBP 2013）。国内の収容施設にいる者も，2013年に1万人を超えた。そこで連邦政府は「地域社会滞在型収容施設（community detention）」や「仮放免ビザE（Bridging Visa E: BVE）」の交付などで，IMA を地域社会に滞在させた。庇護申請の審査も滞り，かれらの多くが地域社会に長期間滞在することになった（塩原 2017）。2014年までに BVE 保持者の多くに就労が許可されたが，2018年に行われた調査でも，不安定な在留資格，英語力の不足，精神的・身体的問題などにより，十分に働けない者が大半であった（van Kooy and Ward 2018）。

　地域社会に滞在する庇護希望者にも，連邦政府からの公的支援はある。1992年から始まった「庇護希望者支援制度（Asylum Seekers Assistance Scheme: ASAS）」では，オーストラリア赤十字社の受託によって医療，住居の支援やケースワークなどのサービスが提供され，「コミュニティ支援制度（Community Assistance Support: CAS）」では特別なニーズをもった人々が支援され，また最低限度の生活費の支給が行われた（森 2018）。これらはアボット保守連合政権期の2014年度に統合・再編され，新たな制度（Status Resolution Support Services: SRSS）となったが，2018年には支援の人数枠が削られ，受給資格も厳格化された（van Kooy and Ward 2018）。

　2012年以降「パシフィック・ソリューション（パシフィック戦略）」が再開され，新たな IMA はすべて国外の収容施設に送られた（⇨第11章参照）。その結果，国内収容施設にいる IMA の数は減少し，2018年末時点で全収容者1285人中380人になった（DOHA 2018c）。ただし施設の外では BVE 保持者など多くの人々が，庇護申請の審査結果を待っていた。2014年末，連邦政府は2012年8月13日から14年1月1日までにオースラリアに到着した約3万人の庇護希望者（主に BVE 保持者）からの申請を「IMA 継続案件（Legacy Caseload）」と名づけ，「迅速審査（fast track processing）」と呼ばれる，通常の庇護申請審査よりも簡略化された手続きで審査することにした。その結果，庇護希望者が審査結果に異議を申し立てるのが難しくなったと国内外から批判された。また連邦政府は2017年5月，この手続きへの申請期限を同年10月までと突然告知し，庇護

希望者やその支援者に困難を強いた（van Kooy and Ward 2018）。

　「継続案件」とされた人々に庇護申請が認められても，与えられるのは「一時保護ビザ（Temporary Protection Visa: TPV）」か「SHE ビザ（Safe Heaven Enterprise Visa）」だけである（RACS 2016）。TPV は永住ビザへの切り替え申請が認められないビザであり，ハワード保守連合政権期の1999年に導入され，ラッド労働党政権が廃止を宣言したが（⇨第11章参照），アボット保守連合政権が2014年に再導入した。SHE ビザはアボット政権が TPV の復活とともに新設した一時滞在ビザだが，連邦政府が指定した地方部（後述するように，オーストラリアでは地方部の労働力が不足している）で一定期間就労すると永住ビザ申請への道が開かれた。2018年末までに約 2 万人の「継続案件」の審査が終わり，そのうち約6200件の申請が却下され，入国を認められたうち約5300件に TPV，約9300件に SHE ビザが交付された。しかし，依然として申請結果を待っている「継続案件」も約 1 万件あった（DOHA 2018d）。

　「継続案件」の審査が終わったとしても，オンショアでの庇護希望者はいなくならない。他のビザで合法的に入国してから，庇護を申請する人がいるからである。主に飛行機で入国することから，「飛行機でやってきた庇護希望者（Plane Arrival: PA）」とも呼ばれる。審査結果を待つ間，かれらは仮滞在ビザを交付され地域社会に滞在する。その件数は，IMA の漂着が急減した2013年以降も増加している。2014年度にはオンショアの非 IMA の庇護申請件数は8587件だったが，2017年度には 2 万7931件に達した。だが2017年度に正式なビザを交付されたのは，わずか1425件である（DIBP 2016; DOHA 2018e）。PA の庇護希望者の存在は，IMA に比べて論争となりにくいが，かれらも不安定で困難な滞在を強いられている（塩原 2017）。

2-2　オフショアでの難民・SHP 受け入れと初期支援

　社会問題になったオンショアでの受け入れに比べて，国外からのビザ申請（オフショア）での人道的受け入れには大きな変化はない。連邦政府は主にオフショアで難民等を受け入れることで，国際社会への責任を果たそうとしてきた。受け入れの際に経済・社会的コストがかかるが，かれらが順調に社会に統

合されればコストは減少し，第二世代になるとむしろオーストラリアに貢献する人材になると連邦政府は主張している（森 2018）。

　人道的受入プログラムは，日本でいう第三国定住に相当する（森 2018）。それは連邦政府が「難民」と認めた人々と，難民とはみなされないが出身国で差別や人権侵害を受けた，オーストラリアと何らかのつながりがある人々（Special Humanitarian Program: SHP）の受け入れに大別される（DOHA 2018b）。1978年以降，毎年1-2万人がビザ申請を認められ，移住してきた（塩原 2017; DOHA 2018b）。そのうちイラク，シリアなどの中東諸国出身者が2014年ごろから急増し，2017年時点では最も多い。ただし「中東からの難民」といって連想されるイスラム教徒は全体の2割弱にすぎず，キリスト教徒が6割を占める。若い人が多く，男女のバランスも拮抗している（DOHA 2018b）。

　人道的見地からの受入人数は米国やドイツよりは少ないが，オーストラリア政府が難民やSHPに提供する手厚い支援は国際的に高く評価されてきた。それ以前の制度を再編して2017年に発足した「人道的定住支援事業（Humanitarian Settlement Program: HSP）」では，入国直後の定住支援（空港への出迎え，行政手続きの支援，一時宿泊先や当座の食料・医療・生活必需品の提供など）が行われる。また移住者全般を対象とした支援制度（後述）や，一般市民向け社会福祉・社会保障制度への橋渡しも行う。これらの初期支援は，政府からの事業委託を受けた民間の非営利団体が実施している（DSS 2018）。

　一方，人道的受入プログラムの一部として2013年度から試行され，2017年度に「コミュニティ支援事業（Community Support Program: CSP）」と改称された制度では，SHPとして人を呼び寄せ，オーストラリア国内で雇用しようとする者が，難民支援団体とともにビザを申請する。認められると，入国者は支援団体の援助の下に就労し，1年以内での経済的自立を促される。この制度には毎年1000件のビザ交付枠が割り当てられ，200-600件が交付されている（DOHA 2018b）。先述のSHEビザの導入と同様，本来は人道的理念による難民・SHPの受け入れを，国内の労働力不足対策に活用しようとする意図がうかがえる。

3　家族呼び寄せ移住の抑制

　ここまで説明してきた人道的受入プログラムに対して，「難民等」とは区別される狭義の「移民」を受け入れるのが移住プログラムである。それはさらに「技能移住（skilled migration）」と「家族呼び寄せ移住（family migration）」に大別される（塩原 2017）。なお技能移民に帯同して入国した家族は，家族呼び寄せ移住ではなく技能移住の人数に含まれる。

　1980年代，家族呼び寄せ移住の人数枠は拡大され，1990年代前半までは技能移民よりも多かった。しかし1996年にハワード保守連合政権が登場すると家族呼び寄せが抑制された（塩原 2010）。その後2018年度時点まで，移住プログラムにおける家族呼び寄せ移住の割合は約3割程度，年間4−6万件で推移している（塩原 2018; DOHA 2018a）。近年，その8割以上は配偶者の呼び寄せである（DOHA 2018a）。

　家族呼び寄せ移住が抑制されるのは，技能移住に比べて受け入れに伴う社会的コストが大きいとされるからである。とりわけ親，それも高齢で就労年齢を過ぎた親の呼び寄せは非常に難しい。親を呼び寄せる場合，先に移住した家族などが一定期間，その親にかかる社会保障の費用を負担する制度（Assurance of Support: AoS）が適用される。適用期間は1990年代初めには2年間だったが，2018年末時点では最長10年間である。また2003年には，より多くの金額を申請時に支払う代わりに，ビザ交付までの期間が短縮される「寄付による親の呼び寄せ（contributory parent）」ビザが導入された。2018年時点で，5万7000豪ドル以上を連邦政府に支払うと約40カ月で永住ビザが交付される。それに対し，1万2000豪ドルを支払う非−寄付（non-contributory）のビザでは，呼び寄せるのに30年以上待たされるという。

　海外に住む子どもの呼び寄せについては，2015年度から家族呼び寄せ移住とは別枠になった。2008年度からの10年間で，毎年3000−4000件の子ども呼び寄せビザが交付されている（DOHA 2018a）。

4　技能移住──供給主導から需要主導へ

　技能移住としての受け入れは，移住希望者本人のスキルや資質，経歴（人的資本）に基づく審査（ポイント・テスト）によってか，オーストラリア国内の雇用主が就労を保証して（スポンサーシップ）ビザが交付されるかでおおよそ区別される。また最初から永住ビザを支給される場合と，いったん一時滞在就労ビザによって入国し，一定の年数を経て永住ビザ切り替えを申請する場合がある。技能移住によるビザ交付者は1990年代後半から増加し，2008年度以降は年間10-12万件で推移している（DOHA 2018a）。

　オーストラリアの技能移住は，1990年代までは比較的明確な「供給主導（supply-driven）」型であった。すなわち連邦政府が定めた基準に合致すればビザが交付され，しかも当初から永住者として移住する者が多かった。その中核が**ポイント・テスト**であった。しかしポイント・テストによる移住は，あくまでも入国段階でどのような能力や経歴があるかに基づいて永住ビザを交付する。したがって，入国後に政府が意図した仕事に実際に従事することまでは管理できない。それゆえ，国内の労働市場のニーズに厳密に合致させるための内容・制度の変更が行われてきた（塩原 2017）。なかでも重要なのが，2012年に導入された「スキルセレクト（Skill Select）」であった。これは，移住希望者がインターネット上に自分の情報を登録するデータベースである。登録された情報に基づいて受け入れ側の政府や民間企業などがそのニーズに適う人にビザ申請・交付手続きをさせる。入国希望者にとっては，ビザ申請から入国までに待たされる期間が短縮される利点もある。

　1990年代半ば以降，国内の企業等

Key Word

ポイント・テスト

　オーストラリアでは1970年代に導入された。移住希望者の年齢，英語能力，職歴，学歴，資格などが項目ごとにポイント換算され，その合計が基準を超えれば永住等のビザ交付資格が得られる仕組みである。各項目の内容や配点を変更したり，経歴や資格が優遇される職種（国内で人手不足の職種）を変更することで，国内の労働力需要に合致した技能移民の受け入れが目指された。

がスポンサーとなってビザを取得し入国する技能移民が増加し，やがて純粋な供給主導型のビザ（独立技能移住（skilled independent）ビザ）を上回るようになった（塩原 2017）。その結果，「457ビザ」などの一時滞在就労ビザでいったん入国し，何年か働いた後に永住ビザを申請するという経路が定着した。これは，移住労働者を雇用する側が主導権を握る「需要主導型（demand-driven）」と呼ばれる受け入れである（前述のスキルセレクトの導入は，ポイント・テストによる移住を需要主導型に近づける意図があった）。

　457ビザは本来，技能移住者としての人的資本をもつ人々を入国・就労させるものだが，同じ職種の国内労働者に比べて低賃金であったり，技能労働とは呼べない職種にも就労していると批判された。そこでターンブル保守連合政権は2018年に457ビザを廃止し，「労働力一時補填（Temporary Skill Shortage: TSS）」ビザを新設した。この変更で対象職種が大幅に絞り込まれ，交付の要件となる英語力や実務経験等の基準も引き上げられた。TSS ビザは最長2年間の短期ビザと4年間の長期ビザに分けられ，後者を取得できる職種はさらに限定された。

　移住者は雇用や行政サービス，同胞のネットワークなどが充実する都市部に集中しがちである。しかもオーストラリアは都市部と地方部の人口格差が大きく，地方部は労働力不足に悩まされてきた。それゆえ2008年に成立したラッド労働党政権のころから，457ビザや「スポンサー付き地方移住制度（Regional Sponsored Migration Scheme: RSMS）」，「州限定・地方移住促進制度（State Specific and Regional Migration: SSRM）」などを活用し，技能移民の地方での就労が促進されてきた（塩原 2017; DOHA 2018a）。これらの制度で移住すると，まず地方部で一定期間就労することが永住ビザ取得の要件となる。近年ではこうした移住者が，技能移住全体の中で一定の割合を占めるようになっている。移住者の就労する場所を統制することで労働市場のニーズを充足しようとするこの制度も，技能移住の主流が供給主導型から需要主導型へと移行したことを反映している。ただし実際には，永住ビザ取得後も地方に残ろうとする者は必ずしも多くはない（Hugo et al. 2006）。

　技能移民の中でも特に優れた業績・能力・資産をもつ人々は，永住を推奨さ

れる。「卓越した人材（Distinguished Talent）」ビザは，世界的な業績をもつ運動選手，芸術家，研究者などに永住資格を与えるものであり，2006年以降は年間100‒200件交付されている。また技能移住に含まれる「ビジネスイノベーション・投資制度（Business Innovation and Investment Program: BIIP）」では，オーストラリアへの高額投資によって永住ビザが早期に取得できる。2012年には「重要な投資者（Significant Investor）」ビザが新設され，オーストラリアに4年間居住する間に500万豪ドル以上投資することが永住ビザ早期取得の要件となった。2018年6月までに，累計2022件のビザが交付されている。また2015年度に新設された「プレミアムな投資者（Premium Investor）」ビザでは，1500万豪ドル以上投資すると永住ビザがさらに早期取得できる。

5　移住者への公的支援——メインストリーミングとアウトソーシング

　技能移民（ミドルクラス移民）は定義上，人的資本が比較的高い人々である。それゆえ受け入れる側からは，移住の際にそれほど公的支援を必要としないとみなされる（塩原 2010）。一方，技能移民は自分を必要とする複数の国々から移住先を選べる。また，かれらにとって移住とはただ金を稼ぐ手段ではない。キャリア形成や自己実現といったライフコースの展望や，家族の幸せや豊かな消費・日常生活といったライフスタイルの充足も，移住の重要な動機である（濱野 2014）。こうした技能移民の受け入れが増加することは，移住者の社会統合に向けた公的支援のあり方を変化させる。

5-1　「自助」から「アクセスと公平」へ

　1970年代に多文化主義が導入された当時，「移民」は比較的人的資本が乏しい労働者であるというイメージが強かった（塩原 2005）。連邦政府は移民の支援を同胞の互助組織（エスニック・コミュニティ組織）にゆだねる「自助（self-help）」という方針を打ち出した。その結果，エスニック・コミュニティ組織が政府からの委託事業の受け皿となり，その拠点となる「移住リソースセンター（Migrant Resource Centre: MRC）」が各地に設立された（関根 1989）。

🔑 Key Word

アクセスと公平（Access and Equity）

　1970年代末から続く，言語・文化的に多様な住民の行政へのニーズを，かれら向けに限定された特別な施策ではなく，一般市民向けの社会政策・社会保障制度全体が言語・文化的多様性に配慮することで充足しようとする基本方針である。2013年度からは「多文化へのアクセスと公平（Multicultural Access and Equity）」と呼ばれるようになった。

　しかし1980年代になると，「自助」から「アクセスと公平（Access and Equity）」（「メインストリーミング（主流主義）」とも呼ばれた（関根 1989））へと，移住者への公的支援の方針が転換した。その結果，社会政策・社会保障制度全体やその政策立案・実行過程に，文化的多様性への適切な配慮が求められるようになった。また移住者への初期定住支援だけではなく，社会福祉，労働，教育，文化芸術など多様な領域に多文化主義の理念が浸透した。そして連邦政府だけではなく州政府の諸官庁や地方政府も，多文化主義に関与することになった。さらに行政サービスの多くが民間・非営利団体に事業委託されるため，受託事業者（service provider）が移住者支援を担うようになり，英語系以外のさまざまな出自をもった職員やワーカーが現場で活躍するようになった（塩原 2010）。こうして，連邦・州・地方政府や民間・非営利団体という多様な実施主体が資金・運用面で協働することが，多文化主義政策の前提となった。

　一方，十分な英語能力，学歴や職業上の経歴をもつ新規移住者（多くは技能移民）は，一般市民向け社会サービスや社会保障制度，民間のサービスなどによって福祉ニーズを満たせるとされた。それゆえ移住者に特化した公的支援の主な対象は，人道的受入プログラムによる入国者と家族呼び寄せ移住者，技能移民の家族で，なおかつ比較的最近移住した者となった。

　連邦社会サービス省は2016年に，「全国定住支援基本方針（National Settlement Framework）」を策定した（DSS 2016）。この基本方針では，移住5年以内の新規移住者（人道的受入プログラムによる永住者と，技能移民・家族呼び寄せ移住者や一時滞在者で特別な支援ニーズがある人々）を経済・社会・文化的に統合し，積極的に社会参加させる目的が示された。そして支援が必要な主な領域に，言語サービス，雇用，教育・職業訓練，住宅，保健衛生，交通，市民参加，家族

図表9-1　定住支援の諸主体の役割と責任

連邦政府	州・特別地域の政府
＊移住／人道的受入プログラムと庇護希望者政策の運用 ＊移住者・新規入国者への重要な初期定住支援の提供 ＊移住者・新規入国者のニーズに沿った一般向け行政サービスの，連邦政府公益法人を通じた提供 ＊州・特別地域の政府の，その他一般向け行政サービスへの助成 ＊庇護希望者への支援の運用 ＊定住への障害（レイシズムや差別等）を取り除くための取り組みへの助成	＊社会に公平に参加するための一般向け行政サービスの提供 ＊優先的に受け入れたり，特定の地域への移住を奨励される移住者・新規入国者への補完的サービスのための助成 ＊法制度や共同体の違いに応じたさまざまな支援
地方政府	非営利セクター
＊特定のコミュニティ集団のニーズや課題に関する情報を，連邦政府や州・特別地域の政府に提供する ＊移住者・新規入国者に特化したものや，特定の地域への移住奨励措置を含む，それぞれの財政状況に見合った行政サービスやインフラの提供	＊移住者・新規入国者に草の根レベルで関わり，コミュニティやサービス受給者，定住支援ニーズや社会政策について行政に助言する。 ＊豊富な経験と知識に基づく，定住支援サービスの効率的な計画立案と遂行への貢献 ＊一般向け行政サービスと定住支援サービスやコミュニティとの橋渡し ＊特定のニーズを充足するための幅広い支援や介入（ボランティア・ベースの制度，緊急支援，経済界の取り組み，コミュニティ組合，エスニック組織等）

（出典）DSS 2016（一部省略しつつ訳出）

と社会的支援，正義・公正という領域を挙げた。この基本方針で示された連邦政府，州・特別地域政府，地方政府，非営利セクター間の協働の枠組みは図表9-1の通りである。

5-2　新規移住者への定住支援

　アクセスと公平の方針が徹底された結果，オーストラリアでは一般の社会福祉・社会保障制度を多様な文化的背景をもつ移住者が利用しやすくなった。その意味で，すべての制度が「移住者向け」だが，特に新規移住者に対象を絞った施策もある。こうした事業のうち，2019年2月時点で連邦政府が実施している主なものは以下の通りである（SPRC 2017）。その多くは政府系法人か，政府

から事業を受託した民間・非営利団体によって実施される。

① 成人英語教育事業（Adult Migrant English Program: AMEP）

　　1948年から始まり，2013年度からは連邦教育・訓練省が所管している（Acil Allen Consulting 2015）。英語能力の低い新規永住者などに，510時間の無料の英語授業を教室・遠隔授業・出張授業などの形式で提供する。2017年度からは，490時間の追加授業も設けられた。

② 教育と就労のための技能（Skills for Education and Employment: SEE）事業

　　連邦教育・訓練省が他の省庁と連携して実施しており，オーストラリアで職を探している文化的に多様な背景をもつ人々などに，無料で650時間の英語・識字・算数教育を提供する（DEAT 2018）。

③ オーストラリア文化オリエンテーション事業（Australian Cultural Orientation Program: AUSCO Program）

　　連邦社会サービス省が所管し，人道的受入プログラムでの入国の際に必要な情報を提供し，他の公的支援につなげる。

④ 人道的定住支援事業（Humanitarian Settlement Program: HSP）

　　連邦社会サービス省が所管する，人道的受入プログラム入国者への支援（先述）。

⑤ 虐待・トラウマサバイバーへの支援事業（Programme of Assistance for Survivors of Torture and Trauma: PASTT）

　　連邦保健省が所管し，人道的受入プログラムによる入国者などの過去の経験によるトラウマの克服を支援する。

⑥ 無料通訳サービス

　　1947年から開始され，現在は TIS National という公益法人が行う。オーストラリアの健康保険証を持ち，英語を母語としない人が医療などの公共サービスを利用する際に，無料で電話通訳などを利用できる。

⑦ 無料翻訳サービス

　　連邦社会サービス省が運営し，永住ビザ保持者などに新規移住から2年間で10回まで，公的書類や身分証明書の翻訳を無料で提供する。

⑧ 定住支援助成事業（Settlement Grants Program: SGP）　　後述。

　⑧の SGP は「コミュニティ定住支援サービス制度 (Community Settlement Service Scheme: CSSS)」が2005年に再編されたものであり，移住者初期定住支援の中核を担ってきた（塩原 2010）。SGP は，移住して 5 年以内の人道的受入プログラムによる入国者，英語能力の低い家族呼び寄せ移住者や技能移住者の家族などを対象とし，移住者へのケースワークや一般公共サービスへの橋渡し，若者の雇用や教育，リーダーシップ育成支援，移民集団を対象とした支援などを行う。これらは移住者個人への支援と，移民コミュニティを含む地域社会の資源・能力開発 (community capacity building) に大別できる。CSSS から SGP への移行の際には，コミュニティへの支援よりも，より成果を数値化しやすい個人向けの支援が重視される傾向がみられた（塩原 2010）。また CSSS に比べ，MRC 以外の民間非営利団体への事業委託の余地が拡大し，団体間の受託をめぐる競争が激化した。2015年度には，91の団体が連邦社会サービス省から SGP を受託した (SPRC 2017)。受託事業者には，公的事業としてのアカウンタビリティや効率性がいっそう要求されるようになった（塩原 2010）。実績や専門性がより求められるようになり，小さな移住者互助団体が受託するのは難しくなった。そうした団体の多くは，公的助成を受けられずボランティア・ベースで活動している (SPRC 2017)。なお SGP は2019年より，「定住への関与と移行期支援 (Settlement Engagement and Transition Support: SETS) 事業」に変更された。

6　おわりに

　本章で概観したように，オーストラリアの移民・難民の受け入れは，新自由主義的規範や排外主義的ナショナリズムの影響を受けつつ，国益に貢献し，受け入れの経済・社会的コストが少ないとみなされた人々を優先するという選別性を強めてきた。その結果，庇護希望者，特に IMA と呼ばれる人々は制度的排除に直面している。また人道的受入プログラムや家族呼び寄せ移住者の受け入れは抑制され，技能移民は労働市場の需要に厳密に基づいて選抜され，富裕層やグローバル人材は優遇される。こうした傾向は，先進諸国全般の移民受入

政策に共通している（小井土編 2017）。

　移住者の社会統合に向けた公的支援も，受け入れの際の選別性の強化と連動して変化してきた。1980年代からのアクセスと公平という方針は，一般向け社会政策の中に移住者支援を組み込む「福祉多文化主義」（塩原 2017）をある程度実現した。しかし2000年代以降，移住者に特化した公的支援は人的資本に乏しい新規入国移民や人道的見地からの入国者に限定され，事業の効率化を目指して民間にアウトソーシングされてきた。

　オーストラリアの移民・難民受入政策のこうした経緯を「成功した模範例」と表現できるのか，移住者への公的支援が当事者のニーズをどの程度充足しているのか，評価の基準はさまざまだ。多文化主義社会として理想化されがちなオーストラリアであるが，長い移民・難民受け入れの歴史がもたらした複雑な移民受入・社会統合政策の長所と短所を慎重に吟味し，評価するべきである。

【さらに学びたい人のための文献案内】

①S. カースルズ／M. J. ミラー（関根政美・関根薫監訳），2011，『国際移民の時代』名古屋大学出版会.

②竹田いさみ，1991，『移民・難民・援助の政治学──オーストラリアと国際社会』勁草書房.

　　①は，オーストラリアを代表する移民研究者による，移民という社会現象を学問的に学ぶうえでの必読書。②は，オーストラリアの移民・難民受入政策の形成過程を知るための，こんにちでもなお重要な日本語での研究書である。

③塩原良和，2005，『ネオ・リベラリズムの時代の多文化主義──オーストラリアン・マルチカルチュラリズムの変容』三元社.

④塩原良和，2010，『変革する多文化主義へ──オーストラリアからの展望』法政大学出版局.

⑤塩原良和，2017，『分断するコミュニティ──オーストラリアの移民・先住民族政策』法政大学出版局.

　　③④⑤は，本章での議論をさらに詳しく知りたい人に読んでほしい。主に2000年代以降の多文化主義理念および移民・難民の受け入れと定住支援政策の展開と，その理論的・社会的含意を考察している。また多文化主義政策と先住民族政策との関係についての考察も含む。

[塩原　良和]

<table>
<tr><td>第10章</td><td>移民・難民問題と
オーストラリアの政党政治</td></tr>
</table>

Introduction

　2018 - 19年の時点において，ナショナリズムに訴え移民や難民，多文化主義を排除するポピュリスト政党・政治家が，多くの国で支持を得ているようにみえる。フランシス・フクヤマは，こんにちの政治における左右の対立軸について，富の再分配などの経済問題から，人種，エスニシティ，先住民族，移民，難民，ジェンダー，セクシュアリティなど集団のアイデンティティによって定義されるものへと変化したと説く。フクヤマは，主流社会によって不当な立場におかれていた集団が平等な認知を求めた結果，それまでの優越性が否定されたと感じた勢力による右派のアイデンティティ政治の登場を指摘している（Fukuyama 2018）。

　オーストラリアの文脈では，右派からのアイデンティティ政治とは，白人・中年・男性・キリスト教徒による，現実あるいは想像上の失地を取り戻そうとする政治運動である。欧米では，反移民，反難民，反多文化主義，反イスラムを掲げる極右ポピュリスト政党が台頭し，政権の一部を構成している場合もある。オーストラリアでもそのような政党は存在しているが，大きな力をもつにはいたっていない。ただしそれは，極右ポピュリズムに支持がないのではない。政権政党である中道右派政党（自由党）が右派のアイデンティティ政治に走り，結果極右ポピュリスト政党の台頭を妨げてきた。オーストラリアの移民・難民政策，少なくともその政策が与える印象は，明らかに変わった。オーストラリアは，なぜどのようにして現在の政策に到達したのか，このことはオーストラリアの政党政治にどのような影響を及ぼすのか，こういったことをこの章では考えていきたい。

1　オーストラリア多文化主義の現状

　2019年初頭，オーストラリアと中東からの難民が関係した2つの事件がタイで起きた。1月，サウジアラビア女性のラハフ・アル・カヌーンは，難民申請のためオーストラリアへ向かう途中，バンコクで足止めされ家族の手で本国へ

図表10-1　オーストラリアの歴代首相

1．エドマンド・バートン（保護貿易派）	1901/01/01 - 1903/09/24
2．アルフレッド・ディーキン（保護貿易派）	1903/09/24 - 1904/04/27
同　上	1905/07/05 - 1908/11/13
同　上	1909/06/02 - 1910/04/29
3．クリス（ジョン・クリスティアン）・ワトソン（労働党）	1904/04/27 - 1904/08/17
4．ジョージ（ジョージ・ヒューストン）・リード（自由貿易派）	1904/08/18 - 1905/07/05
5．アンドルー・フィッシャー（労働党）	1908/11/13 - 1909/06/02
同　上	1910/04/29 - 1913/06/24
同　上	1914/09/17 - 1915/10/27
6．ジョー（ジョゼフ）・クック（自由党）	1913/06/24 - 1914/09/17
7．ビリー（ウィリアム・モリス）・ヒューズ（労働党）	1915/10/27 - 1916/11/14
同　上（国民労働党）	1916/11/14 - 1917/02/17
同　上（愛国者党）	1917/02/17 - 1923/02/09
8．スタンリー（スタンリー・メルボン）・ブルース（愛国者党）	1923/02/09 - 1929/10/22
9．ジム（ジェイムズ・ヘンリー）・スカリン（労働党）	1929/10/22 - 1932/01/06
10．ジョー（ジョゼフ・アロイシャス）・ライオンズ（統一オーストラリア党）	1932/01/06 - 1939/04/07
11．アール（アール・クリスマス・グラフトン）・ペイジ（地方党）	1939/04/07 - 1939/04/26
12．ロバート（ロバート・ゴードン）・メンジーズ（統一オーストラリア党）	1939/04/26 - 1941/08/29
同　上（自由党）	1949/12/19 - 1966/01/26
13．アーティー（アーサー・ウィリアム）・ファドゥン（地方党）	1941/08/29 - 1941/10/07
14．ジョン（ジョン・ジョゼフ・アンブローズ）・カーティン（労働党）	1941/10/07 - 1945/07/05
15．フランク（フランシス・マイケル）・フォード（労働党）	1945/07/06 - 1945/07/13
16．ベン（ジョゼフ・ベネディクト）・チフリー（労働党）	1945/07/13 - 1949/12/19
17．ハロルド（ハロルド・エドワード）・ホルト（自由党）	1966/01/26 - 1967/12/19
18．ジャック（ジョン）・マキュアン（地方党）	1967/12/19 - 1968/01/10
19．ジョン（ジョン・グレイ）・ゴートン（自由党）	1968/01/10 - 1971/03/10
20．ビル（ウィリアム）・マクマーン（自由党）	1971/03/10 - 1972/12/05
21．ゴフ（エドワード・ゴフ）・ウィットラム（労働党）	1972/12/05 - 1975/11/11
22．マルコム（ジョン・マルカム）・フレイザー（自由党）	1975/11/11 - 1983/03/11
23．ボブ（ロバート・ジェイムズ・リー）・ホーク（労働党）	1983/03/11 - 1991/12/20
24．ポール（ポール・ジョン）・キーティング（労働党）	1991/12/20 - 1996/03/11
25．ジョン（ジョン・ウィンストン）・ハワード（自由党）	1996/03/11 - 2007/12/03
26．ケビン（ケビン・マイケル）・ラッド（労働党）	2007/12/03 - 2010/06/24
同　上	2013/06/27 - 2013/09/18
27．ジュリア（ジュリア・アイリーン）・ギラード（労働党）	2010/06/24 - 2013/06/27
28．トニー（アンソニー・ジョン）・アボット（自由党）	2013/09/18 - 2015/09/15
29．マルコム（マルコム・ブライ）・ターンブル（自由党）	2015/09/15 - 2018/08/24
30．スコット（スコット・ジョン）・モリソン（自由党）	2018/08/24 -

（筆者作成）

連れ戻されそうになった。アル・カヌーンは，「イスラム教を放棄したため，帰国させられれば家族の手によって殺される」と主張し（*ABC* 2019/1/7），偶然居あわせたオーストラリア人ジャーナリストが手助けしたにもかかわらず，オーストラリア政府の行動は鈍重であったため，危機感をもった国連難民高等弁務官事務所の仲介でカナダに入国することとなった。2 月，オーストラリアで難民と認定されシティズンシップ申請中のサッカー選手ハキーム・アルアライビが，新婚旅行中のタイで拘束されバーレーンに強制送還されそうになった。彼の解放に尽力した元サッカー代表選手・監督のクレイグ・フォスターは，「われわれが難民に対してひどい扱いをしていることが，国際的な支援を受けるうえで足かせとなった」と語った（*Nine Media* 2019/2/22）。

　1980年代，オーストラリアは，差別的な移民政策から多文化主義政策へわずか20年足らずで180度の政策・社会転換を行った成功の物語を誇っていた。1990年代前半には，先住民族との関係で大きな前進をみせていた。ところがここ数年，公共交通機関の車中で人種に基づくヘイト行為が多く報告されている。また，グリーンズから立候補したことのある左派系の学者が，中国政府の影響力拡大に警鐘を鳴らす著作を刊行して話題となっている。これを受け，大陸，台湾，香港，東南アジア諸国など出自がさまざまで，19世紀からオーストラリアに住む人も含む120万人の中国系市民が，中国共産党の号令に整然と従うというあり得ない議論すら展開されている。

　オーストラリアにおける移民，難民，多文化主義と政治とのかかわりを考えると，白豪主義の名で知られる移民制限政策が1880年代末に確立してから100年以上，開放的・非差別的な政策であろうと閉鎖的・差別的な政策であろうと，超党派の合意が存在していた。1960年代半ばから70年代にかけて，白豪主義政策から多文化主義政策へ180度の転換を遂げたとき，有権者のすべてがこの変化を歓迎していたわけではないが，二大政党は合意を継続しこの問題を自党の有利になるような政治利用を行わなかった。ところが，1996年にジョン・ハワード自由党・国民党連合政権が誕生すると，人種政治に関するコンセンサスが崩壊し，移民・難民問題が選挙において重要な争点となった。2018年の時点では，もはや政治の場からは消滅したと思われていた白豪主義の復活を思わ

せるような言動が，主要閣僚の口からすら語られるような状況も現われている。その結果，40年近く育んできた「寛容で開かれた多文化社会」というイメージが大きく傷ついている。

2　オーストラリアにおける人種政治──コンセンサスの時代

「白豪主義」として知られる差別的移民制限政策は，1850年代半ばのゴールドラッシュに起源をもち，1901年に連邦議会における最初の立法行為として完成した。移民制限法に反対した議員は，自由貿易派（保守派）のブルース・スミス下院議員とジェイムズ・マクファーレン上院議員のみであり（Watts 2019: 199），議論の内容は政策の是非ではなくその手段にあった。第二次世界大戦後，ベン・チフリー労働党政権は，初代移民大臣アーサー・コールウェルの下，大規模な移民政策を開始した。それまで移民に消極的であった労働党の新政策は，移民の拡大について超党派の合意ができたことを意味した。英国からの移民拡大を目指したコールウェルであったが，充分な移民を得ることができず，1947年からの5年間に17万人の東欧難民を受け入れた（Jupp 2003: 12）。移民政策は，1949年12月に誕生したロバート・メンジーズ自由党・地方党（現国民党）連合政権のハロルド・ホルト移民大臣に引き継がれた。東欧難民の出国が不可能になると供給元はドイツ，オランダ，さらにはイタリア，ギリシャ，マルタ，ユーゴスラビア（当時）など南欧に拡大された。

しかしながら，すべての移民が歓迎されたわけではなかった。1951年3月に実施された世論調査でヨー

Key Word

オーストラリアの議会制度

　オーストラリアは，下院（定数約151）と上院（定数76）から構成される二院制を取っている。上院の権限は非常に大きく，下院と同じ力をもっている。政府は予算も含めすべての法案について両院を通過させなければならない。下院は3年任期，上院議員はおおむね6年任期で，通常3年ごとに半数が解散される。両院の選挙は同じ日に行われることが通常であるが，下院は小選挙区，上院は州単位の比例代表制と選挙制度が異なるため，議会構成は異なることが普通である。上院が法案の成立を拒んだ場合，政府は一定条件下で両院解散もできる。

ロッパ 7 国からの移民に対する態度を尋ねたところ，肯定的な意見が多い順にオランダ（78.4％）をトップに，スウェーデン（74.7％），フランス（57.8％），ドイツ（53.9％），ギリシャ（41.5％），ユーゴスラビア（32.6％），イタリア（26.6％）と続いた。第二次世界大戦時の同盟国だったギリシャより敵国であったドイツのほうが市民の受容度が高い（Megalogenis 2012; 2015）。労働党は，1972年までの長きにわたって野党の座に甘んじていたが，世論が南欧からの移民に対し冷ややかであることを政治的に利用することはなかった。

　1966年 1 月，メンジーズからホルトへ首相が交代すると，法律上残っていた欧米移民と非欧米移民との間の差別が撤廃された（翌年，ホルト政権は先住民族に関する憲法改正に成功している）。労働党では，1960年に党首となったコールウェルは白豪主義を堅持する姿勢を譲らなかったが，1965年には白豪主義という言葉が党綱領から消滅した。1967年にゴフ・ウィットラムが党首の座に就くと，党組織や政策が一新され，1971年の党大会で非差別的な移民政策が党綱領として採択された。1972年12月の総選挙で労働党が23年ぶりに政権に復帰すると，選挙区に多くのイタリア系住民を抱えたアル・グラスビーが移民大臣に任命され，非差別的な移民政策と多文化主義的な政策が開始された。1975年には人種差別禁止法が制定された。

　ウィットラムは，1975年11月11日にジョン・カー総督によって解任され，その後行われた両院解散選挙でマルコム・フレイザー率いる自由党・地方党連合に大敗を喫した。ウィットラム政権は短命であったが，その影響はフレイザー政権を経てボブ・ホーク（在職1983-91年），ポール・キーティング（在職1991-96年）率いる労働党政権まで23年続いた。フレイザーは，上院での優勢を利用し経常支出法案の採決を拒否して「憲政危機」を作り出し，総督による解任という非常手段によって政権を奪取した。フレイザー政権は，経済政策面ではウィットラム政権との差別化を図ったが，移民，多文化主義，先住民族といった分野ではウィットラム政権を継承した。アボリジナルの伝統的な土地所有者に鉱山開発への拒否権を認めたアボリジナル土地権（北部準州）法は，ウィットラムとフレイザーの共同作品といえる。フレイザーは，党内の一部から起きた反対を押し切ってローデシア（現ジンバブウェ）の白人少数政権を終わらせ，

南アフリカのアパルトヘイト体制に対する経済制裁を主導した。ギリシャ系移民の学者であったペトロ・ジョージオを側近に起用し，「多文化主義（multiculturalism）」を正式な政策用語として採用し，多言語放送局 SBS を創設した。

　フレイザーの実績として特筆されるべきは難民政策である。1976年から79年にかけて2029人のベトナム人庇護希望者がダーウィン港など北部オーストラリアに到着した。フレイザー政権は，すべてを難民として受け入れ，さらに東南アジアの難民キャンプにおける国外審査で認定されたベトナム難民を大規模に受け入れることを決定した。オーストラリアに入国したベトナム難民は，家族呼び寄せを含めると19万人に達した（Soutphommasane 2012）。庇護希望者が遭難の危険を冒して海路オーストラリアを目指すことが回避され，1981年後半から1989年前半までの 8 年間，庇護希望者の到着は皆無であった。フレイザー政権の難民政策は，ヨーロッパ系が中心であったオーストラリアへの移民の流れを決定的に変化させ，「民族のミックスを永遠に変える」効果があった（Fraser and Simons 2010）。

　それゆえに，当時は批判もあった。庇護希望者が伝染病を持ち込む可能性が言及され，政府は庇護希望者に甘すぎる，あるいは制御不能に陥っているなどと非難された。庇護希望者を追い返すべしとの声も上がった（Fraser and Simons 2010）。移民省は，庇護希望者は秩序だった移民政策を脅かす「列の割り込み者（queue jumpers）」であり，僻地に設置した難民収容施設に収監すべきと提案した。しかしフレイザーは，移民省が提案した強制収監や社会保障給付の停止は効果に疑問があり，非人道的でオーストラリアの国際社会における評価を低下させ，国際的な責務の放棄になるとしてこれを退けた。フレイザーは，「移民省の一部には，弱者への配慮や人道的な対応を退ける，極めて強硬な超保守反動的で人種差別主義的な傾向が存在した」と記している（Fraser and Simons 2010）。閣内でもベトナム難民の大規模な受け入れが討議された閣議のあと，当時閣外大臣であったジョン・ハワードが，「この人たちをそんなに多く受け入れるわけではないですよね。見せかけですよね」と語りかけた，とフレイザーは記している（Fraser and Simons 2010: 425）。労働党は，全国議長であったボブ・ホークが，オーストラリアにたどり着いたというだけで庇護希

望者を受け入れるべきではないと主張するなど，当初は受け入れに批判的であった。ウィットラムも，第二次世界大戦後の東欧難民の多くが反共産主義の立場から保守政党支持者となったことを念頭に，ホークの発言を支持した（Mares 2002）。しかし，労働党は間もなくベトナム難民受け入れ賛成に転じた。

1983年 3 月の両院解散選挙でホーク労働党政権が誕生し，労働党が移民政策や多文化主義政策の担い手となると，1984年のブレイニー論争に代表されるように保守側からアジアからの移民や多文化主義への攻勢が始まった。自由党内では，1985年にハワードが党首になるとその傾向が強まった。ハワードは，1988年 7 月に「オーストラリアはこれまで歴史についてもアイデンティティについても不必要に謝罪してきた」と発言すると，8 月には社会的結合のためアジアからの移民数を引き下げる可能性について言及した。ハワードが同年12月に発表した政策集 Future Directions の表紙には，金髪の白人 4 人家族が白い杭柵（white picket fence）の前にたたずんでいる絵が掲げられた（Bongiorno 2015）。アジアどころか南欧出身者の影もそこにはみられない。ホーク政権が非差別的な移民政策を再確認する動議を議会に提案すると，ハワードは党議拘束をかけてこれに反対した。このとき，下院では 3 人，上院で 1 人の自由党議員が党議拘束を破って動議に賛成し，さらに下院議員 2 人が棄権した。ハワードの指導力は大きく低下し，翌年党首の座を失う大きな原因となった。

ホーク政権は，1989年 6 月の天安門事件後，オーストラリアの大学に在学している中国人留学生のうち希望したものには永住権を与える決定を下し，中国出身者が大きく増えるきっかけをつくった（なお中国人留学生のみに特権を与えることは公正性を欠くため，1989年から94年の 5 年間にオーストラリアの大学を卒業したか在籍している留学生は，希望すればすべてに永住権が付与された）。エスニック・コミュニティが政党に集団入党し，党支部での発言力を強め候補者選定過程で有利に導こうとすること（branch stacking）が問題となった。1991年12月にホークを追って政権の座に就いたポール・キーティングは，ホーク政権の財務大臣として新自由主義的な経済の構造改革を主導したが，首相に就任すると社会改革に精魂を傾け，①先住民族との和解，②多文化主義政策のいっそうの推進，③共和制への移行，そして④アジアとのかかわりの深化を自らのビジョン

として掲げた。キーティングは，1992年6月の連邦最高裁判所によるマボ判決
を利用し，1993年先住権原法（Native Title Act）など先住民族の権利伸張に尽
くした。また1995年には，1975年にウィットラム政権が制定した人種差別禁止
法を改正し，人種差別的中傷禁止事項（18条C項）を追加した。

3　ジョン・ハワードの人種政治

　ハワードは，自由党・国民党連合を率いて1996年3月の連邦総選挙で13年ぶ
りに政権を奪還した。労働党政権が長期にわたったことや，キーティング政権
が前回選挙後の予算（1993 - 94年度）で大きくつまずいたことが大きな原因で
あったが，多くの有権者が経済・社会改革に疲れていたことも理由のひとつに
挙げられる。自由党・国民党連合は，圧倒的優位であった1993年の選挙で新自
由主義の究極形ともいえる政策パッケージ（Fightback!）を示し，キーティング
の激しい反撃を浴びて敗北した。この反省から，労働党との違いを極力小さく
する戦術に出た。キーティングのビジョンに対し，ハワードは，「心地よくく
つろいだ」（comfortable and relaxed）オーストラリアを約束した（Brett 2005）。
オーストラリアの過去と現在と将来について「心地よくくつろぐ」ということ
は，ハワード政権下では先住民族や多文化主義へのコミットメントは優先課題
ではないことを意味する。ハワードは，多文化主義という言葉を使うことすら
拒んだ。ハワードがその言葉を使うようになるのは，政権発足から7年が経過
し自らがオーストラリア社会にもたらした変化に自信をもつようになった2003
年になってからのことであった（Brett 2005）。

　1988年のアジア移民発言は，ハワードにとって大きな重荷であり，1996年の
選挙においては人種問題に細心の注意をはらう必要があった。1995年1月にハ
ワードが自由党の党首に復帰して最初に行ったことのひとつは，中国系コミュ
ニティとの関係修復であった。クィーンズランド州オックスリー選挙区の自由
党候補者が，選挙期間中に「先住民は優遇されている」旨の投稿を地元紙に行
うと，すぐさま公認が取り消された。この公認を取り消されながら無所属で当
選した候補者がポーリン・ハンソンであった。ハンソンは，1996年9月に行っ

た最初の議会スピーチの中で，「政府がアボリジナルズだけに税金から支給する機会，土地，お金と施設があるようなこんな不平等や分離主義にはうんざり」と述べ，移民プログラムを劇的に見直し，多文化主義を廃止すべきと主張した。ハンソンの敵意は特に，「自分たちの文化と宗教をもちゲットーを作って同化しないアジアからの移民」に向けられ，「このままではオーストラリアはかれらに飲み込まれてしまう」と警告を発した（Hanson 1996）。ハンソンのスピーチの中で特に注目を集めたのは人種問題であったが，ハンソン

Key Word

オーストラリアの選挙制度

　オーストラリアの選挙制度には2つの大きな特徴がある。ひとつは強制投票制度であり，正当な理由なく投票に行かなければ20ドルの罰金を科される。このため投票率は90％を超える。もうひとつは優先順位付き投票制度である。投票の際有権者は，1人に投票するのではなく，すべての候補者に優先順位を付ける。集計する際は，過半数を得る候補者が出るまで，得票の少ないものから除外され優先順位に応じて振り分けられる。1998年のハンソンのように，第1次選好得票がトップでも，ほかからの優先順位を得られなければ当選できないことも多々ある。

の非難は，金融市場，国際機関，国際金融資本，投資会社，巨大ビジネス，自由貿易やグローバリズムなど新自由主義的経済政策にも向けられた（Hanson 1996）。ハンソンは，1970年代以来超党派で進められてきたオーストラリアの社会・経済改革の両方に反旗を翻したのである。これは，キーティングが行った社会改革の時計の針を逆転させようとする一方，経済改革はさらに推進していこうというハワード政権に難しい対応をせまった。

　ハワードは，消費税導入や労働市場の自由化など新自由主義的経済改革をよりいっそう進める一方，移民・難民・多文化主義など人種問題ではハンソンの主張を取り入れることで対応した。ハンソンのスピーチは，自由党・国民党側からも強い批判を招いたが，ハワードは，「ある種の問題に関する検閲の覆いが外され，人々は偏見があるだとかレイシストだとか決めつけられることを恐れずに発言できるようになった」とあたかもハンソンのスピーチを歓迎するような発言を行った（Grattan 2000）。また，1998年6月のクィーンズランド州議会選挙でハンソンと優先順位の取引を行った自由党・国民党連合が労働党に記

録的な敗北を喫するまで，ハンソンとの取引を否定しなかった（この州議会選挙でハンソンが前年に結成したポーリン・ハンソンのワン・ネイション（PHON）は22.7％の得票率で11議席を獲得した）。

　ハワードがハンソン批判に消極的であった理由としては，ハンソンと考えを共有していたとの見方もできる。ハワードは，少なくともそれまでの人種やエスニシティを政治の争点としないとする超党派の暗黙の合意から離れ，人種問題を政治問題化した。政治学者のウェイン・エリントンとピーター・ファン・オンズレンは，1988年のアジア移民論争でハワードがきびしく批判されたことへの反動を指摘している。1996年までにアジア移民への考えは変化していたとしても，自らがレイシストとされ不当なあつかいを受けたという憤懣が年を経るごとに強まりより頑なになったのではないか（Errington and van Onselen 2007）。

　人種問題の政治化のためにハワードがまず狙いを定めたのは，先住民族であった。先住民族関係予算は大幅に削減され，先住民族政策の立案・実行機関であった先住民委員会（ATSIC）は解体され，先住民族側から政府に対して政策提言を行うルートが消滅した。1997年5月，人権・機会均等委員会（現人権委員会）が，キーティングによって諮問された先住民族の（主にいわゆる混血の）子どもたちを親やアボリジナル・コミュニティから強制隔離していた政策に対する調査結果を公表した。先住民族側が最も重要と考えていた謝罪についてハワードは，そのような行為は過去の問題であって現在の世代には無関係であり，強制隔離の動機は善意だったとして謝罪を拒み続けた。1996年12月に連邦最高裁判所がマボ判決を拡大し，放牧借地権と先住権原が共存する可能性を示す判決（ウィク判決）を下すと，それまで考えられていた以上の土地が先住民族による請求対象になると発言し，非先住民族の危機感をあおった。ウィク判決を受けてハワード政権が提出した先住権原改正法案が上院で否決されると，ハワードは先住民族の権利を争点とした両院解散選挙を行おうとした。そのような人種選挙が及ぼす影響を憂慮したブライアン・ハラディン上院議員（無所属）は，クィーンズランド州議会選挙の結果を受けて両院解散選挙の回避を意図したハワードと妥協し改正法案は成立した（Kingston 2004）。総選挙は，通常

通り下院総選挙と上院半数改選という形式で1998年10月に実施され，PHON
に保守的な支持基盤を侵食されたハワード政権はかろうじて再選を果たした。
PHON は，クィーンズランド州議会選挙時の勢いを持続できず，下院での得
票率は全国で8.4％にとどまり，ハンソンは落選し，上院でクィーンズランド
州の１議席を確保するに終わった。

　1998年の選挙でハワードが苦戦した理由のひとつは，ハワードが税率10％の
消費税（Goods and Services Tax: GST）の導入を公約としたことにある。GST 法
案は，上院での妥協の末1999年に成立し，2000年７月から導入された。2001年
後半に予定されている次の総選挙では，GST が問われることになるのは明ら
かであった。GST 導入後，自由党・国民党連合は，2001年２月クィーンズラ
ンドと西オーストラリアの州議会選挙で敗れ，安全選挙区であった議席を補欠
選挙で失い，世論調査では最大で14ポイントのリードを労働党に許した。
PHON が比較的強い支持をもつクィーンズランドと西オーストラリアでの州
議会選挙によって，低迷していたハンソンは息を吹き返した。2001年の前半，
ハワードはガソリン税の物価連動を廃止するなどばらまき政策を行って党勢を
挽回し，2001年８月中旬には48％まで支持を回復していた。８月下旬，ノル
ウェーのコンテナ船タンパ号が，430余名の庇護希望者を救助しオーストラリ
アに入港を求めると自由党・国民党連合と労働党の支持率は50％で拮抗するよ
うになり，その２週間後9.11事件が起きると自由党・国民党連合が10‐12ポイ
ントの大差でリードしたが，結局11月の選挙では２ポイント差で３選を果たし
た（Brent 2019, 数字は二党間選好支持率および得票率）。この支持率と得票率の動
きをみる限り，タンパ号事件と難民問題がハワード政権の勝利に決定的な役割
を果たしたかどうかは微妙であるが，労働党のキム・ビーズリー党首はタンパ
号事件が起きると同時に敗北を覚悟したといわれている。9.11との相乗効果は
確かにあったであろう。このときにハワードは，庇護希望者に対する緊急対策
法の一部に労働党が賛成できない条項を加え，労働党がこれに反対すると労働
党は弱腰で国境管理に甘いと批判した。労働党は，政権からは弱腰と叩かれる
一方で，この法案の大半に賛成したため庇護希望者に同情的な左派からの支持
がグリーンズへ離れていくという事態に陥った。ハワードは人種問題の選挙争

点化に成功し，労働党を弱体化させただけではなく，ハンソンに流れかけた保守派の支持を取り戻すことができた。オーストラリアにおいて政権政党であった中道右派政党は，極右ポピュリスト政党の政策の一部を実行することによってその芽を摘んだのである。難民問題は労働党に不利との神話も生まれた。ハワード政権が「パシフィック・ソリューション」（パシフィック戦略）と名づけた難民対策が成功したこともあって，2007年の総選挙までには難民問題は争点からいったん消滅した。

4　労働党政権の苦悩

　2007年11月の選挙に勝利したケビン・ラッド率いる労働党政権は，強制収容期間の短縮，ナウルの収容施設の閉鎖，一時保護ビザの廃止（難民には永住権を付与）という政策を実行に移した。ラッド政権がパシフィック戦略を廃止したことが，オーストラリアへ庇護希望者を引き寄せることとなったことは否定できないであろう。ラッド政権にとって不運だったのは，それと同時にアフガニスタンやスリランカの情勢が悪化し，庇護希望者が発生する要因が強まったことである。2009年10月にはいわゆるオセアニア・バイキング号事件が起き（詳細は⇨第11章を参照），それまでラッドを攻めあぐねていた野党に攻撃の機会を与えた。政治学者ロバート・マンは，強制収容と一時保護ビザは人道上問題がある上実効性にも疑問があり，その廃止は歓迎できる一方，ナウルやパプア・ニューギニア（PNG）に送られる可能性が存在することが庇護希望者に対する抑止力となっており，これを廃止したことは誤りであったと指摘している（Manne 2013）。

　2010年6月，ジュリア・ギラードがラッドに代わって首相に就任し，東ティモールやマレーシアと交渉を試みた（詳細は⇨第11章を参照）。特にマレーシアに関しては，抑止効果やマレーシアの難民体制整備も期待され，オーストラリアの難民受入枠を増やすことができるというメリットもあった。しかしながら，2009年11月，野党党首の座を勝ち取ったトニー・アボットは，「ボートを追い返せ」をスローガンに，ハワード政権時の政策に回帰することが問題解決

の唯一の手段であるとして，パシフィック戦略の再起動を要求した。一方，人
権活動家やオーストラリアン・グリーンズは，オーストラリアに到着したすべ
ての庇護希望者を国内で審査すべきであるという主張から，庇護希望者の国外
移送に反対した。連邦最高裁判所による連邦移民法に反するとの判決後，ギ
ラード政権は移民法の改正を試みたが，上院で保守野党とグリーンズ双方から
の反対にあって通過させることができなかった。自由党・国民党連合は，さら
に攻勢を強め，スコット・モリソン影の移民大臣は，有権者が抱く「ムスリム
の移民」に対する不安を政治利用すべきだと影の閣議で提唱した（*The Sydney
Morning Herald* 2011/2/17）。結局労働党政権は，パシフィック戦略の再開に追
い込まれていった（詳細は⇨第11章を参照）。

　難民問題は政治的な争点の表舞台から姿を消したが，難民認定されてもオー
ストラリアに入国することができなくなり，ナウルと PNG に取り残された難
民たちの取り扱いが問題となった。ナウルや PNG に定住を希望する難民・庇
護希望者はほとんどなく，オーストラリア政府は多額の援助と引き換えに第三
国定住の取り決めをカンボジアとの間で結んだが，こちらも希望者は極めて少
ない。たとえ難民と認定されても行き場がなく心身の健康を害し，自死した難
民も出ている。このような状況の下，多数を占めるにはいたっていないが，拘
留が長期化する難民・庇護希望者の特に女性や子どもをオーストラリアに入国
させるべきではないかとの声も強まっている。個人としてはゴスフォード英国
国教会のロッド・バウアー神父が著名であるが，メルボルン郊外のエルサム，
ブリスベンから内陸に600キロ入ったところにあるクィーンズランド州ビロレ
ア，あるいはブリスベンのイェロンガ州立高校コミュニティなど，多くの場で
一般市民が難民・庇護希望者のために活動している。

5　ターンブル政権とワン・ネイションの復活，右派のアイデンティティ政治

　2015年9月にアボットから首相の座を奪ったマルコム・ターンブルは，党内
の政策決定の主導権を握るとともに，2013年の選挙で増加した上院の少数政党

選出議員の一掃をねらって2016年総選挙を両院解散選挙として実施した。自由党・国民党政権は大きく議席を失い，なんとか下院の過半数を確保したが，上院では議席を減らす結果となった。恩恵を受けたのは，4議席を獲得して復活を果たしたハンソン率いるPHONであった。ただしこの結果は，両院解散のために上院議員の当選に必要なクオータが14.3％から7.7％に下がったことが大きい。通常の半数改選であればハンソン1人の当選にとどまっていたであろう。22年前にアジアからの移民をターゲットにしていたハンソンは，今回はそれに代わりイスラム教徒を標的としており，多文化主義への敵意は揺るいでいない。当選した4名のうち2名が憲法44条の候補者資格に抵触したとして議員資格を失い，2名が離党するなど党内は混乱しているが，離党した1人はナチスを想起させるような言葉（final solution）を用いた議会スピーチを行って批判を浴びた。ハンソン自身，イスラム教徒が簡単に変装できるからブルカを禁止すべきというメッセージの発信としてブルカを着用して議場に現れ，ジョージ・ブランディス法務大臣（当時）から，ムスリム・コミュニティを不必要に刺激するとしてきびしく叱責された。さらに，白人至上主義者が好んで用いる言説（It's OK to be white）を用いた議会動議を提案し，混迷した自由党・国民党の上院議員がいったんこれに賛成し，批判を受けて翌日に賛成を撤回した。

　ターンブル政権は，上院では労働党とグリーンズが反対する法案についてはPHONの支持を取り付けなければならなかった。また選挙においても自由党・国民党連合は，PHON支持者の優先順位上の支持を必要とする場合がある。そのため，20年前にはハンソンをきびしく批判していた自由党や国民党内部から，「ハンソンはかつてのハンソンではない」とか「いまや政策的にも洗練されている」といった発言があった（*Fairfax Media* 2017/2/8, 2017/2/13; *Crikey. com* 2017/2/13; *Guardian Australia* 2017/2/14, 2017/2/18）。PHONもまた，上院において最もターンブル政権に賛同するクロスベンチ勢力であった（*Fairfax Media* 2017/3/5）。「極右ポピュリスト」ハンソンの復活と台頭が，自由党内最リベラルとみられていたターンブルによって実現し，さらにターンブル政権の議会運営と立法プログラムを大いに助けていた。

　しかし，真の問題はハンソンではなく，自由党である。2018年8月24日に，

　ターンブルが自由党の党首の座を失い首相の座を追われ，スコット・モリソン財務大臣がピーター・ダットン内務大臣を破って首相の座に就いたとき，自由党保守派の一部から「ベース」という言葉が聞かれた。自由党保守派が「ベース」と呼ぶコアな支持層に訴える政策には，白豪主義を想起させる人種に基づく移民政策の再導入と移民受入枠の大幅な削減，さらに多文化主義政策への消極性がある。政治学者で人権委員会の人種差別担当委員を2013年から18年まで務めたティム・スートポマサンは，右派によるアイデンティティ政治によって人種政治が復活しようとしていると警鐘を鳴らした。スートポマサンは，2013年の政権発足以来，自由党・国民党連合政権が二度にわたってヘイトスピーチを禁止する人種差別禁止法18条 C 項（人種的中傷禁止条項）を骨抜きにしようと試みたことを例に挙げ，「18条 C 項を変更しようとする動きは……一部の人々の特権を維持し，それ以外の人々を分相応の場所に閉じ込めておこうとするアイデンティティ政治なのです」と指摘している（Soutphommasane 2018）。

　スートポマサンは，右派アイデンティティ政治の実行者として，PHON のような極右の周辺勢力ではなく，政権政党である自由党の主要閣僚を指摘した。2018年 1 月，ダットン内務大臣は，「メルボルンでアフリカ出身の若者ギャングが暴れており，市民は外食にも行けない」と発言し（Guardian Australia 2018/1/4），同年 7 月にはターンブル首相も「メルボルンでのスーダン系ギャングに対する不安は現実のものだ」と半年前のダットン発言を支持した（Guardian Australia 2018/7/25）。ダットンはまた，南アフリカの白人農民を人道上の移民として優先して受け入れるべきと発言し（Fairfax Media 2018/3/15），ジュリー・ビショップ外務大臣から批判されたものの，アボットはじめ多くの自由党議員の支持を集めた（Fairfax Media 2018/3/19, West Australian 2018/4/10）。さらにアボットは，「オーストラリア社会への統合が困難であるからアフリカからの移民を受け入れるべきではない」と発言した（Fairfax Media 2018/7/25）。

　2018年にターンブルが首相の座を奪われた結果，ターンブルがすぐさま議員を辞職し，補欠選挙で自由党公認候補がリベラル系無所属のケリン・フェルプスに敗れた。さらに，ターンブル支持者であったジュリア・バンクス下院議員

が自由党を離党した。この結果，下院における（自由党・国民党連合にも労働党にも属さない）クロスベンチ議員は7名となり，政権は下院の過半数を失った。フェルプスは，ナウルとPNGに拘留されている難民のうち緊急に医療上の治療が必要とされる患者に関し医師団の判断によって国内で治療するために移送することを可能にする議員立法案を提案した。この法案は，2018年12月に上院を通過したのち，2019年2月に労働党の修正を加えた上，クロスベンチ議員6名と労働党の賛成多数で成立した。自由党・国民党政権は，モリソン首相とダットン内務大臣を先頭に，凶悪犯の入国を許すことになる，あるいは庇護希望者の殺到が始まるなど，有権者の不安をあおり立て，あたかも庇護希望者を満載した船が水平線に現れることを願っているかのような主張を行った。労働党の修正により，治療のための移送の対象となるのは現在ナウルとPNGにおかれている難民たちであり，かれらに対する調査はこれまで充分に行われている。選挙まであとわずかであり，支持率で長期にわたり労働党の後塵を拝してきたモリソン政権は，2001年（タンパ号）の再現を狙っていたと考えられる。しかしながら，メディアは政府に対しきびしい質問を加えており，内務省のマイク・ペズーロ次官は2019年2月19日に上院委員会の質疑の中で，労働党提案の修正案が受け入れられたことで，懸念は解消されたと証言した。直後の世論調査をみても，政権側が期待した2001年の再現は起きなかった。市民の間でも，5年を超える長期収監に同情が起きているようであり，PNGの「監獄」に収容されているクルド系イラン人ベフルーズ・ブーチャーニは，収容中に書いた小説によってビクトリア州首相文学賞を受賞した。さらに，2019年3月15日にニュージーランドのクライストチャーチで起きた，白人至上主義者のオーストラリア人が，モスクで銃を乱射し51人を殺した事件は，オーストラリアに大きな衝撃を及ぼし，モリソン政権が期待したタンパ号事件の再現は，不可能になった。

6　オーストラリアの今後について，楽観的なまとめ

オーストラリアの移民や難民にかかわる政治言説は，近年大きく変化し

PHON という極右ポピュリスト政党が存在している。極右ポピュリストへの支持が 5 - 10％程度存在しており，PHON に内紛が絶えないことからいくつかの政党がその政治マーケットを狙っている。こういった極右ポピュリスト以上に，オーストラリアで移民や難民，あるいは先住民族を，対立をあおるようなかたちで党利・党略に利用する傾向は，政権を担ってきた中道右派政党である自由党に存在する。従来リベラル派と保守派が同居していた自由党は，ハワード政権以来，保守派によって掌握された。移民大臣を務め，あと一歩で首相に手が届くところまでのぼりつめた主要閣僚から，白豪主義時代に戻ったかのような言葉が発せられている。

　しかしながら，オーストラリアでは，おそらく欧米を席巻しているような人種政治は，機能しないであろう。まず第 1 に，強制投票制度によって90％以上の投票率が確保されている。人種偏見をあおるだけでは選挙には勝てない。第 2 に，優先順位付き投票制度の下では，極右候補への優先順位を下位におくことで当選を阻むことができる。第 3 に，人口の約半数が移民第一世代か第二世代であり，出生国別にみると，英国とニュージーランドに次いで中国，インド，フィリピンが上位に連なる（ABS 2017）。またオーストラリアの多文化主義は，社会的流動性が高いという特徴をもつとともに（杉田 2017），多様性の維持と同時に市民社会への統合も推進してきた（Soutphommasane 2012）。このような環境を考えると，有権者の多くが人種選別的な移民政策に耳を傾ける可能性は低い。第 4 に，世界金融危機の影響を，マイナス成長が2008年12月期のみといったように最低限で抑えることができた。その結果格差の拡大はあるものの，ヨーロッパのような経済危機は回避することができ，極右ポピュリズムの台頭も抑えられている。第 5 に，社会的弱者を温かく見守り政府がおかしなことをすればたちまち立ち上がる市民社会が存在する。政党や政治家というよりも一般市民の良心に期待でき頼れるところが，オーストラリアのよさであろう。

【さらに学びたい人のための文献案内】
　① Megalogenis, George, 2012, *The Australian Moment: How we were made for these*

times, Penguin Group（Australia）.
世界金融危機を経たオーストラリア成功の背景について，フレイザーからラッドまで5人の元首相に対するインタビューに基づく著作。

② Megalogenis, George, 2015, *Australia's Second Chance: What our history tells us about our future,* Penguin Group（Australia）.
オーストラリアの将来について，過去の移民受け入れあるいは拒絶という歴史を分析することで展望した。

③ Soutphommasane, Tim, 2012, *Don't Go Back To Where You Came From: Why multiculturalism works,* NewSouth Books.
オーストラリア型多文化主義の特徴，長所がよくわかる。

④ Soutphommasane, Tim, 2015, *I'm Not Racist But... 40 Years of the Racial Discrimination Act,* NewSouth Books.
人種差別禁止法40周年を記念して刊行された。日本でのヘイトスピーチ対策を考える上でも有用。

⑤ Chan, Gabrielle, 2018, *Rusted Off: Why country Australia is fed up,* Vintage.
オーストラリア地方部で国民党離れが起き，ニューサウスウェールズやビクトリアでは，極右政党ではなく中道系無所属への支持が増加している背景を詳述した評判の好著。

［杉田　弘也］

第11章　庇護希望者と国境管理
――ボートピープルをめぐって

Introduction

　難民の受け入れや定住の支援において，オーストラリアは先進国の中では注目すべき実績を有する国家のひとつである。その一方で近年，同政府は庇護を求めて密航船で上陸を試みる人々，いわゆるボートピープルに対する国境管理を強化してきた。その多くは中央アジアや中東などの政治的動乱から逃れ，安全な生活を求めて密航を選ばざるを得なかった人々である。海から非正規に上陸を試みる人々は，たとえ庇護希望者であっても，難民受け入れ順番待ちの「列の割り込み者（queue jumper）」と非難され，さらには国家の主権や安全保障に脅威を与え得る危険な侵害者として，排除の対象となってきた。軍隊を動員して密航船を監視，阻止するのみならず，庇護希望者を南太平洋のナウル共和国やパプア・ニューギニアのマヌス島の収容施設に移送する懲罰的な措置は，非人道的であり難民条約にも反するとして，国連難民高等弁務官事務所（UNHCR）をはじめ国内外の人権擁護団体等から批判されてきている。ボートピープル問題は，成熟した多文化社会としてのオーストラリアのイメージに影を落とすものであるといえよう。

　本章では，国境管理におけるボートピープルへの対応がどのように変容，推移してきたのかに注目することで，多文化主義を掲げてきた国家における冷徹な排除の側面を明らかにする。さらに，その政治的な意味や，特定の人々を排除する政治が多文化社会に分断をもたらしかねないことを論じる。

1　オーストラリアへ向かう密航船

　難民問題は，こんにちの世界が直面する重要課題のひとつとなっている。世界各地で安全な地を求める人々の越境移動が起こっているなか，海域の移動において最も注目を浴びているのは地中海であろう。シリアをはじめ動乱の祖国を逃れて欧州を目指す多くの人々が，密航という手段で地中海を渡っていること，不幸にも航海の途上で多くの犠牲を伴う海難事故が発生していることは，

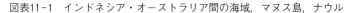

図表11-1　インドネシア・オーストラリア間の海域，マヌス島，ナウル

（筆者作成）

日本でも大きく報道されてきている。他方で，人数規模は地中海より少ないとはいえ，類似の状況がインドネシアとオーストラリアを結ぶ海域でも起こってきたことは意外と知られていない。

　インド洋からティモール海，アラフラ海につながる海域（図表11-1）は，1990年代後半以降，主として中東や中央アジア地域からの庇護希望者がオーストラリアへの上陸を試みるための密航ルートとなってきた。かれらの大半は，密航を斡旋する業者の手配により，インドネシアの海岸から粗末な漁船でオーストラリアの本土や島を目指す。スリランカのタミール人のように，インドネシアを経由せずにスリランカから直行する人々もいる。

　こうした庇護希望者の上陸を阻止するために，オーストラリア政府はさまざまな強硬策を講じてきた。以下では，その具体的な政策の展開を追いながら，国境管理の領域で何が起こってきたのかをみていく。なお，**難民**という語を**庇護希望者**やボートピープルと互換的に用いるが，国連の難民条約に基づいて認定された難民については「難民」と記して区別することとする。

2　防御，阻止，収容の政策へ

2-1　ベトナムからのボートピープルの漂着：1970年代

　オーストラリア政府は，ボートピープルに対して当初から排除の姿勢で臨んできたわけではない。その受け入れの歴史は1975年のサイゴン陥落を契機に大

Key Word

難民・庇護希望者（庇護申請者）・ボートピープル

　「難民（refugee）」とは，国連の「難民条約」（1951年採択の「難民の地位に関する条約」および1967年採択の「難民の地位に関する議定書」の総称）において，人種，宗教，国籍，政治的主張や特定の社会集団への所属を理由に，自国で迫害を受けるか，迫害を受ける可能性があるために他国に逃れた人と定義される。近年では，武力紛争や人権侵害から他国に逃れてきた人々も，広義の「難民」として保護の対象とする国がオーストラリアを含め増えている。「庇護希望者／庇護申請者（asylum seeker）」とは，他国に逃れて保護を希望する人をさす。公式に難民認定されていない「庇護希望者」も，一般的には難民と称されることが多い。

　庇護希望者のうち，入国許可なく海路で密航船により上陸を試みる人，または上陸した人は，「ボートピープル（boat people）」と呼ばれる。難民条約では，入国や滞在が非合法であることを理由に庇護希望者を罰してはならないと規定されている。オーストラリア政府の政策用語では，密航船の到来もしくはボートピープルをさす表現として，"unlawful boat arrival", "irregular maritime arrival", "unauthorised maritime arrival" などが使われる。なお，一般にボートピープルをさす "queue jumper" は，1970年末に登場したオーストラリア独自の表現で，海外からの難民認定者の受け入れ順番待ちに割り込んでくる人を意味する。

量のインドシナ難民が発生した1970年代にさかのぼる。1976年４月にダーウィンの海岸に５人のベトナム人が漂着してから1982年までの間に，54隻の船で2000人以上がベトナムからオーストラリア本土に漂着した。そのほとんどは，こんにちのように上陸を阻止されることも，また過酷な環境の中で強制収容されることもなく「難民」として受け入れられ，定住にいたっている（Viviani 1996）。

　サイゴン陥落後から20年間にベトナムから船で国外に脱出した人は，一説には100万人以上ともいわれる。新しい社会主義体制の下で迫害を受ける恐れのある人々や，新体制に不信感をもつ人々であった。その大半は，海上で遭遇した海外の船舶や漁船などに救援され，あるいは自力で周辺諸国のタイ，マレーシア，シンガポール，インドネシア，フィリピン，香港などにたどり着き，これらの地の難民キャンプで保護された。そこで「難民」として認定された後に，米国やカナダ，オーストラリア，欧州，日本などに受け入れられていった。

それに対して，54隻の小舟が，海路はるか6000キロ以上も離れたオーストラリア本土まで航海を続けることができたことは驚きである。実は当時，東南アジア諸国は難民船に食糧や燃料を供給し，意図的にかれらをオーストラリアへ向かわせたといわれる。すでに自国の難民キャンプが飽和状態になっており，受け入れの負担を軽減するためであった（竹田 1994[1991]: 95）。

2-2　強制収容の始まり：1992年

ベトナムからの難民の上陸が一段落してから約10年後，1990年代に入るとボートピープル政策は大きく転換する。「防御，阻止，収容（defend, deter, detain）」の政策，すなわち国境を防御し，密航者を阻止し，上陸した人々を強制的に収容する政策の始まりである。1992年に強制収容措置（mandatory detention）が導入され，すべての非合法入国者が対象とされた。中国人や再び増え始めたベトナム人のボートピープルも強制収容され，1970年代のように容易には「難民」として認定されなかった。多くの場合，より豊かな生活を目指してやってくる「経済難民」とみなされたからである。

ボートピープル政策の厳格化が冷戦構造の終結と時期的に重なるのは，単なる偶然とはいえないだろう。冷戦下では，概して共産主義諸国からの難民は西側の優位を示すものととらえられていた。そのことが，共産主義の征服者から逃れて密航してきたベトナム難民の受け入れに有利にはたらいた面は少なくないといえる。

2-3　インドネシア経由でオーストラリア領の島へ：1990年代後半−

1990年代の後半になると，タリバンの台頭などによる中東・中央アジア情勢の混乱を背景に，これらの地域から逃れてきた人々がインドネシア経由でオーストラリアに到来するようになる。上陸総数は1999年度と2000年度にそれぞれ4000人を超え，その多くがアフガニスタンやイラク，イラン等の出身者で占められた。かれらの大半は，密航斡旋業者（people smuggler）の手配により，マレーシアやインドネシアへ空路で移動した後，インドネシアの海岸からオーストラリアに向けて出航した。密航船の到着地も1970年代のベトナム難民の場合

とは様変わりし，オーストラリア領であるアシュモア島，クリスマス島，ココ
ス諸島といった，よりインドネシアに近い島が増えていった。インドネシア最
南端のロテ島からアシュモア島までは150キロ足らず，ジャワ島からクリスマ
ス島までは約340キロの距離であり，本土のダーウィンよりもはるかに近い
（図表11-1）。

　密航斡旋業者が手配する船は，ほとんどが遠洋航海にはとても耐えられない
老朽化した漁船であった。1隻に数人から数十人が乗ることもあれば，全長20
メートルくらいの船に400人以上が詰め込まれることもあった。船の操縦には
インドネシア人漁師が雇われた。後に人手不足から，船の操縦に不慣れな農民
なども動員されたという（Balint 2005: 125）。多発した事故の中には，操縦技術
の問題に起因するものも少なくなかったであろう。

2-4　「一時保護ビザ」の導入：1999年

　自由党・国民党連合のハワード政権（1996 - 2007年）は，1999年，ボート
ピープルの密航を阻止するために「沿岸警備タスクフォース」を発足して国境
管理の強化に着手するとともに，「一時保護ビザ（Temporary protection visa）」
を導入した。それまではビザを持たずに上陸しても，「難民」として認定され
れば永住資格を得ることができた。それに対してこの新たな措置は，「難民」
認定後の滞在期間を3年間に短縮するとともに，その間の家族の呼び寄せや，
オーストラリアを出国した際の再入国を禁止し，社会保障や定住支援なども制
限した（ただし，2001年9月に法改正されるまでは，同ビザの発給から30カ月後に永住
ビザを申請することが可能であった）。ところが意図せざる結果として起こったの
は，オーストラリアに「一時保護ビザ」で滞在する男性の祖国や他国の避難先
に残された妻や子どもたちに，むしろ密航を促してしまったことであった。
「一時保護ビザ」の規定により，少なくとも向こう3年間は合法的な家族の合
流が不可能となったことを知った妻や子どもたちが，待ちきれずに密航を選択
したからである。

3　パシフィック戦略の開始

3-1　タンパ号事件：2001年

　こうした状況の中で起こったタンパ号事件は，政府の強硬姿勢を内外に知らしめるとともに，より厳格な政策への画期となる。2001年8月26日，ジャワ島とクリスマス島の間の公海上で，沈没寸前の漂流船から433人がノルウェーの貨物船タンパ号によって救助された。大半はアフガニスタン人であり，インドネシアの密航斡旋業者が手配した船に乗って，難民申請を目的にクリスマス島に向かう途中であった。当初，最寄りのインドネシアの港へ進路をとったタンパ号の船長は，かれらの要求に従ってクリスマス島へと航路を変更した。それに対してオーストラリア政府は，本件は国際法上，インドネシアとノルウェー間で解決されるべき問題であるとして，タンパ号の領海への進入を拒絶した。インドネシア政府も受け入れを拒否したために，タンパ号はクリスマス島沖で立ち往生することになる。

　オーストラリア政府は2つの方法により，庇護希望者の上陸阻止という当初の目的を貫徹した。ひとつはオーストラリア軍精鋭部隊の投入である。タンパ号の船長が乗船者の健康の悪化を懸念してオーストラリア領海内に船を進めるやいなや，ただちに45人の特殊空挺部隊が出動してそれを阻止した。もうひとつは，庇護希望者を全員，タンパ号から強制的に軍艦マヌーラ号に移してナウルへ送ったことである（飯笹 2007: 第1章）。庇護希望者を南太平洋の第三国に送り，そこで収容，難民審査を行うという前例のない「パシフィック戦略（Pacific Strategy）」と呼ばれる措置の始まりである。以降，いったん廃止される2008年までに，1600人以上がナウルまたはパプア・ニューギニアのマヌス島の収容施設に送られた。

　この措置の対象は，当初，クリスマス島やアシュモア島などのオーストラリア本土から離れた島に漂着したボートピープルであったが，2005年7月には漂着地に本土の北部と周辺の島も加えられた。さらに，パシフィック戦略再開後の2013年5月には，漂着地がオーストラリア本土全域に拡大されるにいたって

いる（飯笹 2015）。

　なお，パシフィック戦略は一般には「パシフィック・ソリューション」と呼ばれることが多いが，solution の語がナチスの final solution を連想させるとの批判もあり，オーストラリア政府はこの語を使わなくなっている。本章でも同政府の文書にならい戦略（strategy）を用いることとする。

3-2　海域警備の強化と SIEV X の沈没

　タンパ号事件を受け，オーストラリア連邦議会は密航を阻止するために，「国境警備法（Border Protection（Validation and Enforcement Powers）Act 2001）」をはじめきびしい内容の関連諸法案を速やかに可決した（パシフィック戦略も遡及的に合法化された）。タンパ号事件の直後に勃発した9.11同時多発テロ事件の衝撃が，密航船とテロリストのイメージを結びつけ，その追い風となったことは確かであろう。加えて注目すべきは，国境管理におけるオーストラリア国防軍の役割がより重要視されるようになったことである。戦時でもなく，しかも無防備の庇護希望者の上陸を阻止するために，空軍機による監視に加えて海軍の軍艦が動員され，インドネシアからクリスマス島およびアシュモア環礁にかけて「レリックス作戦（Operation Relex）」と呼ばれる徹底的な海域警備が開始された。同作戦が実施された2001年9月からの4カ月間に，12隻の庇護希望者を乗せた船舶が「不審な不法侵入船（suspected illegally entry vessel: SIEV）」として発見され，オーストラリア領土への上陸を阻まれた。追い返しに応じなかった庇護希望者はナウルかマヌス島に移送された。

　この時期に，インドネシアの海岸を出航したまま，南太平洋の収容施設にも，そしてどこにもたどり着けなかった人たちもいた。外交官を辞してこの事件の真相を究明しているトニー・ケヴィンが後に「SIEV X」と名づけた船は，タンパ号事件直後の10月19日，インドネシアからオーストラリアに向けた航海の途中で沈没した。通りかかったインドネシアの漁船に救助され一命をとりとめたのは45人のみで，353人もの命が失われた。犠牲者には多くの女性や子どもが含まれ，その多くがオーストラリアに「一時保護ビザ」で滞在する夫や父に会うことを望んで乗船した人たちである。なかには，すでにインドネシ

アで難民認定された人もいたという（Kevin 2004）。

　この惨事に関してオーストラリア政府は，事前に情報を得ておらず，事故はインドネシア領海で起こったと主張している。しかし，「レリックス作戦」の厳重な監視体制下で当局がこの船を見逃したとは考えにくく，また，公海上で沈没した可能性が高いとの指摘もある（Kevin 2004; Brennan 2003）。

　翌年以降，オーストラリアを目指すボートピープルは減少し，2002年度から6年間の到来数は計300人程度にとどまった。ハワード政権はパシフィック戦略を中心とする強硬姿勢が功を奏したとしているが，この時期は世界的にも難民の減少傾向をみることができる。タリバン政権が崩壊したことも，その理由のひとつとして挙げられる。

3-3　パシフィック戦略の問題

　UNHCRが国際的に「不幸な先例」となることを懸念したパシフィック戦略は，庇護希望者を国外へ移送することの道義性はもとより，種々の問題をはらんでいる。ナウルはこの時点で難民条約を批准さえしておらず（2011年に加盟），他方，パプア・ニューギニアは批准していたものの，多くの条項を留保していた。強制収容が両国の憲法に抵触するという懸念もあった。そもそも収容自体がオーストラリア国内でも問題視されてきた。ボートピープルの増加に応じて1999年以降，ウーメラ（南オーストラリア州），クリスマス島，バクスター（ビクトリア州）に新設された収容施設では，収容者によるハンガーストライキや放火などの抗議行動が相次いだ。長期間の収容は心身の健康を損ないかねず，とりわけ子どもへの影響は計り知れない。国内でも深刻な事態であるのに，ましてや本土から遠く離れ，一般国民のアクセスさえもが制限されているナウルやマヌス島では，より劣悪な環境であっても秘匿が容易となる。

　また，大国オーストラリアが近隣の小国に，「小切手外交」によって収容・難民審査の「アウトレット」を押しつけたとの批判もある。庇護希望者の移送や収容施設の維持・管理費等はすべてオーストラリア側の負担であり，2001年9月から07年6月までにそれらに要した経費を同政府は2億8900万豪ドルと公表している（Evans 2008）。しかしこの額には，協力の見返りに両国に供与され

た高額の開発援助の上乗せ分は含まれていない。パシフィック戦略が開始されて数カ月後の2001年末時点で，当時のアフガニスタン復興支援予定額の7倍にものぼる金額が投じられたとの推定もある（Jupp 2002: 198）。

しかも，2001年から08年までにナウルとマヌス島に移送された1637人の庇護希望者の7割近くが「難民」もしくは別枠でニュージーランドその他の先進国に，うち半数以上の705人が結局はオーストラリアに受け入れられている（Expert Panel on Asylum Seekers 2012: 131）。他方，483人が出身国等に帰還したが，うち9割近くはアフガニスタン人であり，その多くはタリバン政権が崩壊していなければ「難民」に認定された可能性が高い。

4　パシフィック戦略の中断と再開

4-1　ボートピープルの急増：2008年 -

2007年12月にハワード政権から交代した労働党政権のラッド首相（在職：2007年12月 - 10年6月および2013年6 - 9月）は，翌年，かねてより非人道的であると批判してきたパシフィック戦略を「一時保護ビザ」とともに廃止した。これによりナウルやマヌス島の収容施設も閉鎖され（マヌス島のほうはすでに閉鎖状態にあった），以降，オーストラリアに到来した庇護希望者は主にクリスマス島の収容施設に送られることとなった。

ところが，折しもその直後からボートピープルが増加し始める。その背景には，タリバン勢力の復活によりアフガニスタン情勢が再び悪化したことに加えて，内戦終結後のスリランカから反政府側のタミール人が脱出し始めたことなどがあった。2008年度には23隻の船で約1000人が，翌年度には117隻の船でその5倍以上の庇護希望者がオーストラリアに到来した（図表11-2）。

4-2　タミール人難民をめぐる事件

ラッド政権は，パシフィック戦略を廃止しながらも，インドネシアの収容施設に資金援助を行い，同国の近海で拿捕したボートピープルをそこに送った。2009年，クリスマス島沖のインドネシアの捜索救助海域で78人のタミール人を

図表11-2　ボートピープルの到来数

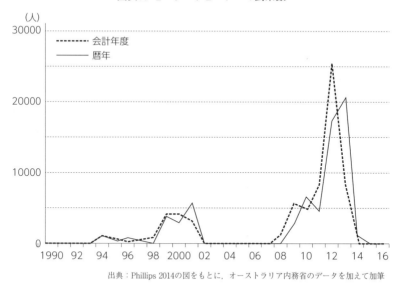

出典：Phillips 2014の図をもとに，オーストラリア内務省のデータを加えて加筆

乗せた密航船をオーストラリアの税関巡視船が拿捕し，かれらを船に収容して，ビンタン島にあるオーストラリア政府が資金援助する収容施設に向かった。ところが，スリランカへの強制送還を恐れたタミール人らが下船を拒否したため，海上で1カ月近く立ち往生するという，いわゆるオセアニア・バイキング号事件が起こる。ラッド首相は，かれらが正式に難民認定された場合は12週間以内に定住を約束するという条件で，下船の同意を取り付けた。その後全員が「難民」の認定を得たが，約束の履行については不明である。

　この事件の直前には，255人のタミール人を乗せた漁船がインドネシアの領海を航行中に，オーストラリア政府の要請を受けたインドネシア海軍によって阻止され，西ジャワへ曳航されるという出来事も起こっている。

4-3　パシフィック戦略の再開（2012年）とオーストラリアでの定住拒否

　一方，ラッドの後を引き継いだギラード首相（在職：2010年6月−13年6月）は，「バリ・プロセス」（The Bali Process on People Smuggling, Trafficking in Persons and Related Transnational Crime を正式名称とし，2002年にオーストラリア主導で発足）と

呼ばれる多国間協議の枠組みを活用して，東ティモールとマレーシアに庇護希望者を移送することを試みた（飯笹 2018）。しかし，前者については2011年4月，相手側の東ティモール政府に拒否された。後者については，オーストラリアから庇護希望者800人を送り，代わりにマレーシアで認定された4000人の「難民」を受け入れるという協定を締結したが，2011年9月，オーストラリア連邦最高裁により却下された。マレーシアは難民条約にも調印しておらず，庇護希望者の適切な保護ができないというのがその理由である。

　ボートピープルの数は増え続け，2011年度の到来数は8000人近くとなった（図表11-2）。2010年10月より未成年とその家族は収容施設の外で生活することが可能となり，翌年末からは多くの成人男性が仮放免されたが（⇨第9章参照），クリスマス島の収容施設は飽和状態となった。なにより深刻な事態は，ジャワ島とクリスマス島の間の海域を中心に密航船の海難事故が多発したことである。岩礁への衝突や沈没によってイランやイラク，アフガニスタン，パキスタン等の出身者が犠牲となった。2001年10月から12年6月までに行方不明者を含む航海途上の犠牲者は1000人に及び（Expert Panel on Asylum Seekers 2012: 75），その大半が2009年以降，すなわち労働党への政権交代後に集中しているとして，野党は政権をきびしく非難した。

　2012年6月，ギラード首相は事態の打開を図るために，前オーストラリア軍司令官のアンガス・ヒューストンを委員長とする専門家グループに諮問する。庇護希望者にかかわる諮問組織の委員長に，難民問題の専門家ではなく軍の要職経験者が選任されたことは，ボートピープルを人道支援ではなく安全保障の課題としてあつかう政府の姿勢を端的に示しているといえよう。2カ月後の8月，専門家グループは報告書を公表し，密航による犠牲者をこれ以上生まないためという理由で，パシフィック戦略の再開を提言し（Expert Panel on Asylum Seekers 2012），これを受け，ギラード政権は即座にその再開を決定した。同戦略の廃止から4年後のことである。

　それでも2012年度にはアフガニスタン，スリランカ，イラン等からの庇護希望者数が2万5000人を超え（図表11-2），さらに厳格な措置が講じられることになる。それまではナウルやマヌス島に送られても，そこで「難民」として認

定されればオーストラリアで定住する道が開かれていた。ところが2013年7月19日，その日以降に到来した庇護希望者は，たとえ「難民」として認められたとしてもパプア・ニューギニアに定住させることとし，決してオーストラリアには受け入れないという決定がなされたのである。この決定は5年前にパシフィック戦略を廃止したラッド首相自身から公表され，翌年には定住先にナウルも加えられた。

5 「ストップ・ザ・ボート（Stop the boats）」

5-1 「主権国家の境界作戦」：2013年 -

　2013年9月の連邦議会選挙で「ストップ・ザ・ボート（Stop the boats）」を公約のひとつに掲げて勝利した自由党・国民党連合のアボット政権（2013年9月 -15年9月）は，移民・シティズンシップ省（Department of Immigration and Citizenship）を移民・国境警備省（Department of Immigration and Border Protection）へ改組，改称して国境管理の重点化を図り，軍主導の国境警備作戦として「主権国家の境界作戦（Operation Sovereign Borders）」を開始した。

　同作戦の際立った特徴は，オーストラリアに向かう密航船を海上で拿捕してインドネシア側に追い返すことを徹底化した点にある。その実態は軍事機密同様に情報統制されており，ボートピープルの到来数が激減した裏で，何隻がどのように追い返されたのかの詳細は公表されていない（追い返しの際に密航船が航海不能の場合には，特注の救命ボートが使われていることが後に判明した）。

　移民・国境警備省の公式サイトには，「主権国家の境界作戦」を国内外に周知するためのビデオ映像が，英語に加えてアラビア語やタミール語，ペルシャ語，ロヒンギャ語など計17の言語で提供された。その映像では制服姿の軍人が登場し，密航者は子どもも大人も例外なく阻止して送り返すこと，またオーストラリアを決して居場所にすることはできないと語りかける。同作戦は，移民・国境警備省が2017年12月に内務省（Department of Home Affairs）に統合された後も継続されている。

5-2　国際人権規範からの逸脱

　アボット政権は密航船を追い返すだけでなく，2014年 6 月，スリランカから
逃れてきたタミール人を海上で阻止し，スリランカ海軍に引き渡すということ
も実行した。さらに12月には，庇護希望者を乗せた密航船の海上での強制的な
除去や追い返しは，ノン・ルフールマン原則（難民を迫害の危険のある国へ送還
してはならないという難民条約の規定）の義務を負わないとする内容を含む法改正
が行われた（Migration and Maritime Powers Legislation Amendment（Resolving the
Asylum Legacy Caseload））。これにより，難民条約等の国際法に違反する行為で
あっても，オーストラリアの裁判所がそれを無効とする権限が制限されること
となった。同国の難民に関する法を根本から変えるものであり，国際的な人権
規範からの逸脱として，国内外から批判されている。

　パシフィック戦略はアボット政権下でも続行され，マヌス島とナウルの収容
施設を拡充して，クリスマス島の施設から収容者を移送した。また，カンボジ
アへの援助を増額し，ナウルの収容者が「難民」認定後にカンボジアでの定住
を可能とする協定を締結したが，定住希望者はごくわずかにとどまっている。
アボット政権下で，ラッド政権が廃止した「一時保護ビザ」が復活したことも
付記しておきたい（⇨第 9 章参照）。

5-3　ナウルとマヌス島の庇護希望者・難民認定者

　「主権国家の境界作戦」の開始以降，ボートピープルの新たな到来は激減し
た一方，ナウルとマヌス島に送られた人々の状況は深刻化していった。2012年
8 月にパシフィック戦略が再開されて以降，両収容施設に送られたのは4000人
を超える。劣悪な環境での長期にわたる収容のストレスや絶望から心身に異常
をきたして自傷行為や自殺を図る収容者が増加し，暴動も起こった。2014年 2
月にはマヌス島の収容施設で現地の住民を巻き込んだ暴動が起こり，イラン人
の収容者が亡くなっている。翌年 4 月にはパプア・ニューギニアの最高裁判所
がマヌス島での収容を憲法違反としたため，2017年10月，収容施設が閉鎖さ
れ，島内での収容者の移動先をめぐって混乱が生じた。

　こうした状況に対する国内外のさまざまな動きにより，徐々に変化の兆しも

出てきている。そのひとつは，2016年11月，当時の米国のオバマ政権とターンブル政権（2015年9月-18年8月）の間で，ナウルとマヌス島にいる「難民」認定者を，1250人を上限にアメリカが受け入れるという協定が結ばれたことである（代わりに中央アメリカ出身の「難民」をオーストラリアが受け入れるとされるが，オーストラリア政府はこれを公式には認めていない）。また，ナウルでは2017年以降，100人以上の子どもたちが徐々にオーストラリア等へ移されるとともに，成人の収容者のほとんどが施設の外で生活するようになっている。

　さらに特筆すべきは，2019年2月，ナウルとマヌス島の庇護希望者および難民認定者が治療目的でオーストラリアに入国することを従来よりも容易とする野党の法案が，与党の反発の中で可決されたことである（通称，Medevac法）。

　オーストラリア内務省によると，2019年8月末時点でナウルに300人弱，マヌス島を含むパプア・ニューギニアに約360人が滞在し，また，先述のアメリカとの協定に基づきナウルとマヌス島から計600人以上が渡米したという（強制送還により，もしくは自発的に帰国した人も多く，その数は2019年2月初旬時点で約840人にのぼる）。他方，Medevac法により，10月までに130人以上が治療を受けるためにオーストラリアに入国した。

　高コストで悪名高いパシフィック戦略の今後の行方が注目される。

6　ボートピープルと国家主権

　以上のようなオーストラリア政府のボートピープルへの対応は，はるかに多くの密航船が到着する欧州諸国と比して行き過ぎである観が強い。また，国内の超過滞在者や他の非正規移民，さらには空港での庇護希望者（いわゆるエアーピープル）が，ナウルやマヌス島に送られたとはきかない。なぜ，海を渡ってくる庇護希望者のみが，このようなきびしい排除の対象となるのだろうか。

　かつて英国の植民地として形成されたオーストラリアには，欧州から隔絶され，北部に人口過密なアジア諸国をひかえた「島大陸」として，人口希薄で無防備な北部の海岸が侵略されることへの不安感が根強く存在し続けているとい

われる（Fitzpatrick 1997）。そうした不安感が，イスラム圏からのボートピープルの流入と9.11同時多発テロ事件によって高まっていったことは容易に想像される。しかし，それだけで一連のきびしい措置の理由や世論の支持を十分に説明することはできないだろう。問題とすべきは，そうした文脈に乗じて，いかにボートピープルが政治的に利用されたのかということである。

　実は1970年代後半にベトナムからのボートピープルが次々と漂着した際にも，連邦総選挙においてこの問題が政治化される可能性が十分にあったという。その流れを政治的意思によってきっぱりと退けたのが，当時のフレイザー政権（1975年11月–83年3月）であった（Neumann 2015: 279）。

　対照的に，イスラム嫌悪（Islamophobia）を恣意的に煽り，ボートピープル問題を連邦総選挙の舞台に初めて持ち込んだのがハワード政権である。「オーストラリアは主権国家であり，その領土に誰が入国し，滞在できるのかを決定する権利を有する」というスローガンを掲げ，危険なボートピープルの侵入から断固として国家主権を守り抜くという姿勢を強調することによって，2001年11月，ハワードは政権3期目の続投を勝ち取ったといわれる。それは「黒い勝利」（Marr and Wilkinson 2003）とも称されている。以降，ボートピープル問題は選挙のたびに，程度の差はあれ，政治家にとって利用価値のある争点のひとつであり続けている。

　難民問題の安全保障化（難民を人道的配慮の対象よりも安全保障への脅威とみなすこと）や国境の軍事化（国境地帯で非正規の越境者を監視，阻止するために軍隊を動員すること）は，オーストラリアだけの特徴ではない。テロへの不安に加えて，格差社会，経済的窮状に対する人々の不満の矛先を巧みに難民や移民の存在へと誘導する政治が各地で活発化し，排外主義が広がっている。そして，国民の生活を脅かす侵入者から国境を守るためという理由を掲げて軍隊を動員する政治的パフォーマンスが，国民を安堵させ，支持を得るための手段となっている。それは，「主権の力は軍事化された境界において最も明示的に表出される」（Weber and Pickering 2014 [2011]: 12）といわれるように，国家主権の確かな存在を効果的に示すことができるからである。

7　おわりに

　ボートピープルをスケープゴートにする政治が，多文化のオーストラリア社会に深刻な影響をもたらしていることを看過することはできない。イスラム圏出身のボートピープルに対する非人道的なあつかいは，国内のイスラム・コミュニティの住人に対する中傷や差別を助長しているといわれる。多様な民族や文化を擁する国家において，特定の人々を選別的に排除する国境管理は，はからずも国境内の内部にいる人々の間に緊張や分断を生んでしまうのである。

　同時に，ボートピープル問題は，オーストラリア一国の事情を超えて，グローバルな庇護体系の課題をも提起する。そもそも，なぜ安全と希望を求めて危険きわまりない密航を選択する人々がいるのか。この問いは，先進国の一員であり，難民条約の加盟国である日本の私たちにも突きつけられている。

【さらに学びたい人のための文献案内】
①飯笹佐代子，2007，『シティズンシップと多文化国家——オーストラリアから読み解く』日本経済評論社.
　第1章で2005年までのボートピープル政策の展開を考察。
② Amiri, Dawood, 2014, *Confessions of a People-Smuggler*, Scribe Publications.
　タリバンの迫害からインドネシアに逃れ，密航斡旋の罪で服役するハザラ人の獄中手記。
③飯笹佐代子，2016，「希望を求めて海を渡る——『ボートピープル』になった人びと」村井吉敬・内海愛子・飯笹佐代子編著『海境を越える人びと——真珠とナマコとアラフラ海』コモンズ.
　オーストラリアの政策に翻弄されるボートピープルの密航と移動の体験に光を当てた論考。
④飯笹佐代子，2018，「オーストラリアのボートピープル政策とバリ・プロセスの展開——難民保護をめぐる攻防」『国際政治』190号.
　多国間協議の場であるバリ・プロセスの動向とオーストラリアのボートピープル政策とのかかわりに注目。
⑤ジョーデンス，アン＝マリー（加藤めぐみ訳），2018，『希望 オーストラリアに来た難民と支援者の語り——多文化国家の難民受け入れと定住の歴史』明石書店.
　祖国の現状，収容，定住にいたるそれぞれの体験が，当事者によって語られる貴重な記録。

[飯笹 佐代子]

第12章

多文化社会オーストラリアの文学

Introduction

　文学は私たちが生きる世界の過去，現在そして未来を，時に如実に，時に暗示的に映し出す。オーストラリア文学の歴史を紐解けば，英国による植民地化から白豪主義を経て多文化社会へと変貌を遂げるオーストラリアという国の諸相が浮かび上がる。本章は，文学という言語芸術を通してオーストラリアの多文化社会を読み解くことを目的とする。一般的にオーストラリア文学の主流に位置づけられるのは，アングロ＝ケルティック系作家による作品であるが，本章が注目するのは，「多文化文学」「マイノリティ文学」「エスニック文学」に分類されてきた先住民や英語圏以外の移民や難民による文学である。1960年代以降，文字をもたなかった先住民や英語圏以外からの移民が英語を用いて創作を行い，オーストラリア文学に新たな潮流を作り出してきた。周縁化された先住民，移民，そして難民にとって書く行為は，社会的不公正に対して異議申し立てを行い，個人が帰属する民族集団やその文化に根ざした主体性を構築するための手段となってきたのである。本章は，先住民や移民，難民の文学の変遷をたどりながら，その文学的営為が国民国家統合のイデオロギーとしての多文化主義の現実をとらえ，相対化する視点を備えていることを明らかにする。さらに近年の動向にも目を向け，これらの文学がアイデンティティ・ポリティクスやナショナリズムに陥ることを回避しつつ，新自由主義的なグローバリゼーションにも収斂されない世 界 性 を志向する表現へと進化していることを論じる。

1　オーストラリア文学の３つの潮流とその変容

　多文化社会へといたる歴史に関連づけて論じるならば，オーストラリア文学は，大きく分けて３つのカテゴリーに分類することができる。ひとつは５万年以上前からオーストラリア大陸に居住し，独自の文化を育んできた先住民の文学，そして18世紀半ばから始まった英国の植民地政策を経て，オーストラリア

の建国にかかわったアングロ＝ケルティック系入植者とその末裔による文学，さらには第二次世界大戦後の移民政策や1970年代の多文化主義政策導入以降，オーストラリアへ移住したさまざまに異なる文化や背景をもつ移民や難民による文学である。しかし，オーストラリア文学は長きにわたりイギリス文学の一部とみなされ，1970年代になってひとつの範疇としてその独自性が学術的に認識されてからは，アングロ＝ケルティック系作家の作品が主流に位置づけられてきた。オーストラリアの自然環境や開拓生活のきびしさを描き「ブッシュ神話」の伝統を創出したヘンリー・ロースンやバンジョー・パタースンなどの植民地時代の作家をはじめ，オーストラリア文学を国際舞台へと引き上げたパトリック・ホワイト，クリスティナ・ステッド，ジュディス・ライト，トーマス・キニーリー，ピーター・ケアリー，リチャード・フラナガンなどの現代作家にいたるまで，アングロ＝ケルティック系作家の層は厚い。

　アングロ＝ケルティック系を中心に発展したオーストラリア文学は，独自のアイデンティティを模索しながらも宗主国の伝統から自由ではあり得ず，相反する意識に囚われてきたという点においては，植民地主義の歴史，さらには白豪主義といった「白人中心主義」を反映するものであった。こうした状況をとらえて，自らも移民経験をもつ文学者スネジャ・グニューとカテリナ・ロングレイは，「もし国民文学というものが，一定の期間をかけて，その国の居住者が積み上げ，表象した経験のあらゆる事柄を含有するものだとすれば，オーストラリアは未だにそれを有しているとはいえない」と述べ，一方でオーストラリア文学がイギリス文学の一部であることに甘んじてきた事実，他方で先住民と移民の作品が，国民文学の言説から排除されてきた問題を指摘した（Gunew and Longley 1992: XV）。

　しかし1980年代後半から，オーストラリア文学の風景に少しずつ変化がみられるようになる。その理由として，多文化主義政策の浸透により，国民の出自や文化的背景が多様化したことが認識され始めたことや，経済的発展を遂げたアジア諸国との関係の変容が文化的な側面にも及び始めたことが挙げられる。この時期，オーストラリアが「ヨーロッパではなく，アジア文化が存在感をもつ太平洋地域に属しているのだという地理的文脈への自意識」が芽生えると同

Key Word

多文化文学（Multicultural Writing）

　植民地時代からの移民である英国人やアイルランド人といったいわゆる主流派とは異なる出自と文化的背景をもつ作家による文学作品は，「多文化文学」「エスニック文学」「マイノリティ文学」「ディアスポラ文学」「非アングロ＝ケルティック系文学」などと呼ばれてきた。特に，1980年代後半以降「多文化文学」という言葉を用いたアンソロジーや研究書が多数出版され，オーストラリアの多様化した文学的遺産を前景化しようとする傾向が生まれた。「多文化文学」は社会的少数派の抵抗と主体性の構築に一役買った一方で，こうした範疇が作家の蛸壺化を促し，「エスニック・ゲットー」を作り出してきたという批判もある。また，「多文化文学」は主に移民文学をさし，先住民作家をこの範疇に入れないことも多い。さらには，こうした範疇の導入に伴い，エスニック・マイノリティだけが民族性や多文化を主張できるのかという問題点も指摘されてきた。したがって，「多文化文学」はオーストラリア文学の多様さを包括的にとらえた範疇とはなり得ていない。そうした限界を乗り越え，さらには国民国家統制のイデオロギーとして「多文化主義」とは区別することを意図した「ポスト多文化文学」なる呼び方も提唱されている。

　時に，「文化的ネットワークへの覚醒」を促す移民による文学への関心が高まっていった（Gunew and Longley 1992: XX）。また，1992年のマボ判決によって，アボリジニおよびトレス海峡諸島民に対して初めて先住権原が認められたことも社会的意識の変化を促した。先住民や移民作家の作品出版が盛んになると，英米文学やアングロ＝ケルティック系の作家による作品を含む従来の文学を読む方法とは異なり，「文化的差異」を通して読む**多文化文学**（Multicultural Writing）」という新たな文学的ジャンルが認知され，このジャンルの体系化と研究も推進された。このような学術的変化も追い風になって，文学は「マイノリティ」とされてきた人々が声を発し，自らのアイデンティティを模索すると同時に，社会的問題を提示する場になっていったのである。

2　先住民文学

　先住民文学は，太古の昔より世代から世代へと語り継がれてきた先住民の世界観であり，かれらの存在の根源を語る「ドリーミング」の物語を含めれば，

悠久の歴史をもつ。「ドリーミング」の物語を伝える口承伝承の伝統は，現在においても詩や演劇，小説や映画などの文学・芸術の担い手らによって引き継がれている。しかし，1788年以降の植民地化を境として大きく異なるのは，政府による同化政策の進行とともに，声の文化が文字文化へと移植され，英語を用いた創作が行われるようになったことであろう。1960年代以降盛んになった土地権・人権回復運動の中で，詩人のウジュルー・ヌナカル（英語名キャス・ウォーカー），劇作家のケヴィン・ギルバートやジャック・ディヴィスをはじめとする作家が誕生し，先住民の権利を訴えた英語による作品が書かれるようになった。

　オーストラリアが連邦国家となり，時代は「ポストコロニアル」へと移行しても，移住者による先住民への支配と抑圧を伴った「植民地主義」が終わりを告げたわけではなかった。多文化主義が導入されてからも，長きにわたり同化・統合の対象とされてきた先住民は，その政策を植民地主義の延長線上にあるものとしてとらえ，「ファースト・ネイション」としての立場を主張すると同時に，複数の民族からなる社会の一民族として定義されることに抵抗の意思を示してきた。同様の理由で，先住民文学は「多文化文学」というカテゴリーからも距離を置きつつ，「ファースト・ネイション」としての権利と独自性を強調する場となってきたといえる。

　このような政治性をはらむ「活動家文学」としての先住民文学において，大きなテーマとなってくるのが「先住民性（Aboriginality）」の問題である。先住民作家で批評家のアニタ・ヘイスが指摘するように，英国による侵略以前，オーストラリアには「アボリジニは存在しなかった」（Heiss 2007: 41）。存在したのは，部族や土地とのつながり，言語集団によって自らを認識していた人々であり，「アボリジニ」という呼称は，入植者が「先住の民」を意味するラテン語を用いて，「盗んだ」土地の人間を呼んだことに由来する。この侵略のとき以来，入植者による「先住民性」という概念とその定義は，先住民の抑圧と同化のために繰り返し用いられてきた。しかし，先住民の活動家たちは，支配者によって強要された「先住民性」の概念を再構築し，それを自らの主体性確立のために用いるようになった。こうした文脈において，先住民にとって文学

は，「自分たちのアイデンティティに対する権利を守る道具」となってきたのである（Heiss 2007: 41）。

　一方，先住民の自己決定による「先住民性」の定義も，さまざまな論争を呼んできた。一例を挙げるなら，1987年に出版されたサリー・モーガンの自伝的作品『マイ・プレイス』（*My Place*）がある。『マイ・プレイス』は，「インド人」といわれて育てられた作者が，自らのルーツをたどり，先住民の血が流れていることを知る過程に，それまで先住民であることを認めようとしなかった母や祖母が先住民としてのアイデンティティを回復してゆく物語が並置された，まさに「先住民性」探究の物語であるといえる。本作はベストセラーとなり，先住民文学を周縁から主流へと押し上げた記念碑的な作品とされる。しかし，モーガンの描く「先住民性」は異なる部族の枠を超えて共同体を志向していた従来のそれとは異なるとして，先住民側からの批判の声が上がった。先住民性をめぐる問題は，長い間先住民文学の中心的課題となってきたが，たとえば，スチュアート・ホールらによって提唱された，アイデンティティを固定的なものではなく，「言説」における「主体の位置」によって構築されるものととらえる見方が浸透し始めると（Hall and DuGay 1996），先住民文学の関心も，民族運動が目指した本質的なものから，さまざまに異なる多様な経験や先住民として生きることの複雑性を表現することへと移行していった。

　『マイ・プレイス』以降，1990年代の先住民文学においては，「ライフ・ライティング」もしくは「ライフ・ストーリー」と呼ばれる自伝的作品の出版が相次ぎ，先住民の子どもたちの強制隔離と同化政策による「盗まれた世代（Stolen Generations）」の経験を扱う作品が増えた。映画『裸足の1500マイル』（*Rabbit-Proof Fence*, 2002）の原作であるドリス・ピルキングトンの『兎よけフェンスを辿って』（*Follow the Rabbit-Proof-Fence*, 1995）はその代表作といえる。こうした自伝的作品は，コミュニティから引き離された人々が先住民性を構築する手段となると同時に，「盗まれた世代」の存在を知ることのなかった多くのオーストラリア人に，歴代政府の政策が先住民に及ぼした影響の深刻さについて目を向ける機会をもたらした。さらには，先住民と非先住民の和解をめぐる動きや，2008年のケヴィン・ラッド首相による謝罪へといたる言説の創出にも

寄与したと考えられる。

　2000年代に入って先住民文学は，キム・スコットやアレクシス・ライトといった作家の登場と活躍によって，ジャンルも自伝的作品から小説へと拡大し，新たな展開をみせている。規範化された「白人性」の虚構性と同化政策の問題を暴き出した『ベナン』(*Benang*, 1999)，さらには初期の入植者と先住民の異文化交流史に光をあてたフロンティア小説『ほら，死びとが，死びとが踊る』(*That Deadman Dance*, 2010) で，オーストラリア最高峰の文学賞とされるマイルズ・フランクリン賞を二度受賞したスコットは，先住民文学の枠を超え，現代オーストラリア文学を代表する作家である。西オーストラリア州のヌンガーをルーツにもつスコットは，作家として書く傍ら，ヌンガーの言語と物語を中心とした先住民文化復興のプロジェクトを率い，先住民の文化と主権回復を意識的に担う存在でもある。しかし，その作品には従来の先住民文学を特徴づけてきた政治性を重視した戦闘的な姿勢や，「先住民」対「非先住民」という安易な二項対立は現れない。小説家としての自らの役割を先住民と非先住民を含めた「すべての者を癒す回復のナラティヴ」(Scott 2011) を紡ぐことだとする本作家の言葉からは，先住民文学が新たな段階へと移行したことが感じ取れる。

　スコットとともに，現代先住民文学を牽引する存在が，クィーンズランド州の先住民ワニを祖先にもつ作家ライトである。ライトの代表作『カーペンタリア』(*Capentaria*, 2006) は，架空の町を舞台に，敵対する先住民や白人，多国籍企業による鉱山開発をめぐる抗争を描いた現代を生きる人間の物語であると同時に，小説の冒頭におかれた虹蛇による創世のドリーミングが象徴するように，オーストラリア大陸そのものの歴史でもある。本作は，入植時から白人移住者によって規定されてきたオーストラリアの風景を先住民的知と想像力で書き換えた作品として評価され，マイルズ・フランクリン賞を受賞した。2007年，ハワード政権が行った北部準州への介入に触発されて書かれたライトの3作目の小説『スワン・ブック』(*The Swan Book*, 2013) も，先住民文学の変化を感じさせる作品である。本作は，気候変動が深刻化した21世紀末のオーストラリアを舞台とし，資源をめぐって戦争が多発する世界各地から難民が押し寄

せるディストピアを描いた近未来小説である。政府の監視下におかれた先住民コミュニティを描くことを通して，反復する植民地主義や先住民の身体や生に入り込む権力を批判しつつ，ローカルな政治・社会的問題を，環境問題をはじめとするグローバルなテーマへとつなげて描くライトの作品は，これまでにない先住民文学の視野の広がりを印象づける。

　近年，来るべき時代を担う作家たちがほかにも続々と登場している。『血』（*Blood*, 2011）や『ゴースト・リヴァー』（*Ghost River*, 2015）で高い評価を受け，先住民で初めてパトリック・ホワイト賞を受賞した小説家トニー・バーチ，先住民性の問題を人種とジェンダーやセクシャリティを含むインターセクショナリティの視点を通して描き，『トゥー・マッチ・リップ』（*Too much Lip*, 2018）で，先住民作家では3人目となるマイルズ・フランクリン賞を受賞したマリッサ・ルーカシェンコ，「盗まれた世代」としての経験を謳った詩で国際的にも注目されている詩人アリー・コビー・エッカーマン，若手の注目株タラ・ジューン・ウィンチやイレーン・ヴァン・ニーアヴェンなど，新たな書き手の活躍がオーストラリアの文学地図を日々書き換えている。

3　移民文学

　アングロ＝ケルティック系以外の移民作家による作品，すなわち多文化文学の発展は，主に第二次世界大戦後の移民流入の歴史と切り離して考えることはできない。1901年，連邦国家となったオーストラリアで導入された白人優遇の人種主義的移民政策「白豪主義」は，第二次世界大戦後も維持され，1950年代から60年代にかけては，アングロ＝ケルティック系に加えて，ギリシャやイタリア，旧ユーゴスラビアなどから移民や難民が受け入れられながら，非白人は制限される状況が続いた。しかし，ベトナム戦争後の1970年代後半には大量のインドシナ難民が受け入れられ，1973年に「多文化主義政策」が導入されたのち，1975年に「人種差別禁止法」が制定されると，アジアからの移民が急増し，近年ではスーダンやルワンダなどのアフリカ，または中近東からの移民・難民も増加している。このように人口上の変化を反映しつつ，時代を追うごと

に多様な出自をもつ作家が誕生し，現在も多文化文学の裾野は広がり続けているといえる。

　先住民文学において「先住民性」を書くことが重要となってきたように，多文化文学においては文化的アイデンティティまたは移民・難民としての経験の「差異」を書くことが主眼となってきた。多文化主義が導入されてから半世紀が過ぎようとしているが，オーストラリアが国家として産声をあげたときから現在にいたるまで，その社会の中心的価値は常にアングロ＝ケルティック系文化におかれてきた。1990年代，「アジア排斥」を訴えて白豪主義的な社会を復活させようとしたポーリン・ハンソンの発言やハワード政権以来の移民や難民に対する不寛容な政策にみられるように，特定の人種・民族集団を排除抑圧しようとする動きもいく度となく表層化している。異なる民族がそれぞれの伝統文化や言語，宗教を維持しながら「対等な立場」で共存を目指す多文化主義の原理が，常にアングロ＝ケルティック系「白人」によって脅かされてきた中で，周縁化された移民や難民にとって書く行為は，社会的不公正に対して異議申し立てを行い，個人が帰属する民族集団やその文化に根ざした主体性を形成するための意識覚醒の重要な手段となってきたのである。

　多文化文学の興隆は1980年代以降とされるが，移民作家の作品を集めたアンソロジーは1960年代から出版されている。現在のウクライナに生まれ，1914年にオーストラリアに移住したユダヤ系ロシア人作家ユダ・ワテンの短編集『外国人の息子』(Alien Son, 1952) は，移民文学ひいては多文化文学の古典とされる。この作品は移民の息子として育ったワテンの自伝的な要素を含み，オーストラリアにおけるユダヤ系移民の家族が経験した移住先での差別，新天地への幻滅，さらには夢や希望が描かれている。ワテンの作品だけではなく，多文化文学に分類される作品には自伝的作品が多く，移民としての経験の直接的な語りが特徴になっている。1963年に移民による作品のアンソロジーを編纂したルイーズ・ローラバッカは，戦後の大量移民によって人種のるつぼと化したオーストラリアで，生活習慣や伝統，言語や宗教の異なる地で新たな環境に生きる移民たちの抱える「不安」や「適応に伴う痛み」，「失望」と「望郷」「拠り所のなさ」といったさまざまな問題は，移民が書く文学作品に最もよく表されて

おり，それはオーストラリアの移民をめぐる社会問題を把握する上で「より真
実味をもった記録」であると述べている（Rorabacher ed. 1963: 13-14）。

　ディヴィッド・マルーフも，早くから活躍する多文化文学の旗手の 1 人であ
る。マルーフの父方の祖父母はレバノンからの移住者，母方の家族は英国経由
でオーストラリアに移住したポルトガル系ユダヤ人であり，彼はいわゆる多文
化主義導入以前の移民の 2 世もしくは 3 世にあたる。マルーフには，自伝的作
品集『エドモンドストン通り』（*12 Edomondstone St,* 1985）をはじめ，自らのエ
スニック・バックグラウンドを反映させた作品も少なくない。たとえば，短編
「キョーグル線」（'Kyogle Line'）には，英語をほとんど話さないレバノン系移民
の両親に育てられ，アラビア語と英語を等分に話して育った父が，息子の前で
はアラビア語を発したことはなく，理解できる素振りさえみせなかったことが
回想的に描かれている。こうした作品からは，移住先の社会に溶け込もうとす
る移民の経験する言語をめぐる意識的・無意識的な葛藤がみてとれると同時
に，異なる文化的世界の境界に生きる人間を間近で見て育ったマルーフの作家
としての創作の原点が浮かび上がる。さらに，マルーフの代表作のひとつとさ
れる『異境』（*Remembering Babylon,* 1993）は，19世紀半ばのクィーンズランド
開拓地に生きる英国系移民と先住民に育てられた白人の男の邂逅を描き，異質
な文化の相克と融合という多文化社会の核心的テーマを文学的想像力において
とらえた秀作である。多文化文学は概して移民国家におけるさまざまな民族集
団の「社会的な資料」としての価値が重んじられる一方で，作品の質や文学的
な完成度という点において劣るという批判が度々なされてきた（Dessaix
1991）。しかし，繊細な言語感覚や流麗な文体で定評があり，そのエスニシ
ティよりも作品そのものの芸術性において国内外で高い評価を受けているマ
ルーフは，そうした多文化文学への単純化された見解への再考を促す作家とい
える。

　アジア系オーストラリア人作家の代表格に挙げられるブライアン・カストロ
は，文化的・民族的「差異」を強調する多文化文学に新たな視点を加えた作家
として特筆に価する。ポルトガル／スペイン／英国／中国系の両親をもち，11
歳まで香港で過ごしたのちオーストラリアに移住したカストロは，自らの多様

な人種・民族的背景に加え，そうした出自を反映させるかのようにディアスポラとしてのアイデンティティを描いてきた。19世紀のゴールドラッシュ期の中国系移民と現代に生きるその子孫の物語を交錯させ，世紀を跨ぐ中国系移民の歴史をとらえた『渡り鳥』(*Birds of Passage*, 1983) は，自らを「難民」「離国者」と称する混血の語り手の帰属意識をめぐる葛藤を前景化してゆく。このデビュー作以来，カストロは常に「伝統」「人種」「民族」「文化的アイデンティティ」といった概念が暗示する「純粋性」や「真正性」という固定化され本質化された帰属意識を脱構築する作品を描き続けている。「ナショナル・アイデンティティなんてものは，ひどく単純化された概念だ。厳密に定義されない文化という概念と人種的分類を混同している」(Castro 1999: 44) と述べるカストロは，まず国民国家を前提とするナショナリズムに支えられたアイデンティティを回避し，さらには多文化文学が陥りがちな民族的・文化的アイデンティティに基づく本質主義からも距離を置きながら，新たな多文化文学のあり方を模索した作家である。

　1980年代から90年代にかけて，マルーフやカストロのほかにも，イタリア系のロサ・カピエロ，ギリシャ系のアンティゴネ・ケファラ，スリランカ出身のヤズミン・グーネラトニ，インドネシア出身のドゥイ・アングレイニなど多彩な作家の活躍によって多文化文学は百花繚乱の時を迎える。しかし，多文化文学の興隆に揺さぶりをかけるような事件も起きている。この時期，非先住民系作家が先住民を，または英国系移民が別のルーツをもつ移民を装って作品を出版するという文学スキャンダルが相次いだ。特に，1995年の「デミデンコ事件」として知られるアイデンティティの詐称事件は，国中のメディアを騒がせ，多文化主義ひいては多文化文学をめぐる諸問題を浮き彫りにした。スターリン時代の大粛清や第二次世界大戦を経験したウクライナ移民の体験を描いた『署名した手』(*The Hand That Signed the Paper*, 1994) は，20世紀のトラウマの歴史の「真正な語り」として評価され，名だたる文学賞を総なめにしたが，のちにこの作品の作者ヘレン・デミデンコは，実はウクライナ移民ではなく，英国系移民の出身であったことが明らかになった。この事件は，「フィクション」と「歴史的事実」もしくは「作家」と「作品」の関係について複雑な問いを投

げかけた。さらには，「他者」について語る上での作家の倫理観は無論のこと，「誰が誰のために語る権利を有するのか」という問題や，主流社会が多文化文学に期待する「エキゾティシズム」や「真正性」が，マイノリティに対する新たな搾取を生むのではないかという問題への意識が喚起されることとなったのである（Gunew 1996）。

　1990年代半ば，相次ぐ詐称事件が引き金になって，多文化文学批判が高まる中で，文壇に新星のごとく現れたのが，ギリシャ系作家クリストス・チョルカスである。チョルカスの代表作『スラップ』（*The Slap*, 2008）は，作家が生まれ育ったメルボルン郊外，作家自身の言葉を借りるなら，「いくつもの異なる言語が聞こえてくる，植民地時代の英国やケルト文化への忠誠心も執着心もない世代が住む」多文化を象徴する場としての郊外を舞台に，多様な民族的背景をもつ登場人物が繰り広げる複雑な感情のドラマを描き出した作品である（Tsiolkas 2014）。利己的な個人主義に陥った社会や人々を前景化する本作は，オーストラリアの多文化主義が移民労働者の権利と福祉政策を重視する「多文化〈共〉生」から，新自由主義の浸透とともにグローバル資本主義に迎合する経済主義的な「多文化〈競〉生」へと変容した時代を克明に映し出す作品だといえる（関根 2009。⇨第8章を参照）。処女作の『ローディド』（*Loaded*, 1995）以来，チョルカスは同性愛のテーマを繰り返し描いてきたが，本作もゲイの少年が重要な語りの視点となっており，多文化の問題を人種・民族から性の多様性の問題にまで押し広げて描くのも本作家の特徴だといえるだろう。

　21世紀に入ってからは，アジア系作家の活躍がひときわ目を引く。『ペリィアル』（*Peril*）や『マスカラ』（*Mascara*）といったアジア系文学の専門誌も刊行され，先に言及した既存の枠にとらわれないカストロのアイデンティティの表象のあり方は，新たな時代を担う作家によって引き継がれているといえる。多文化主義によって擁護されてきた人種・民族のカテゴリーが固定化されてしまう危険性が指摘され，「ポスト・エスニシティ」（Hollinger 1995）なる概念も登場しているが，次世代の作家らは，コミュニティへの責務と芸術表現の自由という緊張関係の中で創作を行いながらも，人種や民族だけでなく，ジェンダーやセクシャリティといった概念や言語が創り出すさまざまな境界に挑戦す

るナラティヴを紡いでいる（Ommundsen 2012）。天安門事件後に中国からオーストラリアに移住し，反人種差別をうたう風刺の効いた詩や小説によって最も影響力をもつ中国系ディアスポラ作家の1人とされるウーヤン・ユは，英語と中国語の両方で創作を行い，両言語の間で文学表現の可能性を模索する作家である。『変身』（*Look Who's Morphing*, 2008）で注目を集める新進気鋭の中国系作家トム・チョウは，「自伝」として読まれる傾向が強い移民文学の伝統に抗し，自民族の文化ではなく，グローバルに流通するポピュラー・カルチャーに自己を接続することで，多文化文学の新境地を拓いた。『クェスチョン・オブ・トラベル』（*Questions of Travel,* 2012）や『来るべき人生』（*The Life to Come,* 2018）でマイルズ・フランクリン賞を受賞したスリランカ出身のミッシェル・ド・クラッツアーや，フィリピン出身の作家であり，ダンサー，ビジアル・アーティストとして多彩な活動を繰り広げるマーリンダ・ホビスらの豊かな想像力に彩られた作品は，生まれ故郷の文化はもちろん，オーストラリア的なものを描きながらも，常に世界の他地域や異文化へと開かれながら，トランス・ナショナルなテキストを形成している。

　このように多文化文学はトランス・ナショナルな語りへと変化している一方で，9.11の同時多発テロ以降「反イスラム」の動きが広がるなか，戦略的に本質主義を用いる作家も登場している。アラブ系イスラム教徒に対してメディア報道が付与する「テロリスト」「性的犯罪者」「麻薬のディーラー」など，極めてステレオタイプ化されたイメージを乗り越えるために書かれたマイケル・モハメッド・アマッドの『部族』（*The Tribe,* 2014）とその続編ともいえる『レブズ』（*The Lebs,* 2018）は，レバノンの内戦の前夜，オーストラリアへと逃れた作家自身の家族や親族の経験を反映させた自伝的小説である。同じくレバノン系である人類学者のガッサン・ハージが『部族』に対して，アラブ系移民の「文化的世界に読者を誘う極めて重要な小説」として賛辞を贈ったように，アマッドの作品には，切り離された伝統文化とのつながりを維持しつつ，シドニーで暮らすアラブ系イスラム教徒の生活が抒情豊かに描かれる（Hage 2015）。文学表象を通して特定の集団に付された負のイメージを刷新しようとするアマッドは，自身のホームであり，先住民，移民，難民の人口がオースト

ラリアで最も多い地域のひとつであるウェスタン・シドニーで，「スウエット・ショップ（Sweatshop）」と呼ばれる文学運動と創作のワークショップを率いるリーダでもある。このワークショップは，先住民や移民，難民に出自をもつ若者を対象に，互いの文化や経験を共有し合い，創作と作品の出版や上演を通して「批判的思考」や「自己表現」を学ぶことを目的として立ち上げられた。周縁化され抑圧された集団をエンパワメントしようとするこの試みは，「ポスト・エスニシティ」や「ポスト・アイデンティティ」といった脱本質化を図る現代の流れに逆行するかにみえる一方で，多様な出自をもつマイノリティが協働する中で繰り広げられている文学運動であるという点に新奇さがある。次世代の表現者たちが，異なる人種・民族の連帯を通して，どのような声を発していくのか，そしてその声が社会をどのように変えてゆくのか，「スウエット・ショップ」の試みは大変興味深い事例であるといえる。

4　難民文学

　難民による語りの多くは，主に社会学や歴史学などの分野で「オーラル（ライフ）・ヒストリー」として記録されてきた。その一例は，アン＝マリー・ジョーデンスによる『希望　オーストラリアに来た難民と支援者の語り』（*Hope: Refugees and their Supporters in Australia since 1947*, 2012）などにみることができる。文学の分野では，英語を第一言語として自由に操ることができる1.5および2世の作家らが，家族の歴史や記憶を作品として出版する傾向が生まれている。たとえば，ベトナム戦争で故郷を追われ，一家でオーストラリアへ渡った作家でコメディアンのアン・ドウが，両親から聞いた難民船上での危機的体験と奇跡的な救出劇を著した『最高に幸せな難民』（*The Happiest Refugee*, 2010）や，1980年代初頭バングラデシュ独立戦争を逃れた家族の経験と移民先での成功の軌跡を描いたタンヴィーア・アハメドの『エキゾテックなリソール』（*The Exotic Rissole*, 2011），メルボルン有数のアジア系移民の街フッツクレイでの暮らしを作家自身に加えて母と祖母三世代にわたる回想録として綴ったアリス・プンの『原石』（*Unpolished Gem*, 2006），さらにはカンボジア内

戦下クメール・ルージュによる虐殺を生き延びた父の語りとその記憶に向き合う自身の語りを交差させた同作家による『父の娘』（*Her Father's Daughter*, 2011）を含め多数の自伝的作品が出版されている。

　ベトナム系難民の1.5世であるナム・リーによる短編集『ボート』（*The Boat*, 2008）は，難民を連想させる表題であるが，自伝的作品とは一線を画す趣向と洗練された文学的技法でプッシュカート賞やディラン・トマス賞に輝き，国際的に高い評価を得た作品である。本作は，世界中を舞台に国籍，年齢，ジェンダー，エスニシティがすべて異なる語り手によって紡ぎ出された7つの物語からなる。アイオワ大学で創作を学ぶベトナム系オーストラリア人の作家，コロンビアの犯罪組織に身を投じた少年，離婚した妻とロシアに移住した娘に会いたくても会えないニューヨーク在住の画家，オーストラリアの港町に住む不治の病に冒された母をもつ少年，原爆投下直前の広島で親元を離れて田舎に疎開している少女，イラン民主化運動の活動家となった友人に会いにテヘランにやってきたアメリカ人女性，すし詰め状態の難民船に乗ってベトナムを脱出する少女と，語りの視点は実に多様だ。作家の出自を思わせる要素は最初と最後に収められた2編のみであり，マイノリティ作家を呪縛し続けるアイデンティティの問題を相対化する手段として，実体験と見紛うほどに精緻に構築された虚構世界を描くことで，フィクション（小説）の醍醐味を見事に示してみせた作品であるといえる。「エスニシティが商品化され流通する」（佐藤 2013: 125）ことを批判的に考察するリーなればこそ，本作に登場する（リーを彷彿とさせる）作家がベトナム戦争を体験した父の記憶を書こうとするも，その試みが失敗に帰するというエピソードは興味深い。このことは，民族もしくは家族のトラウマの記憶が「消費」されることを，さらには難民の語りがオーストラリアの過去の移民受入政策を寿ぐ国家統合の物語へと包摂されてゆくことを拒むかのようでもある。

　リーの『ボート』がもつ世界性，さらには注意深く複雑な難民の語りに連なるのは，オーストラリア生まれのアフロ・カリビアン作家マキシン・ベネバ・クラークによる『異国の地で』（*Foreign Soil*, 2014）である。オーストラリア国内の多数の文学賞を受賞した本作には，『ボート』同様に世界各地を舞台

とし，多様な語り手による11編の作品が収められている。本作は，難民による
サクセス・ストーリーではなく，かき消され聞き届けられない声に耳を澄まし，
ともすれば忘れ去られてしまう社会の片隅に佇む人々の声を拾い上げた短編集
である。特に，スリランカの内戦を逃れオーストラリアにボートで漂着した少
年兵アサンカと，難民支援に携わるシドニーの若き弁護士ロレッタの物語を交
錯させ，実在のヴィラウッド収容施設を舞台に描いた「カタルワの竹馬に乗っ
た漁師」('The Stilt Fishermen of Kathaluwa') は，近年，社会問題となってい
る，いわゆる「ボートピープル」と呼ばれる非正規入国者に対するオーストラ
リア政府の強制収容措置と非人道的あつかいにいち早く目を向けた作品として
注目に値する。小説の終盤には，面談に訪れたロレッタから盗んだヘアピンと
デンタルフロスを使って自らの唇を縫い合わせるアサンカの自傷行為が描かれ
る。それは，収容施設で自由を奪われ，たった1人の親友を亡くしたアサンカ
の，自らの訴えが聞き届けられない怒りと悲しみに満ちた抵抗の手段であるか
のように映る。戦後最大の難民危機に直面する世界において，難民はただ
「数」として認識され，ひとりひとりの人間が背負う個別の生と物語は遺棄さ
れる。そうした人間の尊厳を奪う暴力に抗するように，クラークの文学的想像
力は奪われた声に物語を与えようとする。

　密航船による難民を抑止する目的で，オーストラリア政府はナウル共和国や
パプア・ニューギニアのマヌス島などに収容施設を設け，庇護希望者を収容す
る措置を取ってきたが，この収容施設からも文学作品が生まれている。イラン
からの亡命者でクルド人の作家，ジャーナリストでもあるベフルーズ・ブー
チャーニによる『山だけが友——マヌス収容所から』(*No Friend But the Mountains: Writing from Manus Prison*, 2018) は，携帯のメッセージアプリを使ってペ
ルシャ語で執筆され，支援者であるオミイド・トフィギアンによって英語に訳
されたのちに出版された。無期限の拘置を言い渡され精神を病むような施設で
の生活や，感染病が蔓延し病人や死者が続出する劣悪な衛生状況を告発する
ジャーナリズム性に加えて，詩やクルドの神話，哲学的思索を織り交ぜた重層
性をもつ本作は，2019年のビクトリア州首相文学賞に輝いた。多くの人権活動
家や研究者，アーティストらがブーチャーニへの支援を行うとともに，先に挙

げたクラークやユダヤ系難民の両親の下ニュージランドに生まれオーストラリアで創作を行うアーノルド・ザブルなどの作家らも彼に連帯の意を表明し続けている。さらにブーチャーニへの連帯は，フラナガンのような主流作家からも示されている。本作に寄せた前書きでフラナガンは政府の政策を批判し，「オーストラリアは彼の肉体を拘束したが，彼の魂は自由な人間のそれである」（Boochani 2018: ix）と述べ，過酷な環境におかれたブーチャーニが言葉のもつ力を信じ続けたことに賛辞を贈った。本作をオーストラリアの負の歴史の貴重な証言と評し，ブーチャーニを「偉大なオーストラリアの作家」と呼んだフラナガンの言葉からは，主流派自らが従来の文学の伝統を打ち破ろうとする姿勢すらうかがえる。小説自体が直接的に現実を変える力をもたない以上，かつてサルトルが問うた「文学は何ができるか」という問いは回帰し続けるのかもしれない。しかし，ブーチャーニの受賞は，作家自身の言葉通り，難民を「人間とみなさない制度に対する勝利」であり，「非人道的な制度や構造に対抗する力」としての文学の言葉の可能性を示すものでもある（Boochani 2019）。何よりも，先住民の抑圧から現代の難民政策にいたる植民地主義的支配の性質と構造を鋭くあぶりだす本書は，文学のみならず社会学や政治学，人文地理学など多くの領域において取り上げられ，社会の制度や構造そのものを問い直す動きを呼び起こしつつあることは特筆に価するだろう。

5　おわりに

　先住民，移民，難民の文学は，この半世紀の間に大きな変化を遂げながら，アングロ＝ケルティック系の作品が主流であったオーストラリア文学に確かな存在感を示しつつある。個別の作家の活躍に加えて，近年の傾向として注目すべきは，本論でふれたプン，ヘイス，クラークといった作家が編者となって，アジア系，先住民系，さらにはアフリカ系オーストラリア人の経験をまとめたアンソロジー（*Growing Up Asia in Australia*, 2008; *Growing Up Aboriginal in Australia*, 2018; *Growing Up African in Australia*, 2019）が相次いで出版されていることである。過去の先住民，移民のイメージを乗り越える自己表象を打ち出すア

ンソロジーは，教育の場でも教科書として用いられており，言葉の力，物語の力を通して，多文化社会に参入し，次世代を育むことを意識した試みであるといえる。

　多文化文学へ組み込まれることを拒んできた先住民文学も，国家政策としての多文化主義と連動しつつ発展してきた多文化文学も，ともにその政策がはらむ問題点を提示する視点を提供しつつ，オーストラリア文学に重層性や多義性を与えてきた。ハージは，オーストラリアの多文化主義政策が「白人優位の概念をより精巧にしたファンタジー」（Hage 1998: 23）にすぎず，文化の多様性も白人の考える許容範囲内でのみ認められることを指摘したが，こうした国民国家統合のイデオロギーとしての多文化主義の現実をとらえ，相対化する視点を備えているのは，ほかならぬこれらの文学であるといえるだろう。

　本章で概観したように，本質主義的な文化や集団的なアイデンティティの表象が，先住民，移民，難民といったさまざまな被抑圧集団におけるアイデンティティ・ポリティクスの拠り所となってきた一方で，そうした表象が民族中心主義やナショナリズムと共犯関係に陥ったり，集団内部の多様性への新たな抑圧や排除のシステムとなり得ることに敏感な表現者も多数誕生している。こうした作家らは，多様な文化を表象しながらもアイデンティティ・ポリティクスに固執することなく，またオーストラリアというひとつの国民国家に包摂されることをも志向しない。先住民文学や多文化文学は，国家や新自由主義に収斂されない 世 界 性 を内包する「ポスト多文化文学」へと移行しながら，オーストラリアの多文化社会が抱えるさまざまな矛盾や問題点を乗り越えるための新たな価値観を創造しようとしている。

【さらに学びたい人のための文献案内】
①有満保江，2003，『オーストラリアのアイデンティティ——文学にみるその模索と変容』東京大学出版会.
　植民地時代から多文化主義政策が展開した現代にいたるオーストラリア文学における「アイデンティティ」の模索と変容を論じた専門書。
②加藤めぐみ，2009，「多文化社会オーストラリアの現代文学」『オーストラリア研究——多文化社会日本への提言』オセアニア出版.

アジア系作家，先住民作家，アングロ＝ケルティック系作家の小説の考察を通して，オーストラリアの現代文学の諸相に迫る論文。

③ダリアン＝スミス，ケイト・有満保江編，2008，『ダイヤモンド・ドッグ――《多文化を映す》現代オーストラリア短編小説集』現代企画室．

文化的な背景やルーツが多様な作家による多文化を主題とした16編の短編が収められた小説集。

④オーストラリア現代文学傑作選シリーズ，現代企画室．

オーストラリアの同時代の作家の長編作品を，10年をかけて１年１作のペースで出版し，オーストラリア社会を多面的に紹介する文学シリーズ。

⑤ Gunew, Sneja, 2017, *Post-Multicultural Writers as Neo-Cosmopolitan Mediators*, Anthem Press.

「ポスト多文化文学」をキーワードに，オーストラリアとカナダの先住民・移民文学の新たな展開を包括的に論じた多文化文学の第一人者による専門書。

［一谷　智子］

第13章

住宅価格の高騰にみる
オーストラリアの経済環境と移民政策

Introduction

　オーストラリアの住宅は，近年にいたるまで異常なまでの高騰をみせてきた。本章では，なぜこのような事態が生じたのか，国内外の要因を探究する。本章はオーストラリアの多文化社会における経済環境と移民政策について，住宅を題材に解説を行う。

　まず，国内要因として，急速な人口増加に加えて，投資家に有利な政策状況が存在している。また，国外要因として，大規模な移民受け入れと海外からの投資の拡大が考えられる。現在は，移民の受け入れ（主に高度技能労働力・技能移民）を通じて，人口増による市場拡大，労働力人口の維持と高齢化社会化の抑止が意図され，ひいては国内総生産の成長が期待されている。オーストラリアにおける現在の移民受け入れの規模は史上かつてない水準になっている。この政策的傾向がもたらした帰結のひとつとして，広範にわたる住宅の建設にもかかわらず，住宅価格が上昇を続ける事態が発生した。住宅高騰が移民受け入れの加速化と並行していることから，移民受け入れや海外からの投資と住宅高騰との関連を指摘する議論もなされてきた。海外からの投資を背景にした社会の変容は，オーストラリアの歴史上，新しいことではない。海外からの投資は産業構造を変え，都市景観を大きく書き換えてきた。本章では，以上の論点について，最大都市シドニーを事例として考察する。

1　問題の所在

　どうしてこんなに滞在費が高くつくのだろうか。オーストラリアに到着して，このように感じる人は少なくないであろう。ホテルの宿泊料金，シェアハウスやホームステイの家賃，さらには，コンビニやスーパーで販売される品々，どれをとっても日本よりも割高である。かつて，少なくとも1990年代の半ばまではオーストラリアは日本人にとって物価の安い国であった。日用品，

ガソリン価格など，すべてにおいて日本よりもお手頃な感覚があった。しかし，2019年現在，単にコンビニや各店舗に並んでいる商品に限らず，物価高はあらゆる分野に及んでいる。なぜこのようなことになったのか。

　本章は住宅を取り上げ，この問いに取り組む。住宅価格は2000年ごろから上昇傾向を続けてきた。住宅を含めた物価高の背景には，最低賃金の上昇，主要産業の動向，為替相場の変動など，多様な要因が複雑に絡み合っている。最低賃金は一貫して上昇をしており，2018年の最低賃金は時給で18.93豪ドル（約1500円）である。しかし，住宅価格の高騰のペースは，賃金や物価の上昇率を上回ってきた。特に2010年以降，主要都市部を中心に，住宅価格や賃貸住宅の賃料は大幅な上昇を続けてきた。

　本章では，第1に，住宅価格高騰の要因として，投資家に有利な税制と低金利政策の存在を指摘する。住宅は通常の商品とは様相を異にする。住宅はすべての人に必要であり，政策的な保護の対象となってきた。しかし，住宅は投機対象として，投資家の利益最大化の手段としての役割を強めている。第2に，住宅の価格高騰の中で，投資家ではない一般の住民がおかれた状況を考察する。現地住民の間で，住宅に関して高い経済的負担が生じており，その中で海外からの不動産投資や移民の急速な受け入れへの反発感情も生まれている。確かに，オーストラリアでは，歴史的に，国外からの投資や人の移動が現地社会に大きな影響を与えてきた。本章では，この住宅価格の高騰と，移民の受け入れや国内外からの不動産分野への投資状況との関連について，その妥当性を論じる。本章ではこの論点について，国内最大の都市であるシドニーを事例とし，オーストラリアの経済環境と移民政策の一側面を解明する。

2　住宅の価格高騰と社会経済的要因

2-1　急速な人口増加

　オーストラリアでは都市部を中心に急速な人口増加が続いている。現在，人口2500万人弱の国に，毎年15 - 20万人の移民を受け入れている。受け入れ移民の主な構成要素は技能移民（skilled migrants）である。現在の移民受け入れは

増加率やその人数・規模において，第二次世界大戦後の1947年から始まった大量移民計画を超えている（Hugo 2014: 377）。

　1990年代半ばから移民の受け入れは，永住移民（permanent settlement）から期限付き技能移民（temporary skilled migration）へと変化してきた。とりわけ，オーストラリア社会側は広義の技能労働者の人手不足を解消すべく，地方部を含めて全国的に人材が行き渡るような多様なビザカテゴリーを設置し，技能移民の受け入れを行ってきている（⇨第9章を参照）。

　大規模な移民受け入れの背景には，①市場拡大による経済成長の維持，②労働力人口の維持と高齢化社会化の抑止，③人材の質と量の向上による国際的競争力の強化，さらに，④これらを通じた国内総生産の成長が意図されている。特に，オーストラリアの労働力人口は2011年から減少に転じるとの分析結果が公表されている（Salt 2011: 7, 17）。移民の受け入れによって，労働力人口を含めた総人口を拡充させることはオーストラリアの市場規模を拡大し，有効需要を発生させ，国内総生産の成長にも貢献する。同時に，その移民をオーストラリア社会が必要とする多様な分野において，的確に貢献できる「有能な人々」で構成すれば，国際的な競争力を高めることができる。

　この政策的動向を代表的に示す施策は下記の2点である。第1に，1996年から2018年まで運用されていた技能移民の査証区分であるサブクラス457ビザが挙げられる。このビザは2018年に廃止されるまでの間，技能移民を国内外から獲得する主要な手段のひとつとして用いられた。このビザで4年間勤務をして，雇用主からの支援（sponsorship）が得られれば，そのまま永住権の申請が可能であった。457ビザは，現在は「労働力一時補填ビザ（サブクラス482ビザ）」に引き継がれており，最長4年有効の「中期区分」では，同様に永住権の申請が可能となっている。

　第2に，地方部の経済発展の促進と労働力不足の解消，高齢化社会化の抑止策として，地方部への移民促進制度である「州特定・地方移住促進制度（State Specific and Regional Migration Scheme: SSRM）」が挙げられる（1997年施行）。SSRMで到来する移民は，最初は地方部において，現地社会と労働慣行に適応して，それから永住権を得る流れになっている。SSRMは，主要都市部から地

理的に隔絶した，経済活動に相対的に不利な地域において，移民を緩和された
条件で雇用・スポンサーすることを可能にしてきた。SSRM の下では，ビザ発
給時のポイント審査制度での必要基準（語学用件など）を一部満たさなくても
就労が可能になる。近年では SSRM が技能移民受け入れ全体の 3 分の 1 を占
めており，移民の初期の定着パターンは大きく変化してきている（Hugo 2008;
Hugo 2014: 381）。

　こうした SSRM で地方部における経済活動に従事する労働者も，ビザを更
新できる。その際，別の雇用主をシドニーやメルボルンに見つけて，主要都市
部に移動することも可能である。確かに，コミュニティ活動を通じて，地域と
の社会的な関係性を高めることが移民の地方への定着を促進するという考察も
ある（Wulff and Dharmalingam 2008: 152, 158-159）。しかし，実際に地方部に残る
労働者は少ない。当初は都市部に集中しないかたちで外国人労働力を受け入れ
るが，結果として，移民は主要都市部に集中しやすい状況が生起している。

　国内外から移民が到来する制度的背景に支えられて，主要都市部では急速に
人口が増加し，多くの居住用物件が建設されている。特に2015年10月から2016
年10月までの間に，シドニーでは新しい住居が 3 万1000件以上も建造されてい
る。この同時期に，マンションを含む住宅の価格は15.5％も上昇した。2016年
には，前年2015年比で人口は 8 万人以上増加した。シドニーの人口は今後40年
で300万人増加するとされている。現在のシドニーにおける各世帯の人数は2.6
人である。各家庭を2.6人で構成すると仮定するならば，115万世帯を収容でき
る住居が必要になる。これは今後40年間で毎年 2 万9000件ずつ物件を建設する
必要がある計算となる。この需要に支えられて，過去 5 年間，シドニーで記録
的な数の物件が建設中であるにもかかわらず，住宅価格は大幅に上昇してし
まっている（Morris 2018: 65）。

　移民の受け入れと住宅高騰の関係については，これまでのメディア報道等で
も多くの議論がなされている。近年では学術的成果も一定の蓄積がみられる。
この中で，人口増加のほかに，住宅高騰をもたらした原因として，下記の 2 点
が挙げられる。第 1 に，ネガティブギアリング（negative gearing）といった，
投資家に有利な制度の存在である。第 2 に，低金利政策の影響である。以下で

はこれらの要因について検討を行う。その上で，急速な移民の受け入れに伴う
人口増と住宅高騰の関係性を考察する。

2-2　不動産部門での税制優遇措置

　住宅への投資を促進する要因として，不動産部門での税控除制度が挙げられ
る。第1に，ネガティブギアリングは下記のような制度である。ある物件を有
する所有者に賃貸契約で空室が発生したとする。その場合，所有者には損失が
発生する。空室等から生じる損失分を，他の収入源（給与所得など）から差し
引き，所有者の収入源にかかる税金分を控除する。この制度により，仮に不動
産物件が空室であっても，損失の幅を埋め合わせることができる。

　第2に，満室の場合においても税率が軽減される。賃貸の住宅が満室となる
場合は，所有者にとっての収益が増大する。この得られた収益のうち，50％分
のみが課税対象となる。投資家が物件を売却した利益についても，最大50％が
免税となる。この制度は，空室が生まれても損失は少なく，満室であれば，よ
り利益を上げられる仕組みを物件の所有者にもたらす。

2-3　低金利政策

　このほかに，投資を促進する要因として低金利政策がある。2016年9月か
ら，金利は1.5％という歴代記録的な低水準となっている（1990年の金利は約
17％）。シドニーの位置するニューサウスウェールズ州の住宅向け融資で，投
資家の占める割合は大きく増加しており，2001年に35％だったのが，2014年に
は60％になっている。確かに，2015年に融資条件の厳格化を試みる動きは存在
した。しかし，不動産市場で住宅価格が上昇を続ける中で，投資家に対する融
資の額は2015年度と2016年度の比較で21.4％も増加している（Morris 2018: 65）。

　上記のネガティブギアリングのような投資家にとって好ましい税制環境と，
低利率の融資に支えられて，現地の投資家はより活発に不動産投資を行うよう
になった。この背景には，継続的な人口増加（留学生の増加を含む）に支えられ
た不動産市場が，安全性の高い投資先であるという認識も関係している。ネガ
ティブギアリングや不動産からのキャピタルゲインに対する税割引は住宅市場

の過熱の要因のひとつとなっている。この不動産投機は投資家ではない現地の一般住民に負の影響をもたらすことになった。

3　投資家ではない一般住民のおかれた状況

　不動産好況の中で，投資家ではない現地の一般住民は以下のような状況におかれている。第1に，一般住民が主要都市近郊に住宅を購入できなくなっている。シドニーの平均住宅価格は2008年には56.1万豪ドル，2014年で87.4万豪ドル，2018年初頭で105.8万豪ドルと，過去10年間で2倍になった。先述のように，この上昇率はインフレ率や賃金上昇率を上回っている。これだけ価格が高騰すれば，一般の住民が住宅市場に参入することは困難になる。

　低金利政策は，購入する住民の側にも融資を受けやすい状況をつくり，住宅を入手しやすくしたのかもしれない。しかし，低金利政策は，一般の住民が多額の負債を抱える事態をも生んだ。シドニーの平均価格帯にある住宅を購入した場合のローン返済にあたって，平均的な世帯収入の56％を要するという試算もある（*The West Australian* 2019/1/23）。シドニーでの住宅所有率は，2011年には65.2％であったが，2016年には62.3％に減少している。シドニー全体の住宅の中で賃貸の割合は2006年に24.5％，2011年に25.1％，2016年に28.1％へと上昇している（Stone et al. 2017）。

　郊外に一軒家を所有して，働きながら住宅ローンを返済していくというオーストラリアで一般的だったライフコース（オーストラリアンドリーム）や生活様式（オーストラリア的な生活）は手の届かないものになっている。特に公務員が賃貸ではなく，住宅を所有しようとする場合は50‐100キロメートル近くも通勤しなければならない事例も紹介されていて，警察官や消防士，教員といった社会の運営に欠かせない人材が都心部の職場の近くに居住できない状態が生まれている（Newsmonth 2018: 5）。

　第2に，住宅所有が困難であり，賃貸住宅を選択せざるを得ない人々についても，常に住宅に関する過度な負担・ストレス（housing stress）が生じている。2018年4月のシドニーの平均賃料は525豪ドル／週である。これに対し

Key Word

オーストラリアンドリームとオーストラリア的な生活

「オーストラリアンドリーム（The Great Australian Dream）」とは，ある人が親元から独立して，定職を得て，結婚して，一軒家を所有して，子育てをして，子どもが独立して家を出て，その子どもが孫を連れてきて，子どもたちを空き部屋に泊めるというオーストラリアの「普通の人々」の間に共有されていたとする一種の理想の生活様式・ライフコースのことである。語源はアメリカンドリームからきているとされるが，「ガレージからの成功物語」のような立身出世という要素は含まれていない。

そのオーストラリア人の夢としての住宅にはガスレンジ（Kooka Stove）を備えたキッチンと，庭がついている。その庭には，物干し（Hills Hoist）があり，週末にはビクタ社製の芝刈り機（Victa Lawn Mower）を用いながら，ガーデニングをする。家庭にあるこれらのものはオーストラリアのシンボルともされている。こうした「普通の人々」が営んできた日常生活とそのあり方を支える価値観は，総称して「オーストラリア的な生活（the Australian Way of Life）」と呼ばれる。リチャード・ホワイトによると，この「オーストラリア的な生活」が具体的に何であるのか，一義的に定義することは困難であり，時代に応じてその内容は変化していくという。「オーストラリア的な生活」という表現は，特に反移民運動などの保守的な政治言説に用いられることが多く，「私たちの生活を守ろう」というかたちで登場する。この概念は，移民の到来に伴う社会の変容や文化的多様性の増大に対して，変化を拒絶するイデオロギーとして機能しているともいえる。

て，最低賃金で働く労働者の収入は599豪ドル／週となる。2人とも最低賃金で働くカップルの場合には，全体の4％の物件しか手に入らない（Morris 2018: 64; Mares 2018: 151）。

第3に，現在では政府が公営住宅（social housing）の運営を縮小している傾向がある。この状況では，高騰した住宅市場に一般の住民が参入せざるを得なくなる。低所得者層（所得層の下位40％）のうちで賃借をしている人は，とりわけ住宅環境の変化に対して大きな影響を受ける。家主は賃料を引き上げることもできる。さらに，家主が90日前に予告をすれば，借り主を退去させることも可能である（Morris 2018: 64-65; Mares 2018: 155）。低所得者層は退去のリスク・不安と常に隣り合わせにある。

ホームレスの数は増大傾向にある。ニューサウスウェールズ州のホームレスの数は2011年に2万8191人で，2016年に3万7715人へと37％も増加している。

ホームレスの原因として，過大な家賃負担，適した住居を得られないなどの「住宅環境」を挙げる当事者が50％にのぼっている（その次は家庭内暴力・DVで31％。HA 2018; 2017）。日本と同様に，仕事を得て独立して生計を立てるためには住所が必要である。手に届く住宅が極端に少なく，住所が得られない状況では，ホームレスの人々に対して，自立に向けた支援を行うことも困難になる。

　一般住民の住宅難が放置されているのは，不動産投資によって住宅の供給がなされ，労働力の増加に対応でき，市場の力で需給バランスが安定すると連邦政府が想定しているからである。また，住宅供給の増加自体が，国内総生産の全体的な成長につながるためでもある。しかし，政府がかつてない規模で技能移民の受け入れを実施していることと同時期に，海外（主に中国）からの不動産関連投資が急増していることから，移民受け入れと投資の増大が住宅難（housing crisis）を生み出しているとする言説が現地メディアを中心に数多くみられてきた。ここで住宅難の原因として挙げられているのが中国からの投資である。

4　海外からの投資の増大と反発感情の生起

4-1　中国からの不動産投資の急増

　まず強調しておくべきは，オーストラリアの住宅価格は2000年代から一貫して上昇してきたことである。この段階から「不動産バブル」という表現が使用されてきた。この「不動産バブル」の言説の中で，中国の投資について語られ始めたのは2010年からであり，不動産市場の加熱との関連が明示的に結びつけられて論じられてきたのは2012年からである（Rogers et al. 2017）。移民受け入れを毎年15万人から20万人のペースで続ける限り，住宅への需要は継続的に創出される。このことからも，不動産市況はバブルといえるほどでもなく，実需に支えられてもいるのである。この点が日本の不動産バブル（特に1980年代のリゾートマンションや昨今のタワーマンションの建設ブーム）と異なる。

　増加を続ける移民の中で，アジア太平洋地域出身者の占める割合は拡大を続けている。永住移民の出身国については，英国が歴史的に首位であった。しか

し，オーストラリア史上初めて，中国が2010年度に英国を追い越した。2011年度にはインドが最多となった（Phillips and Spinks 2012: 17）。

　各国からオーストラリアへの不動産投資の金額は急速な成長をみせてきた。特に，中国からの不動産投資の金額は2013年以降，これまでに類をみないほどの金額になっている。海外投資審査委員会（Foreign Investment Review Board: FIRB）が認可した中国からの不動産分野の投資額は，2012年度では42億豪ドル，2013年度では59億豪ドルである。さらに，中国の投資家が住宅と商業物件に対して，2014年度に124億豪ドル，2015年度に243億豪ドルを投じている（Morris 2018: 66）。2016年度には，中国からの不動産投資全体は319億豪ドルとされている（Australian Government 2017: 37）。中国に続くのは米国であるが，82億豪ドルと大きく差をつけられている。2016年に，全国での新しい住宅の30％が中国の投資家に売却されている。そして，この割合は都心部のマンション・アパートでより高くなっている（Morris 2018: 66）。

　確かに，中国政府の資本流出抑制策と，オーストラリア政府の外資に対する不動産投資への規制強化によって，不動産投資は2017年度で大きく下落し，126億豪ドルとなった（日本経済新聞 2019年2月19日）。この減少傾向は現在も続いている。それでもなお，2017年前半においてニューサウスウェールズ州では海外からの買い手が新しい不動産物件の買収の26％を占めている。その外資による買収のうち，中国からの投資が買収の87％を占めている（Morris 2018: 66）。

　オーストラリアの海外直接投資の規定では，投資内容は新築物件の開発と購入に限定されている。つまり，オーストラリア国民でない投資家は中古物件を購入できない。これは国民が住宅購入において不利にならないための措置である。この規制の存在は新築物件の建設ブームに逆説的につながっている。新築物件を開発させることにより，現地住民の住宅供給を改善することが期待されている（Mares 2018: 48; Morris 2018: 66）。

　しかし，投機的な不動産投資の加熱の中で，粗悪な物件が乱立する事態になっている。それぞれの物件の広さが50m^2（日本でいう2LDK）程度のマンションが多く建設されている。これはオーストラリアの基準では小規模であり，家族で住むには80m^{2}はないと不適切であるとされる。このような物件では部屋

の換気が充分になされず，エアコンを常に稼働させていないといけない，さらに，防音対策が不十分で，近隣住民とのトラブルが発生しやすいといった問題が生じている（Mares 2018: 55-62）。

　このような物件を留学生が購入したりするケースはみられるものの，投機目的で所有されていて，実質的に居住実体が伴わない物件も多数存在している。特に世界の富裕層は各地に複数の不動産物件を所有する傾向がある。シドニーなど，人口の増加が続く大都市に空き物件を有することは，資産を保全しておく手段となる。空室にしておけば，新築物件の状態を維持でき，外資への転売も可能になる（Mares 2018: 44-48）。しかし，こうした傾向が実需とかけ離れた住宅需要を生んでいるとして，投資家の有する空き物件に課税をする試みも開始されている（日本経済新聞 2019年2月19日）。

4-2　投資データの限界

　確かに，移民受け入れは大きく拡大しており，それと同時期に不動産市場での国内外からの投資も活性化し，住宅価格の高騰も発生している。ただし，これらの因果関係については明確なデータによる裏付けが存在しない。不動産投資分野における外資に関するデータは限定されている。確かに，海外からの投資が不動産市場を加熱させている可能性があるにしても，その影響や規模を明確に示すような証拠は存在しない（HRSCE 2014: iv-v）。また，海外からの投資は不動産価格の上昇において，大きな影響を及ぼしてはいないとする指摘もある（Wokker and Swieringa 2016: 25; Rogers et al. 2017: 440など）。その一方で，メディア報道では海外からの不動産投資が住宅の価格を上昇させているという議論が多数なされている。

　不動産購入者の中では，海外からの投資家の占める割合は少ない。先述のように，国外からの投資家は新築物件のみ取得できる。2015年では新築物件の購入者の中で海外の投資家の占める割合は，全国のマンション物件で17.9%，一軒家で14.6%（ニューサウスウェールズ州では15.0%と13.3%）となっている。既存の新築あつかいの物件では，全国のマンション物件で11.2%，一軒家で9.0%（同州では12.3%と11.2%）となっている（NAB 2016: 5）。

　どこからどこまでを海外からの投資とするのか，実質的な線引きは困難である。確かに，上述の数値からは，シドニーの不動産市場に影響を与えているのは国内の関係者であることがわかる。しかし，国外出身者も，オーストラリア国籍を取得すれば，国内の投資家と同じあつかいになる。また，上述のように，不動産投資の促進は，国内の税制，人口増加など多様な要因が重なってもいる。なぜシドニー住民が住宅高騰の責任の所在を海外の投資家に求めるのかはさらなる研究が必要な状況にある。

4-3　不動産投資に対する現地住民の反発心

　国外からの投資に対する住民の反発は各種調査から明らかになる。ダラス・ロジャースらが900人近くのシドニー市民に行った質問紙調査では，海外からの投資がシドニーの不動産価格を上昇させていて，現地住民の住宅環境に困難を生じさせているという反発が表明されている。まず，不動産価格を上昇させている3つの要因を選択する質問では，3分の2近く（64.4％）が海外の投資家をその要因として挙げた。これは低金利政策と関連する利子率（37.4％），都市計画の不備・失敗（35.8％）を指摘する意見よりもはるかに多い。その次に続くのは，現地住民による需要（31.8％），国内の投資家による資金投下（31.6％）となっている（Rogers et al. 2017）。

　このことは連邦政府による海外からの投資受け入れの推進と，住民感情の間に大きな乖離があることを示している。ロジャースらの調査によると，半分以上（55.9％）の回答者が海外の投資家に住宅の購入を認めるべきではないと考えている。5分の1以下（18％）が海外の投資家が住宅を取得してもよいとしている。そして，4人中3人以上（77.9％）が，海外からの投資がシドニーの住宅価格を上昇させていると表明している。海外からの投資と住宅の価格に関係はないと考えた住民は1割前後であった。さらに，連邦政府の投資に関する政策について，海外からの投資をシドニーにおいてさらに推進すべきである，という考えに半数以上（63.4％）の回答者が反対している。賛成は1割強（12.3％）にとどまっている。2割弱（16.7％）の調査参加者だけが，政府が海外からの投資に適切な制限を加えているとしている（Rogers et al. 2017: 446-

447）。また，マクリンドルの調査ではシドニー住民の81％が海外からの投資が
住宅価格を上昇させる要因であると指摘している（McCrindle 2015: 6）。

　しかし，不動産市場の高騰の背景に，外資による大規模な投資が存在してき
たことは新しい現象ではない。1980年代後半では，ケアンズやゴールドコース
トにおいて，日本企業が中心となって街全体の景観や産業構造をつくり替える
ほどの大規模な投資・開発が行われてきた（小野塚 2011; Hajdu 2005）。そして，
1980年代にいたるまでのシドニーの都市開発において，英国資本は大きな影響
力を有していた。シドニーの郊外開発は外資（英国資本）の投資・開発による
都心部の地価高騰によって推進され，都市圏が拡大してきた（Daly 1982）。現
在も同様に都心部の地価高騰が都市圏を拡大させている。国外からの勢力や海
外の事件・イベントによってオーストラリアの都市化の過程が影響されるの
は，国内各地において歴史的にみられる現象である。

　中国からの不動産投資の額は2018年に３割も減少し，同時に，シドニーの不
動産価格も前年比で１割近く下落している（日本経済新聞 2019年２月19日）。し
かし，特にシドニーでは不動産価格はすでに経験したことのない水準にまで上
昇してしまっており，価格が前年比で下落しても，住宅は一般住民に手の届き
やすい価格になってはいない。この事態に対する政府レベルでの具体的な指針
や行動はこれまでのところ示されていない。

5　結　　論

　本章では，住宅価格の高騰を題材にオーストラリアの経済環境と移民政策の
一側面について論じてきた。技能移民の受け入れは国内総生産を増大させ，労
働力の質と量を高め，国際的競争力を向上させる意図がある。オーストラリア
社会は457ビザの発給や SSRM 制度などを通じて，労働力人口の確保と社会の
高齢化の抑止，さらには，地方部の人手不足の解消を推進してきた。オースト
ラリア社会では，技能移民を中心とした移民受け入れを毎年15万人から20万人
の規模で，積極的に推進してきている。

　住宅高騰には複数の国内外の要因を指摘できる。国内の政策要因として，ネ

ガティブギアリングや低金利政策といった投資家への優遇策が挙げられる。投機ブームの中で小規模かつ類似したレイアウトをもつ質の低いマンション物件が増え，投機機会のために空室のままにされている事態も発生している。この中で現地住民は住宅の所有だけでなく，賃料の支払いにも困難が生じている。住宅難の中でホームレスの数も増大している。

　移民の受け入れと海外からの投資に住宅高騰の原因のすべてを求めることはできない。海外からの不動産投資に関するデータは乏しく，投資と移民受け入れに関して，明確な因果関係を指摘できない状況にある。また，国内と海外の投資の線引きも困難である。しかし，複数の調査の知見によると，移民受け入れと海外（特に中国）からの投資が住宅高騰を招いていると，現地住民の間に認識されている。

　海外からの不動産投資が都市のあり方を大きく変容させる事例はこれまでもオーストラリア各地でみられてきた。近年，中国からの資本流出の抑制策などから，投資も下火になりつつある。これと同時期に，不動産価格の下落が指摘され始めている。このことは，海外からの投資が問題の根源とする議論の妥当性を示しているのかもしれない。住宅価格は下落傾向にあるものの，すでに価格は大きく上昇した後である。現地住民にとっての住宅難は現在も続いている。

【さらに学びたい人のための文献案内】

① Carter, David, 2005, *Dispossession, Dreams and Diversity: Issues in Australian Studies,* Pearson Education Australia.
　オーストラリア社会の文化・歴史・社会制度を多面的に解説。
② Hajdu, Joe, 2005, *Samurai in the Surf: The Arrival of the Japanese on the Gold Coast in the 1980s,* Pandanus Books.
　1980年代，日本のバブル経済がゴールドコーストの街をいかに変容させたかについて，インタビュー調査から解明する快著。
③ Mares, Peter, 2018, *No Place Like Home: Repairing Australia's Housing Crisis,* Text Publishing.
　住民目線で住宅難を解説。住宅に関するオーストラリアの人々の認識・イメージの理解を深めることができる。

④ Mares, Peter, 2016, *Not Quite Australian: How Temporary Migration is Changing the Nation,* Text Publishing.

　　永住ビザから期限付きビザによる入国が一般的となる中で，入国管理制度のすき間に落ちてしまった人々を取材している。移民制度とその問題点を析出する労作。

⑤ White, Richard, 1981, *Inventing Australia: Images and Identity, 1688-1980,* Allen & Unwin.

　　オーストラリアのナショナリズム論・国家アイデンティティ論の名著・古典。出版から40年近く経過した現在も輝きを失わない必読文献。

［小野塚 和人］

第Ⅲ部

多文化社会オーストラリアと日本

第14章

日本人移住の歴史(1)
——白豪主義期まで

Introduction

　最も初期にオーストラリアを訪れた日本人はいわゆる「芸人」たちで，元号が明治へと改元される直前の1867年末に渡豪した２つの日本人一座が記録上残っている。1870年代後半から，日本人が北部豪州に真珠貝採取のため船員として現れ始め，1883年，英国人ミラーが，37名の日本人を北部クィーンズランドの木曜島に呼び寄せ，これが最初の組織的移民の嚆矢となった。1880年代，オーストラリアは中国人移民規制をめぐって議論が繰り返されたが，日本人は北部豪州で少数のものが働いていたこともあり，移民規制の対象として取り上げられることはほとんどなかった。

　1892年には50人の日本人契約労働者がクィーンズランドの砂糖黍プランテーションに初めて導入され，翌年にはさらに530名近い日本人が到来，年を追って増加していった。さらに1890年代を通して真珠貝採取産業に従事する日本人労働者が増加し，北部豪州には多い年で3000人近い日本人が暮らしていたこともあり，このころから，日本人移民規制が徐々に議論されるようになり，1901年のオーストラリア連邦結成後の移民制限法により，日本人を含む，有色人の渡豪が制限されるようになっていく。

　一方，真珠貝採取産業では年季契約労働者として日本人が雇われ続け，太平洋戦争勃発まで，オーストラリアへの入国が許された日本人の多くは同産業に従事する船員およびダイバーであった。太平洋戦争開戦時，オーストラリアで日本人として登録されていた者はほぼ例外なく収容され，終戦後の1946年２月以降，数百名の日本人が強制送還された結果，1949年にオーストラリアで登録されていた日本人は50名ほどだけになり，戦前の日本人コミュニティは消滅，白豪主義が終焉したこんにちでもオーストラリアに帰化する日本人の数が少ない遠因のひとつとなっている。

1　帰化第一号の日本人

　オーストラリアで最初に帰化した日本人は桜川力之助で，1873年に曲芸師として渡豪してきた。ただし，当時オーストラリアはまだ英国の植民地であった

ため独自の国籍や市民権はなく，「英国臣民」としての帰化であった。この状況は1901年のオーストラリア連邦結成後も変わらず，太平洋戦争後，同連邦議会が「1948年国籍及び市民権法」を定めるまで，法的にはオーストラリア国籍は存在しなかった。

　1880年代から1890年代にかけて，桜川は移動サーカス団を運営し，クィーンズランド植民地内で巡回公演をしていた。彼は「力之助」の英語名「Dicinoski」を自身の姓として名乗るようになり，彼の子孫はこれを名字としていままでもクィーンズランド州で暮らしており，現代の多文化社会オーストラリアを表象しているともいえる。しかし，19世紀末から太平洋戦争終結にいたるまでの間にオーストラリアに渡った日本人の多くは，白豪主義政策を掲げていたオーストラリアで差別や排斥の主な対象であった。

2　幕末から明治期の日本人芸人とオーストラリア

　この桜川のように，記録に残る最も初期にオーストラリアを訪れた日本人はいわゆる「芸人」たちであった。江戸幕府が倒され，元号が明治へと改元される直前の1867年末，渡豪した2つの日本人グループが記録上初めて現れる。その両方ともが芸人一座であった。一番初めに到着したのは，同年11月14日にスリランカのゲールからメルボルンに渡ってきた一行で，タンナケル・ブヒクロサン率いる，「ロイヤル大君一座」（Royal Tycoon Troupe of Japanese）の6名であった。当時30歳前後だった座長のブヒクロサンはオランダ人医師と日本人女性の間に長崎で生まれたと「自称」していたが，近年の研究では生粋のオランダ人であったことが判明している。この一座は開演冒頭，ブヒクロサンが日本の生活や歴史文化などを英語で説明した上で，彼自身も「蝶」の手品を披露したほか，それ以外のメンバーは曲独楽・綱渡り・軽業等を演じている。同年11月18日のメルボルンでの初演を皮切りに，ジロング，シドニー，ニューカッスルで上演し，1868年4月から6月はニュージーランドに渡った。その後，再びオーストラリアに戻り，アデレードでの公演後は，メルボルン，バララット等，ビクトリア植民地内で1868年10月まで巡演を続けている。

　同年12月16日，今度は「グレート・ドラゴン一座」（Lenton and Smith's Great
Dragon Troupe of Japanese）の一行が同じくメルボルンに上陸している。興行主
はトーマス・レントンという英国人で，彼は東アジアをジョン・スミスと一緒
にサーカス団の興業中，日本の芸人一座をオーストラリアで興行させるという
アイデアを思いつき，レントンが単独で上海経由で横浜に入った。ハリー・ス
ミス・パークス駐日英国公使の仲介もあり，徳川幕府と交渉を開始，当時，江
戸で人気のあった芸人一座を横浜まで呼び寄せ，芸を披露させ，その中から12
名のメンバーを選びだした。かれらがようやく横浜を出港したのは1867年3月
18日で，まず上海経由で香港へ行き，そこでの公演を皮切りに，マニラ，バタ
ビヤ（現ジャカルタ），シンガポールなど東南アジア各地を回り，その後，ペナ
ンやカルカッタまで足を伸ばし，同年12月末，メルボルンに到着した。同年12
月26日から翌年の1868年1月22日までメルボルンで公演を行った後，バララッ
トやジロング，ベンディゴウなど，ビクトリア植民地内を回り，その後，
ニューサウスウェールズ植民地のシドニー，タスマニア島のホバートやローン
セストンを巡演，再び，オーストラリア本土に戻り，ビクトリア植民地や南
オーストラリア植民地内を回った。1868年10月，一座はニュージーランドへ渡
り，その翌年の5月1日，無事，横浜に戻ってきたことが確認されている。
　この「ロイヤル大君一座」や「グレート・ドラゴン一座」の興行成功を受
け，日本人芸人は，時には日本人だけの一座で，またある時にはオーストラリ
アや外国のサーカス団の一員として，オーストラリア各地を巡業していくこと
になる。たとえば，1871年2月には「薩摩一座」（Satsuma Troupe of Imperial
Japanese）がメルボルンで活動を始めたが，ビクトリア植民地総督とその家族
も観覧に来るほど評判がよかった。ビクトリア植民地滞在中，かれらはヤラ・
ベンドにあった精神障害者施設を慰問するなど，慈善活動も行っている。その
後，クィーンズランド植民地に移動し，ブリスベンやイプスイッチ，ダービー
で公演を行っているが，ブリスベン公演には，クィーンズランド植民地総督代
理とその妻も訪れている。また，1873年に来豪した一蝶斎一座（Echowski's
Troupe）のメンバーに上述の桜川力之助が含まれていた。
　1870年代から80年代にかけて，日本人芸人たちはオーストラリア各地でその

技を披露し続けたが，特に1886年から87年にかけてシドニー・メルボルン・ホバート・ブリスベン等で開催された「日本人村」（Japanese Village）は大盛況で，メルボルンでは25週の間に延べにして31万7000人が会場を訪れたといわれている。

　このように，1890年代に入り真珠貝採取ダイバーや砂糖黍プランテーションの労働者というイメージに取って代わられるまで，日本人といえば「芸人」や「サーカス」というイメージが，多くのオーストラリアの人々の心の中に定着することになった。

3　出稼ぎ労働者としての日本人渡豪

　1868年，日本から民間の第1号移民団（約150名）がハワイ王国（当時）に渡ったのをきっかけに，明治以降の日本人移民が始まる。1885年に日本とハワイの間での取り決めに基づく「官約移民」が始まり，1894年まで年平均で3000人ほどの日本人がハワイへ渡り，3年契約の労働者として砂糖黍プランテーションで働いたが，それまで大規模集団での海外移民はなかった。

　このハワイへの移民が，日本国内で「海外移民」の考えを広める契機となる一方，不景気など国内の移民送出の圧力が強まったこともあり，1892年に日本で最初の移民会社である「吉佐移民会社」が設立された。それ以降，民間の移民会社が多く設立され始める。1894年に日本政府が移民事業から撤退したことから，これ以降は民間の移民会社による契約移民労働者の送出時代となった。しかし，ヨーロッパと比較した場合，日本の移民送出規模は小さく，1891年から1900年の間，年平均で2万5000人の日本人が海外へ出たが，同時期のイギリスでは17万4000人，イタリアは15万8000人だったことと比べても，決して規模の大きなものではなかった。この10年の間に，オーストラリア渡航のために5820通のパスポートが発行され，最も多かった1893年で1242通，次は1898年の1128通であった。

　1870年代後半から，日本人が北部豪州に真珠貝採取のためのラガー船の船員として現れ始めたといわれているが，その正確な時期や人数は不明である。あ

る日本人の真珠貝ダイバーは，クィーンズランド植民地の北端部，トレス海峡諸島にある木曜島で1874年と書かれた日本人の墓石を見たと証言している。

　オーストラリアの真珠貝採取産業に従事した最初の日本人として記録が残っているのは，島根県広瀬町出身の野波小次郎である。1874年ごろ，彼は英国商船水夫として横浜から出国し，1878年シドニーで下船，木曜島に渡り真珠貝採取船でダイバーに空気を送るポンプ係となった。やがてダイバーとして頭角を現し，ジャパニーズ・ノナとして知られるようになる。1882年には和歌山県出身の中村奇琉が木曜島に来島しダイバーとなり，ノナと同様，卓越した技術で名を上げ，ジャパニーズ・キリスと呼ばれた。そのため，木曜島，ダーウィン，および，西オーストラリアのブルームの3地域の白人真珠貝採取業者が中心となって，競って日本人ダイバーを求め始めた。

　1883年，英国人ジョン・ミラーが，駐日英国領事を通じて明治政府と交渉し，横浜の潜水業者，増田萬吉配下の千葉県人・鈴木与助以下37名（潜水夫6名，テンダー6名，ポンプ係24名，通訳1名）を木曜島に呼び寄せることに成功した。これが日本からオーストラリアに渡った最初の組織的移民の嚆矢となったわけだが，あくまでも期間限定の契約労働者としてであり，自由入植移民としてではなかった。ミラーは北部豪州における日本人ダイバーたちの働きぶりをみて，この交渉を思い立ったことからも，1883年以前に，複数の日本人が同地域でダイバーとしてすでに働いており，白人雇用主からの評価も高かったことがうかがわれる。事実，ミラーと一緒に渡豪した日本人の1人は，香港で雇われた15‐16名の日本人がトレス海峡ですでに真珠貝採取業に従事していたと後に報告している。

　1884年にオーストラリアの真珠貝採取業者によって雇われた69名の日本人のうち，30名は和歌山県出身者であり，同県から海外への出稼ぎ労働者集団の第1号となった。この和歌山県出身者の優勢はその後も続き，オーストラリアで真珠貝採取産業が継続している間，同県の新宮から周参見（現すさみ町）にいたるおよそ80キロメートルにおよぶ狭い海岸線地域からの出身者が同産業で働く労働者の多くを占めていた。

　このように1880年代から北部豪州の木曜島，ブルーム，そしてダーウィンで

231

日本人コミュニティが形成され始めた。当時のオーストラリアは中国人移民の排斥をめぐって各植民地で盛んに議論され，その後の連邦結成や白豪主義政策導入にも大きな影響を与えることになるが，日本人はシドニーやメルボルンといった主要都市から遠く離れた北部豪州に少数しか存在していなかったこともあり，1880年代のオーストラリアで排斥の対象として議論されることはほとんどなかったのである。

4 日本人移民排斥の兆し

1885年に1890年以降のメラネシア系労働者導入を禁止する法律を制定させたクィーンズランド植民地首相のサミュエル・グリフィスは，砂糖産業の不況を理由に，彼自身が導入したこの政策を1892年に180度転換，その禁止令を解いた。このグリフィス政権によるメラネシア系労働者導入禁止が，クィーンズランドの砂糖黍プランテーション所有者たちに，メラネシア系労働者よりもさらに農業に精通した日本人労働者の雇用を促すきっかけとなり，この禁止が解除された後も，日本人労働者の砂糖黍プランテーションへの導入が続いた。

1892年には当時大手海運会社であったバーンズ・フィリップ社が，吉佐移民会社を通じて50人の日本人契約労働者をクィーンズランドの砂糖黍プランテーションに初めて導入した。この日本人契約労働者の一団はクィーンズランド植民地北部ハーバート（Herbert）川に到着し，そのうち25名がケアンズ近郊のマクネイド（Macknade）農園へ，残りはリップル・クリーク（Ripple Creek）農園へ向かったと報じられた。その報道記事には，日本人労働者の契約内容は他の有色人のものより厳格であるばかりでなく，いくつかの点において，白人労働者の労働条件よりもよいとまで述べられていた。またその記事では，日本人労働者はメラネシア人よりも人件費がかかり，かれらが稼ぐ収入のほとんどがクィーンズランド植民地から出て行ってしまうことはよくないとも報じられたが，その一方で，日本人が優良な労働者かどうかを明らかにするためにも，かれらを観察するために1カ月の試行期間を与えてはどうかと提案している。

翌1893年にはさらに530名近い日本人が北部クィーンズランド地域に到来

し，年を追って増加していった。1893年，木曜島在住の日本人は約500名となり，そのうち，日本人倶楽部の会員は150名ほどになっていた。同植民地内で最も日本人が多かった1898年には，木曜島に1865人，砂糖黍耕作地域に1416人を数えた。この日本人労働者の増加に対応するために，1896年 2 月，ブリスベンから北へ1300キロほど離れたタウンズヴィルに，日本人外交官が駐在する機関としてはオーストラリアで最初の領事館が開設されている。

　このように，1890年代の北部豪州では当初，真珠貝採取産業で年季雇用労働者として働く日本人が大半を占め，少数ではあるが，売春婦や小売店主などもいた。そして，クィーンズランドでは多くの日本人が砂糖黍プランテーションで働くようになっていくのである。

　北部クィーンズランドにおける日本人労働者が2000人を超え始めた1890年代中ごろから，北部豪州を管轄する各植民地では有色人移民に対してさまざまな規制を課し始める。1895年，当時ダーウィンの位置するノーザンテリトリー（現北部準州）を管轄下においていた南オーストラリア植民地政府は，アジア人への真珠貝採取許可証の発行を停止した。また1896年クィーンズランド植民地政府は，木曜島における真珠貝採取産業の実態を調査すべくハミルトン委員会（Hamilton Royal Commission）を設置した。この委員会が後に，木曜島の日本人が1000人を超え，231艘の真珠貝採取船のうち，22艘が日本人所有，46艘が日本人に賃借されていると報告した。その結果，1898年12月にクィーンズランド植民地議会は「真珠貝及び海鼠漁業法」（*The Pearl-Shell and Bêche-de-mer Fishery Act*）を制定し，外国人が真珠貝採取船を借りたり，真珠貝採取許可証を得たりすることを禁止したが，その主な標的は日本人であった。

　同じころ，冒険好きな若者たちが新しい人生を求めて来豪する。多くの者はオーストラリア放浪中に，料理人や洗濯人，野菜栽培や家事使用人として働いた。そのようなものたちの中には後に貿易の仕事を始める者もいた。たとえば，1880年から81年にかけて開催されたメルボルン万国博覧会に参加した秋山貞次と徳田利彦は，後にメルボルンで「秋田商会」を設立，日豪間貿易に従事した。この商会は秋山が1884年に死去したことで店じまいを余儀なくされたが，その後，シドニーでは1888年に「クワハタ　ヒデオ」，1897年ごろに「ナ

カムラ　ヒロキチ」，1890年に「イデ　ヘンリー」が，そして，日本に貿易会社を所有していた兼松房次郎が彼の助手である北村寅之助とともに1890年に来豪，主に羊毛を日本に輸出する貿易会社を興した。西オーストラリアでは村松治郎が父の作太郎（初来豪は1888年）とともに1893年にブルームに到着，翌1894年コサックに，1895年には進学のためビクトリアのメルボルンへ移る。しかし，1898年に父が急死したため，コサックの商店（1891年開業）を1900年に引き継ぎ，1906年には真珠貝採取業も始め，後にはダーウィンでも宿泊所や商店を経営するなど，北部豪州で有力な商人となる。クィーンズランドではロックハンプトンの「Y・タシマ」が有名な商人で，1899年に来豪している。

　当時は船が主な移動・輸送手段であったこともあり，日本人コミュニティは主に沿岸都市に形成され，日本人男性の中にはオーストラリア人女性と結婚し，永住する者もいた。日本人貿易商たちは東海岸沿いに交易ネットワークを形成し，日本には主に羊毛や生きた羊を輸出する一方，日本からは幅広い種類の商品を輸入し，日豪貿易の先駆けとなった。

　1890年代後半になると，オーストラリアの諸植民地政府は，上述の北部における日本人人口の増加や1894年に締結された「日英通商航海条約」によって，日本人移民が英国の植民地であるオーストラリアにも自由に渡ってくることができるようになるのではないかと懸念をもち始め，真珠貝採取産業以外でも，日本人移民を含む，全有色人移民を制限する方向で動きだした。1896年に開催された植民地間会議の結果，1897年から98年にかけて，ニューサウスウェールズ，タスマニア，および，西オーストラリアの各植民地は，有色人に対して制限的な移民法を導入した。一方，北部地域開発をアジア系労働者に頼っていたクィーンズランド植民地は，同植民地が必要と認めれば日本人移民の流入を制限できるという条件を付すかたちで，1894年の「日英通商航海条約」をオーストラリア植民地としては唯一批准した。また，オーストラリア諸植民地の間ではアジア系移民からの帰化申請を認めないという共通の同意があったが，なかには1898年にビクトリアで村松治郎が，そして連邦結成後であっても，上述のイデのように「英国臣民」として帰化を認められた日本人もごく少数ではあるが存在していた。

　こうして1890年代に日本人移民の排斥について次第に論じられていくように
なっていったが，その最終的な結論は1901年のオーストラリア連邦結成後の連
邦政府と連邦議会にゆだねられることになる。

5　1901年オーストラリア連邦結成と白豪主義政策の導入

　これまで述べてきた主に北部豪州地域における日本人の増加が，オーストラ
リア連邦政府による「1901年移民制限法」制定を促した大きな要因のひとつと
説明されることが多い。しかし，1901年当時，3554人の日本人（男性3143人，
女性411人）しかオーストラリアにはおらず，そのうち，88％がクィーンズラン
ド州と西オーストラリア州に，そして，残りも多くは現在の北部準州（連邦結
成時は南オーストラリア州，1911年以降は連邦政府の管轄下に移行）におり，その数
はニューサウスウェールズ州やビクトリア州にいた日本人の数（202人）よりも
多かったことなどを考えると，「白人のためのオーストラリア」という，オー
ストラリア連邦建国の理念（神話）の象徴としての「移民制限法」の制定のた
めに，日本人を含む，有色人移民問題が連邦議会で大きく取り上げられたとと
らえるほうが自然である。なぜなら，当時，オーストラリア国内で最大の有色
人移民グループであった中国人は，連邦結成以前からすでに各植民地議会によ
る立法によって移民が制限されており，連邦結成当時は中国人を「脅威」とし
て制限する必要がなかったためである。1901年のオーストラリア連邦結成後，
在シドニー日本総領事は移民制限法の立法過程を注意深く見守り，日本人を他
のアジア人たちと同様にあつかうのは日本人への侮辱であるとして，ヨーロッ
パ言語の**書き取りテスト**による移民制限を強く非難している。
　1902年以降，オーストラリアの真珠貝採取業者は高額の保証金を預けること
で，オーストラリア全土であわせて約4000人まで海外から有色人を年季契約労
働者として雇うことが許可された。もし雇用された有色人が失踪すると，その
保証金は連邦政府に没収された。1890年代の木曜島に続き，1908年にはブルー
ムでも日本人が真珠貝採取産業で国別の被雇用者に占める割合が最大となっ
た。同産業がピークを迎えた1913年には1166人の日本人「契約労働者」がブ

Key Word

白豪主義と書き取りテスト

　白豪主義（白人のためのオーストラリア）は連邦結成の理念であり，これを守護する法が「移民制限法」（1901年）であった。しかし，法文そのものには有色人移民を直接制限する文言はなく，言語書き取りテストによって一定の教育水準に達していない者は入国させないというものであった。この方式が初めて導入されたのが1896年アフリカの英領ナタール植民地であったことから「ナタール方式」とも呼ばれるが，それは当時の大英帝国内にはインド人などさまざまな「英国臣民」が存在しており，人種や民族等をもとにした移民制限を英国が認めなかったためである。当初，初代連邦政府は英語による書き取りテストを連邦議会に提案していたため，日本政府は静観していた。しかし，西洋諸国が反対したため，法案は「英語」から「あるヨーロッパ言語」に修正された上で可決，1902年から施行された。連邦議会では「優秀な日本人ならば英語の試験に通ってしまう」という議論もなされたため，日本政府は英国や豪連邦政府に抗議している。この書き取りテストは1958年の移民法制定による廃止まで，白豪主義を守護する要として，半世紀以上にわたり機能し続けた。

ルームに，574人が木曜島に滞在していた。

　真珠貝採取業の雇用主には日本人ダイバーが特に好まれた。たとえば木曜島では，ダイバーのライセンスは1919年度には90％が，1938年度には94.3％が日本人によって保持されていた。かれらは特別な技術や経験を初めからもって仕事に従事したわけではなかった。危険な職業だったため，勇気が必要とされた。1911年，木曜島では172名の日本人ダイバーライセンス保持者のうち，19名（11％）が潜水病か潜水中に死亡している。原因究明のため調査がなされたが，それによれば数少ないヨーロッパ人ダイバーでも似たような統計結果になった。日本人は熱心に仕事に取り組み，忍耐力があった。報酬は日本人ダイバーを魅了するのに十分であり，4カ月にわたる狭苦しい採取船での洋上生活や朝から晩まで最大で50回にも及ぶ潜水に耐えた。しかし，同じ報酬でヨーロッパ人がこのような仕事に耐えられる者はいなかった。日本人ダイバー間の高い競争意識も，かれらの成功の大きな要因のひとつであった。

　1911年に2番目に大きかった日本人男性集団はクィーンズランド州の砂糖産業で雇われていた357人であった。かれらは1892年から1902年にかけて砂糖黍プランテーションや製糖工場で働くために移民会社によって送られてきた3年

契約の労働者2651名の中で，同州にとどまっていた者たちであった。多くは熊本県出身者（35％）で，次いで和歌山県（18％），そして，広島県（10％）からであった。そのうち，16名だけが農場主であったが，それは，クィーンズランド州の法律では，有色人が5エーカー（2ヘクタール）以上の農地を保有または借地する場合には，書き取りテストに合格する必要があったからである。残りの日本人は農場労働者や製糖工場の労働者として雇用されていたが，砂糖黍刈りは全面的に，そして，45エーカー（18ヘクタール）以上の砂糖黍を栽培している農場に関係する砂糖産業での有色人労働者の雇用を禁止する同州の労働条件仲裁裁定（industrial awards）によって，間もなく，かれらは同州の砂糖産業から追い払われてしまう。

　1911年当時，オーストラリアには208名の日本人女性がいた。多くは人口過密気味であった熊本県と長崎県の出身であり，シベリアから喜望峰まで，広大な売春宿ネットワークに供給されていった女性たちであった。1887年には在メルボルンの名誉領事が，すでに日本人女性が売春婦として同市内で2名，木曜島で4名商売していると書き残している。クィーンズランド警察によれば，1897年に116名の日本人女性が同植民地内にいたが，日本人領事の妻以外，全員売春婦であったと報告している。また在シドニー日本領事館は，1901年には西オーストラリア州のアルバニーから，ジェラルトン，キュー，クールガーディーの地域にかけて59名の日本人女性がおり，そのうち58名が売春婦であったと報告している。

　このように1901年のオーストラリア連邦結成とその後のオーストラリア全土にわたる白豪主義政策導入の結果，日本人移民の総数は減少していった。一方で，真珠貝採取業における日本人労働者の数は，増減はあったものの，1941年の太平洋戦争の開戦まで一定数保ち続けることになる。

6　日豪貿易の拡大と日本人駐在員の増加

　1904年に日本人貿易商，学生，そして旅行者は1年間限りの旅券でオーストラリアに入国できるようになり，それを超えて滞在する者は書き取りテスト免

除証明書が必要とされた。こうして太平洋戦争勃発まで、オーストラリアへの入国が許された日本人は、真珠貝採取業に従事する船員およびダイバー、一握りの貿易商人、そして、短期滞在許可をもつ観光客と学生だけとなり、そのため、オーストラリアにおける日本人の総数は1945年まで4000人を超えることはなかった。

　一方この制限緩和により、特にシドニーに拠点をおく日本の貿易商社の駐在員として日本人定住者が増加、三井物産会社をはじめとする貿易商社は第一次世界大戦前にメルボルンやブリスベンにも支店を設けるようになっていく。1919年には22社が活動していたが、多くは在豪の日本人によって運営されていた。1919年から22年にかけて、三菱商事（1920年）や野澤組（同年）など、日本に拠点をおく商社を含め、さらに18社が営業を開始した。このような企業数増加による競争の激化や1923年の関東大震災によって中小企業の中には破綻する会社もあったが、初期に来豪した上述のナカムラやクワハタ、そしてイデの会社は存続し、兼松はオーストラリアで2番目に大きな日系商社となった。

　このように日豪間の貿易は順調に拡大していく。しかし、ニューサウスウェールズ州の東アジア通商代理として神戸に駐在していたジョン・ブライ・サトーは、オーストラリア人貿易商がこの儲けの機会を得ることに失敗していると嘆くほど、この日豪貿易拡大のほとんどは日本人の手によるものであり、1930年代までに日本企業が日豪貿易の95％を支配するようになっていた。

　日本の企業で働く従業員として、さらに日本人が渡豪してきた。貿易商はしばしば家族を同伴し、なかには何十年にもわたってオーストラリアに住み続ける者もいたが、一般的には1年から3年の海外勤務者が多かった。シドニーではモスマン地区、メルボルンではサウス・ヤラやセント・キルダ地区、そしてブリスベンではウェスト・エンド地区が日本人に人気の住宅街であった。

　1930年代は個人事業主には苦難の時代であった。1929年の世界大恐慌、1936年の日豪貿易紛争、そして大手企業との競争から、多くの個人事業主は日本へ渡り、製造業者と独自契約を結ぶことで事業存続を図った。これによってナカムラは救われ、イデはオーストラリア人や「クワハタ & Sons」と提携を結び、水産業へと事業を多角化することで生き残りを図った。

1929年の世界大恐慌から39年の第二次世界大戦勃発にかけて，英国ポンドが衰退したり，ブロック経済化が進んだりした結果，輸入品によっては規制が行われたため，日本人貿易商の利益率が大幅に減少した。さらには1940年から41年の間に日豪が緊張関係になり，両国間の貿易がよりいっそうきびしくなった。日本の貿易商社は雇用者を減らし，妻子を日本へ帰国させた。1941年7月，英米等の連合国は日本の海外資産を凍結し，表向きは日本との貿易も停止した。しかし，シドニーに拠点をおく日本の貿易商は，メルボルンやブリスベンから徐々に撤退する一方，オーストラリアの商店向けの商品を受注し続けた。1941年8月，最後の引き上げ船がシドニーを出港し，大手企業のごく少数の社員だけがオーストラリアに残ったが，兼松とクワハラはオーストラリア資本が大きく占める会社だったために，戦時中も営業を続けた。ナカムラとイデは営業を停止したが，シドニーに住み続けた。

オーストラリア連邦結成後，順調に拡大を続けてきた日豪貿易であったが，世界大恐慌以降の国際関係の急激な悪化と対立に巻き込まれ，事実上，交易の停止に追い込まれた。その結果，多くの日本人駐在員やその家族がオーストラリアから離れることを余儀なくされたのである。

7　太平洋戦争の開戦と日本人強制収容

オーストラリア連邦結成後，すべてのアジア人は移民を所管する大臣の認可によってオーストラリア在住が認められていたため，英国臣民として帰化したアジア人でさえ，その資格が取り消される可能性があった。さらに第二次世界大戦開戦による戦時規制によって，外国人は登録が義務づけられた。また当時の法律では，外国人男性と結婚した英国国籍保有者の女性は，同国籍がはく奪されていたが，日本人男性の妻になったオーストラリア生まれの女性たちは，1937年の特別立法によって英国国籍の再取得が認められ，多くがこれを選択した。

太平洋戦争が勃発する前の1940年，オーストラリア陸軍は国内にいるすべての日本人の逮捕状をすでに準備していたが，これはイタリア人やドイツ人が従

軍可能な年齢の男性しか勾留されなかった前例とは異なるものであった。軍の諜報部はオーストラリアで日本人がスパイ活動をしている証拠をつかんでいたこともあり，日本人の天皇への忠誠は50年オーストラリアで過ごした者でも消え去ることのない，国民性の一部だと考えられていた。そのため，オーストラリア陸軍は国内での利敵行為を防ぐために，老若男女，すべての日本人を収容することが必要であると信じて疑わなかった。

　太平洋戦争開戦時の1941年12月8日から9日の間に，居住年数や性別，年齢，健康状態に関係なく，日本人として登録されていた者はほぼ例外なく収容され，かれらの財産は没収された。日本公使館・領事館職員の32名を除き，収容者は1068名（男性964名，女性82名，子ども22名）を数えた。最も大きな集団は真珠貝採取船で働いていた男性集団で，約520名ほどであった。かれらの職業身分は「戦争捕虜（海員）」とされた。かれらはヘイ（ニューサウスウェールズ州）の第6収容所で戦争中過ごすことになった。別の集団としては日本の貿易会社で働いていた26名がいたが，1942年6月，日本に送還されている。残りの在豪日本人は，独身男性と世帯の2グループに分けられ，前者はラヴデイ（南オーストラリア州）の第14収容所へ，後者はタツラ（ビクトリア州）の第4収容所に送られた。かれらの職業は，洗濯屋，労働者，料理人，小規模農家，野菜栽培者，補修や清掃等を行う便利屋等であった。多くは老齢で経済的に困窮した状況であったが，それはオーストラリアに居住する外国人には年金を受給する資格がなかったからであった。

　日本人も強制収容に対して異議申し立てができ，地域住民から早期釈放の嘆願書が出された者も多くいたが，ドイツ人やイタリア人とは異なり，オーストラリア政府はかれらが破壊活動の手段に出ないよう，誰も釈放するつもりはなかった。申し立ての公聴会は日本軍の南進のピーク時であった1942年2月，3月，そして，5月に行われた。1942年後半に連合国側の戦況が改善すると，制限の下，およそ60名の日本人高齢者および子どもたちが徐々に釈放された。しかし，オーストラリア連邦結成前に英国臣民に帰化した上述の村松治郎をはじめ，強制収容中に病気や高齢などで亡くなった者も多くいた。

　1942年8月にはあわせて52名の公使館・領事館職員と商社員が民間人収容者

交換に基づいて日本に送還された。終戦後の1946年２月以降，数百名の日本人が強制送還された結果，1949年にオーストラリアで登録されていた日本人はごくわずかであった（日系２世は除く。⇨第15章参照）。

　こうしてオーストラリアにおいて50年以上にわたり築かれてきた日本人コミュニティや組織は太平洋戦争によって，事実上，消滅した。そして，ダーウィンやブルーム等，多くの日本人が住んでいた北部豪州の沿岸地域に対し日本軍が空爆を行ったため，戦後も同地域では反日感情が強く残ることになった。

8　おわりに代えて

　1950年代，北部豪州の真珠貝採取産業再興のために，日本人ダイバー再導入の要望が雇用主から出始め，ブルームでは1952年に和歌山県出身の元ダイバー35名が導入された。一方，木曜島では島民（アイランダー）が在郷軍人会連盟と手を結び日本人労働者の再導入に反対した結果，当時，米国が占領統治していた沖縄から「琉球人」162名が1958年に木曜島に導入された。ところが，長年にわたって現地の日本人の間で引き継がれてきた真珠貝採取の知識や経験が戦争によって断絶したために，沖縄から新規に導入されたダイバーたちは雇用主たちが期待するような成果を上げることができなかった。そのため，契約期間満了を待たずに多くの者が解雇され沖縄に送り返されたが，なかには現地の女性と結婚して残った男性も３名いた。1960年代に入るとプラスチック製ボタンが大量生産されるようになり，真珠貝の需要が激減，その後は真珠養殖に活路を見出そうとするが，戦前のような活気は戻らなかった。

　1956年，ようやく日本人は通常の移民政策に組み込まれた。同年に制定された帰化法の下，オーストラリア人の配偶者で外国生まれの者，および，制限なしでオーストラリア国内に暮らして続けてきた者に帰化する権利が与えられた。その最初の年には51名の日本人が帰化を申請した。1961年度の113名を最高に，1956年から66年の間に，あわせて620名が申請を行った。しかし，日本人コミュニティは小規模のままにとどまった。

1957年の『日豪通商条約』締結から1973年のアル・グラスビー移民大臣による，人種や肌の色，または国籍に基づく差別の終結宣言にいたるまでの間にも，日豪関係は両国首相による相互の表敬訪問，観光，そして，教育交流等によってさらに進展した。白豪主義政策の終焉によって，いまでは毎年，何十万もの日本人観光客，そして，何千という日本人がビジネスや留学のためにオーストラリアを訪れるようになった。

しかし，21世紀に入ってもオーストラリア国籍を取得して帰化する日本人の数は，他のアジア諸国出身者と比べてかなり少ないのも事実である。それは，日本政府が二重国籍を認めていないことも大きな要因ではあろうが，戦前にオーストラリアで築かれてきた日本人コミュニティが太平洋戦争によって消滅し，戦後も強い反日感情の中でその再建が事実上できなかったことも，遠因のひとつだと筆者は考えている。

【さらに学びたい人のための文献案内】

①鎌田真弓編，2012，『日本とオーストラリアの太平洋戦争——記憶の国境線を問う』御茶の水書房.

日豪における太平洋戦争の記憶の非対称性をテーマに，日本とオーストラリアの人々の太平洋戦争の体験と記憶を丁寧に紡ぎ出し，日豪の戦争によって分断された地域の歴史として太平洋戦争をとらえている。

②永田由利子，2002，『オーストラリア日系人強制収容の記録——知られざる太平洋戦争』高文研.

太平洋戦争中，アメリカ，カナダだけでなく，オーストラリアでも日系人の強制収容はあった。その数，4300人。日本ではあまり知られていない歴史の事実に光を当てている。

③長友淳編，2016，『オーストラリアの日本人——過去そして現在』法律文化社.

質的調査を通じて移民政策および社会の歴史的変容を克明に分析。第1部で戦前・戦中・戦後の白豪主義下の歴史と記憶を取り上げている。

④藤川隆男編，2004，『オーストラリアの歴史——多文化社会の歴史の可能性を探る』有斐閣（特に第15章）.

オーストラリアの歴史的歩みをリーダブルに描く。先住民，ジェンダー，社会史も主要テーマとし，日本やアジアとオーストラリアの関係にも配慮し，域内外の交流の歴史に焦点をあてて解説する入門書である。

⑤村井吉敬・内海愛子・飯笹佐代子編著，2016，『海境を越える人びと——真珠とナマコとアラフラ海』コモンズ.

日本・オーストラリア・インドネシアの間の海域では，真珠やナマコなどをめぐって国家の枠にとらわれず人々が移動してきた。アラフラ海を中心に19世紀半ばから現代にいたるヒトとモノの交流・交易史である。

[村上　雄一]

第15章

日本人移住の歴史(2)
──太平洋戦争後から現在まで

Introduction

　両国民の間に容易には解消しがたい感情的な葛藤を残しつつ，冷戦時代における環太平洋地域の最重要パートナーとして，日本とオーストラリアは太平洋戦争後には政治的にも経済的にも急速に接近していくことになった。日本にとっては，オーストラリアとの経済関係の樹立は戦後復興を支える上で極めて重要であったし，オーストラリアにとっても日本は最たる貿易相手国として，やがては観光や教育戦略上重要な相手国になった。こうした国際政治・経済における両国の友好的な関係性は21世紀のこんにちにいたるまで続くものである。こうした時勢を背景に，一度は「断絶」を経験したオーストラリアへの日本人の移住も，両国の国交が正式に回復した直後から速やかに再興したかのようにみえる。しかしながら，戦後オーストラリア社会の強い反日感情や，依然として白豪主義に基づく移民政策に直面し，その再開の道は決して容易ではなかった。しかし，日本の高度経済成長は国民の海外移住への動機や意識を変容させ，その新しい海外移住先としてオーストラリアが目指されるようになっていく。

　こうした時代，オーストラリアもまた人種差別的な白豪主義から多文化主義政策へと大きな舵取りを行うことになった。その結果，日本人移住者たちはオーストラリアの目指す社会的・文化的多様性を支える一員として，日系コミュニティの運営も含み，多文化社会に欠かせない一員としてその役割を担うようになった。やがて時代を追うごとに，オーストラリアの日系コミュニティは，年齢，ジェンダー，渡航目的，あるいは一時的な滞在など多様な社会的背景をもつ構成員を含むようになっていく。多文化社会オーストラリアにおける文化的多様性を代表する移民コミュニティとしてのみならず，参加者の社会的属性の多様性も包摂しているのが，現代オーストラリアにおける日系コミュニティの特徴である。また，現地配偶者との国際結婚による移住者や，現地育ちの次世代の増加により，日系コミュニティはまさしく文化や社会の垣根を超えた異種混交的な様相を呈している。この章では，こうした現代の日系コミュニティの姿を，太平洋戦争後の二国間関係の変容というマクロな側面と，現代の日本人の海外移住の特徴というミクロな視点から歴史的にとらえつつ，前章に引き続きオーストラリアへの日本人移住史，その第二幕を描く。

1　拡大する日系コミュニティ

　読者諸氏の中で，これまでオーストラリアを訪れたことがある，あるいは機
会があればぜひ訪れてみたいという人は決して少なくはないだろう。日本人に
とってオーストラリアとは観光やビジネスを目的とした短期滞在だけではな
く，駐在や留学そしてワーキングホリデーなどで長期に滞在することの多い国
として知られている。近年ではオーストラリアから日本へやってくる観光客や
留学生も増えている。21世紀現在，両国間のこうした活発な人の移動は，2つ
の国の経済的，政治的，そして社会的なつながりがいかに深いものかを示して
いる。外務省が毎年発行する『海外在留邦人数調査統計』の最新版（2018）で
は，オーストラリアを中心とした「大洋州」の永住者は，北米地域（およそ24
万人）と南米（およそ82万人）に次いで3番目（およそ7万人）となり，近年その
増加が著しい。国別にみても，アメリカ（およそ9万人）に次ぐ人口（およそ6
万人）が記録されている。日本とオーストラリアの関係は，日本人の海外移住
を考察する上でも重要なのである。

　ここでは，第14章に引き続き日本人のオーストラリア移住を概観する。太平
洋戦争終結直後から21世紀現在にいたる日系移住史をあつかう。これらの時期
の日本人の永住の経緯について，以下の第2節では先に紹介した『海外在留邦
人数調査統計』をもとに，オーストラリアに在住する日本からの移住者たち，
すなわち「日系コミュニティ」の特徴を描く。そして第3節では，戦争終了直
後から両国の国交が再開されながらも，白豪主義政策による非白人の移民が制
限されていた時期の日本からの移住者について，その先鞭をつけた「戦争花
嫁」を中心に紹介する。第4節では，日本の高度経済成長によって変容しつつ
あった日本人の海外移民への意識変容を手がかりに，ポスト戦後の日本人の
オーストラリア移住と，その移住支援に中心的な役割を果たした「海外移住事
業団」（後に国際協力事業団へ統合，現在は国際協力機構へ改称）とのかかわりから
記載する。つづく第5節では，短期滞在者ながらも現地の日系コミュニティと
のかかわりの深いワーキングホリデーについて，その歴史と現状を述べる。第

6節では，オーストラリアへの移住者の多数を占める女性の「婚姻移住者」に焦点をあて，ジェンダー化した移住が現地の日系コミュニティの組織化や活動に与える影響を検証する。最後の第7節では，多文化社会オーストラリアの構成員として日経移住者コミュニティの将来を展望する。

2 オーストラリアの日本人とその統計的特徴

先に紹介した外務省の発行する『海外在留邦人数調査統計』によれば，在留邦人のジェンダー比は，男性が全体の47.8％で，女性は52.2％と比較的バランスの取れた構成となっている。だが地域別にみると，この男女比に偏りがある地域がある。特に顕著なのが，アジア地域やオーストラリアを含む大洋州である。アジア地域では男性への偏りが大きく（61.9％），大洋州では女性に偏りがみられる（62.9％）。こうした在留邦人人口の性別比はいかなる理由によるのか。それを解明する手がかりが，在留邦人の渡航目的である。外務省の報告書を分析すると，アジアのように在留邦人人口に男性が多数を占める地域での主たる渡航目的は，企業や政府関連からの派遣である。企業や官庁からの長期的な派遣や駐在員としての赴任（そしてその家族）が邦人人口の多くを占める。結果として，日本企業社会の性質を反映し，男性の総数が女性を上回る。同様の地域に，アフリカや中東といった地域がある。これらの地域で中心を占める在留邦人も商用や公用による滞在が中心となっている。

それに対し，オーストラリを含む大洋州では女性の在留邦人数が多く，全体の62.9％を占めている。同様に女性が多くなっている地域には，北米や西欧がある。先の商用と公用による滞在がその中心を占める地域に対し，これらの地域は永住者の数がその多数を占めているのが特徴となっている。こうした女性が目立つ理由として，その永住の理由の多くに現地配偶者との国際結婚に由来する「婚姻移住」が挙げられる。日本人全体の国際結婚総数では，邦人男性と外国籍の女性との件数が統計的には邦人女性と外国籍の男性との数を上回る。だが，いずれにおいても男性配偶者の出身国に居住する傾向がある。すなわち，日本人女性の国際結婚は，配偶者の出身国への海外永住につながる。オー

ストラリアをはじめとする北米や西欧の邦人人口には，こうした日本人女性の婚姻移住者が多く含まれており，それが各地域の邦人人口のジェンダー比に影響しているのである。

　21世紀現在，在留邦人人口は増加の一途をたどっている。グローバル化が進む現在，日本人にとっても他国で生活を営むという選択肢は決して特別なことではなくなりつつあるのかもしれない。商用や公用，そして留学などといった期間限定の海外生活のみならず，現地での就業や事業運営，そして国際結婚，あるいは自身の新しいライフスタイルの実現を目指し，私たちが海外で永住者あるいは移民となる多くの理由がある。このような永住者，あるいは移住者が現地での生活を円滑に営むためには，現地での公私にわたるさまざまな支援も必要となる。たとえばこれまでの章でも言及されてきたように，移民社会オーストラリアでは，移民や移民たちの構成するエスニック・コミュニティへの制度的支援がさまざまなかたちで行われている。他方，今日のグローバルな人の移動は極めて多様性に満ちており，エスニック・コミュニティの形成や運営の方法，そして現地社会とのかかわりにもさまざまな特徴がみられるようになっている。たとえばアメリカにおける中華系エスニック・コミュニティの事例研究では，従来のような都市中心部での排他的なエスニック・コミュニティ形成による，相互扶助や自身をマーケットとするエスニック・ビジネスを展開する傾向が，郊外へとコミュニティを拡散させながら，多方面における地域社会とのかかわりによる有機的なコミュニティ形成へと移行しつつあることが指摘されている（Li 2009）。このように，近年のエスニック・コミュニティ研究では，移民集団のコミュニティ形成が内部の多様性や地域社会との多面的なかかわりによって，従来とは異なるダイナミックな姿を描くようになった。このことは，オーストラリアに在住する日系コミュニティについても同様である。こんにちの日系コミュニティは，（現地生まれの次世代も含む）さまざまな背景や移住動機をもつ構成員によって支えられ，同質的な共同体に一元化されることなく，個々の移住目的やその動機に沿った多彩なライフスタイルが営まれている。ディアスポラについて考察したジェームズ・クリフォードが指摘したように（クリフォード 2002），国外の日系コミュニティは，その出自（roots）に共通

性を認めながらも，それぞれがたどってきた道のり（routes）によって，オーストラリアでさまざまな移住生活を営む構成員を包摂する役割を担っているのである。

3　戦後の日本人移住——途絶えた歴史が再開するまで

　オーストラリアへの海外移住の歴史は古い。第14章で論じられたように，その歴史は19世紀のオーストラリア植民地時代にまでさかのぼる。それはハワイや南北アメリカ大陸への集団移民に代表される近代日本の海外移住史の中で見逃すことのできない出来事である。しかし，第二次世界大戦と太平洋戦争という悲劇が，オーストラリアへの日本人移住だけではなく，非白人の移民を認めないオーストラリアで小規模ながらも現地に形成されつつあった日系人社会をいったん断絶させるにいたった。それを示すのが，**図表15-1**のオーストラリアの国勢調査の記録である。この統計における太平洋戦争の終戦直後の国勢調査（1947年）では，在留邦人（日本生まれの居住者）の数が激減していることがわかる。こうした極端な人口減少の背景に，戦争によってオーストラリア社会の「敵性外国人」とみなされた在留邦人の多くが，戦時中には収容所に抑留された上，終戦後日本へ強制送還されたのであった。

　1951年のサンフランシスコ平和条約により両国の外交関係は回復する。しかしながら，戦後のオーストラリア社会における反日感情は極めて苛烈であった。太平洋戦争における敵国として，あるいは日本軍によるダーウィン空襲（1942年）等の直接的な被害だけでなく，戦時中のオーストラリア軍（連合国として参戦）捕虜に対する日本軍の非人道的な対応などが明るみに出たことが，こうした感情に拍車をかけたのである。その上，オーストラリアは戦後も白豪主義に固持し，非白人の移民制限が解かれる状況でもなかった。これまでにないほど両国の関係が悪化したこの時期，こうした反日感情や白豪主義政策に挑戦する出来事が起きる。太平洋戦争終了後，日本は連合国軍最高司令官総司令部（GHQ）の管理下におかれた。その連合軍として日本に駐留していたオーストラリア兵から，日本人の妻や婚約者を同伴し帰国したいという申請が出るよ

図表15-1　オーストラリアの国勢調査にみる日本人人口と性別比の推移

調査年度	日本生まれの居住者			女性の割合 （男性を1とする）
	男　性	女　性	合　計	
1901	3,167	426	3,593	0.13
1911	3,260	214	3,474	0.07
1921	2,565	196	2,761	0.08
1933	2,033	223	2,256	0.11
1947	186	144	330	0.77
1954	458	508	966	1.11
1961	1,230	1,076	2,306	0.87
1966	1,686	1,438	3,124	0.85
1971	2,633	2,296	4,929	0.87
1976	2,248	3,107	5,353	1.38
1981	2,918	3,900	6,818	1.34
1986	4,280	5,442	9,722	1.27
1991	7,919	10,566	18,485	1.33
1996	9,083	13,932	23,015	1.53
2001	9,326	16,146	25,472	1.73
2006	10,365	20,412	30,777	1.97
2011	11,232	24,145	35,377	2.15

（出典）　Australian Bureau of Statistics, 2014

うになった。GHQ はこうした事態をあらかじめ予想し，日本人女性との親密
な交流を禁止するなどの措置を取るなどしていたが，それでもこうした申し出
は後を絶たなかった。その結果，米国では1946年にはすでに日本人の女性が配
偶者または婚約者として渡米していた。他方，国内社会の強い反日感情と白豪
主義の観点から，オーストラリア政府はその受け入れに難色を示し，終戦のの
ち7年が過ぎた1952年まで，こうした日本人女性のオーストラリアへの入国が
認められなかった。こうした女性たちは「戦争花嫁」と呼ばれるが，その後
1956年までに約650名の戦争花嫁がオーストラリアへと移住した（林・田村・高
津 2002）。このことは，戦後のオーストラリアへの日本人の再移住の皮切りと
なったという点で画期的な出来事である。さらには，非白人である日本人女性
がオーストラリア人の配偶者としての永住を認められたという，白豪主義下の
「家族移民」としての特徴も有している。そして，現代オーストラリアの日系
コミュニティの多くを占める，日本人女性の国際結婚による海外移住の先駆的
な例としてもとらえることができるだろう。

4　「ポスト戦後」の日本人移住
——ライフスタイル移民・結果的な移民

　1957年には日豪通商協定が締結，同年には戦前に解散したシドニー日本人会が再結成され，さらにその翌年にはシドニー商工会議所が設置されるなど，通称・外交の側面からオーストラリアの日系コミュニティは徐々に復興していく。こうした駐在員を中心とした日系コミュニティの拡大は，同伴する家族の増加にもつながり，1969年には文部省（当時）の認可を受け，日本人子弟のための日本語学校がシドニー郊外に設置された。この時期，オーストラリアでは天然資源の開発が本格的に開始され，オーストラリアは日本の戦後復興にとって欠かせない貿易相手国となる。また，冷戦体制の安全保障上のパートナーとしての結びつきも高まっていく。しかし戦争花嫁の経験が示すように，オーストラリア国民の反日感情はまだ決して解消されるものではなかった。

　戦前から断続的に実施されていた日本人の海外移住は，荒廃した国内産業が，植民地からの引き揚げ者や戦後復興に伴い急激に増加した人口の受け皿としての役割を果たせず，戦後も中南米を中心に再開された。やがて高度経済成長期になると，移住事業先の中南米の政治・経済の悪化も重なり，政策としての海外移住事業は下火となる。そして社会の変化にあわせ，日本人の移住意識も変容する。**図表15-2**はこの時期に海外移住事業団（現国際協力機構）が大学生を対象として実施した海外移住に対する意識調査の結果である。質問項目から，この時期すでに日本は戦後復興によって達成した経済水準の高さや，技術力を活用する開発支援を企図し始めていたことがわかる。その担い手となるテクノクラート（大学生）たちも，そうした意識をすでに内面化しているようである。だが，ここで興味深いのは，「外国生活をしてみたいから」回答が，海外移住をしてみたいという動機の最たる理由であったということである。この調査報告書が提出された1964年は，観光目的の海外渡航制限が撤廃された時期でもある。この時期すでに日本人の海外移住は「経済移民」から，新たな社会での異文化体験や，日本で獲得しづらい生活環境の獲得に動機づけられた「ラ

図表15-2　大学生の移住意識に関する調査結果

| | | 総　数（%） | 性　別（%） | |
			男	女
現在または以前に移住したいと思ったことはありますか	移住したいと思う	20.7	20.9	18.3
	過去に思ったことがある	36.2	37.0	30.8
	思ったことはない	43.1	42.1	50.8
移住したいと思った動機は何ですか	日本では就職できないから	2.3	2.4	1.2
	金もうけをしたいから	8.6	13.9	6.4
	外国生活をしてみたいから	36.6	31.4	43.7
	自己の開発能力の移動により相手国に貢献し民族融和のため	25.9	25.8	25.2
	その他	26.6	25.0	23.2

（出典）　海外移住事業団調査課 1964

イフスタイル移民」へと変容しつつあったことがうかがえる。

　1960年代のオーストラリアでは，国力増大のためにさらなる移民を必要とする社会的要請に対し，白豪主義政策による非白人の移民制限に基づく移民政策はすでにその限界に達しつつあった。また，米国での公民権運動やアジア・アフリカ諸国の独立という，時勢を反映した人種差別的な移民政策に対する非難が国内外で高まっていく。さらに，オーストラリアの大学へアジアからの留学生を受け入れるコロンボ計画などにより，冷戦下近隣アジア諸国との新たな外交関係が模索されるようになった。海外渡航の制限が解除された日本人に向けて，1970年の大阪万博や東京に設立されたオーストラリア政府観光局による日本への観光キャンペーンは，オーストラリアを魅力ある渡航先として認知させることに貢献した。1973年にウィットラム労働党政権により人種主義的な移民政策の撤廃がなされると，日本人にとってのオーストラリアは商用や公用，あるいは観光のための短期滞在を目的とした国としてまなざされたのみならず，ポスト戦後時代の新しい海外移住先としても位置づけられる。その結果，オーストラリアに単独で渡航し，後に現地の日系コミュニティで中心的な役割を果たすことになるような移住者が現れるようになる。やがて，1985年のプラザ合意による円高と当時の日本経済に支えられ，日本で退職後オーストラリアでの第2の人生を過ごすことを目的とした，リタイアメント移住（ただしこの場合永住ビザは発行されない）も行われた。

図表15-3　JICA 取り扱い移住者数（2017年 6 月30日現在）

国　名	JICA 取扱移住者数	計画的移住開始年*
ブラジル	53,657	1908年
ペルー	5	1899年
アルゼンチン	2,760	1913年
メキシコ	21	1897年
ボリビア	1,919	1899年
パラグアイ	7,177	1936年
チ リ	14	1903年
コロンビア	55	1929年
ベネズエラ	49	1928年
ドミニカ（共）	1,330	1956年
ウルグアイ	46	1908年
米 国	388	1869年 （ハワイは1868年）
カナダ	5,182	1977年
オーストラリア	428	1983年
コスタリカ	2	
ホンジュラス	2	
合 計	73,035	

＊　戦前の JICA 取り扱い外移住者を含めた各国の計画的移住開始年。
（出典）　独立行政法人国際協力機構 2018

　オーストラリアも，経済成長著しいアジア諸国を支える高技能労働者やエンジニアの獲得を目的とした移民の受け入れを画策するようになる。**図表15-3**は，海外移住事業団／国際協力事業団（現国際協力機構）がこれまでかかわった移住事業による日本人移住者の送り出し人数である。特に戦後の送り出し事業の中心となるのは中南米諸国であるが，1970年代後期から1980年代初期には，カナダやオーストラリアへの移住者送り出し事業も開始された。事業団によって技術者を中心とした移住者が募集され，希望者は日本での集団研修を経て現地へ移住した。その後も現地の事業団事務所との連携と支援を受けながら，移住者たちは現地社会での日系コミュニティを形成していく。その一環として，オーストラリアでは各都市でそれらの移住者，戦争花嫁，そしてリタイアメント移住者たちが合流し「日本クラブ」が結成され，移住者の相互扶助が図られる（たとえばシドニー（JCS）やメルボルン（JCV）では1983年，その後ブリスベンやパースにも設立）。他方，クラブで当時代表を務めていたある人物の回顧録では，会員たちはクラブに新天地での生活支援に貢献してほしいという期待

をもつ一方，自身の営むオーストラリアでの新生活に日本人同士の中で生じるしがらみや，クラブ会員としての義務などへ難色を示す態度がみられたという。オーストラリアへ移住した日本人を対象とした国際協力事業団による1980年代初頭の調査でも，事業団からの支援に対する要望が特に見当たらなかったという報告がまとめられている（国際協力事業団 1981）。佐藤真知子はこうした日本人移住者たちを「精神移民」と呼称した（佐藤 1993）。また，水上徹男はメルボルンでの調査から，オーストラリアでの短期間の在留経験が後の永住への動機になっていることを挙げ，こんにちの日本人移住者を「結果的な移住者」（consequent settler）と名づけた（Mizukami 2006）。先の**図表15-2**でも示したように，こ

Key Word

ライフスタイル移民・移住者
(lifestyle migrant)

　移民研究の理論では，現在おかれた社会的環境を導引（プッシュ・ファクター）とみなし，移住先の社会環境を誘因（プル・ファクター）とした上で，その差が移民や移住の動機づけとして説明される。これまで，この理論モデルは二国間の経済的格差による，途上国から先進国への一方通行的な流れを説明してきた。しかし，こんにちの海外移住の誘因と導引は物質的条件に規定されず，いわゆる「生活の質」などの質的な条件にも依拠する。海外移住者には永住を前提とするばかりではなく，「ロングステイ」と呼ばれる，期間を限定した長期滞在者や，出身地と移住地を往来しながら生活を営むトランスナショナルな人たちも含まれるようになった。このことは，私たちの生活圏がますます国境を越えた空間で構成・統制されつつあることを示唆している。

の時期のオーストラリアへの日本人移住者は，日本社会では営むことのできない新たな生活環境や異文化体験やその消費を移住動機とした「**ライフスタイル移民**」としての性格を有していたことがうかがえる。

　1991年には各都市の永住者団体である日本クラブが集結し，その代表組織として「全豪日本クラブ（JCA）」が結成される。JCA はオーストラリア国内の日系コミュニティを代表するエスニック・コミュニティであると同時に，他国の日系人団体とも積極的な国際連携を図った。国内で現地社会の日系移民のためのアドボカシー・グループとして活動するだけではなく，他国の日系人社会との国際的な連携活動は，当時不可能であった在外邦人の国政選挙への参加

（国外投票の実施）を実現させた。しかし，1990年末の国際協力事業団（当時）のオーストラリア移住事業撤退によりその後ろ盾を失ったこと，そして現代の移住者たちの「日系人」というナショナルな帰属意識の低さも影響し，JCAは解散にいたる。しかしながら，現在でも各都市の日本クラブは，並立して活動する日本人会との交流や合流を交えつつ，新旧さまざまな社会的背景をもつ日本人移住者たちの現地生活を支えるエスニック・コミュニティとして活動を続けている。また，オーストラリアで育つ次世代のための言語教育や文化継承に力を入れているクラブも存在する。そのほかにも，オーストラリアあるいは国際社会に向けた市民運動を展開するための組織や，より規模を限定した地域の日本人移住者で組織運営されるグループや，特定の信仰に基づく団体など，こんにちのオーストラリアではさまざまな目的と構成員による日系エスニック・グループが存在している。

　このほかに日本からの移住事業として，1980年代には通商産業省（現経済産業省）主導で，日本を中心としたアジア諸国から技術者や研究者などを中心とした高技能移民の集中的な受け入れと，それによる先端都市をオーストラリア各地に築くことを目的とした「マルチファンクション・ポリス（Multifunction Police）計画」や，円高を背景とした日本人高齢者の第2の人生のためのリタイアメント・ビレッジをオーストラリアに設立することを目指した「シルバー・コロンビア計画」などが画策された。しかし，事業に対する両国世論での否定的反応や，日本のバブル経済の破綻によっていずれも計画倒れとなった。

5　ワーキングホリデーと日系コミュニティ

　白豪主義政策撤廃後のオーストラリアでは，日本を含むアジア諸国との天然資源や工業製品の貿易が活発になるだけではなく，さまざまな人的交流も拡大した。それは移民政策だけにとどまらない。1976年6月に，日本とオーストラリアは日豪友好基本条約を締結した。この条約の目的は，両国の友好関係の下に相互互恵的な関係性を構築することを目的としている。このことは，経済や

外交関係にとどまらず，太平洋戦争によって一度は断絶した両国の関係性がより緊密なかたちで復興したことを示す。

　こうして友好的な関係へと発展した両国の関係を象徴すべき出来事に，1980年に結ばれたワーキングホリデー協定（翌年から運用）がある。この協定は両国間の若者の交流と相互の文化理解を促進することを目的とし，オーストラリアにとっては非熟練技能労働者の安定的確保をもたらした。18歳から30歳までの若者を対象とし，1年間から条件次第では最長3年間にわたり，就労しながらの滞在が認められている。近年では日本からオーストラリアへのワーキングホリデー渡航者（ビザ申請者）は年間1.1万人程度で推移している。ワーキングホリデー従事者たちは，現地の日系ビジネスに労働力を提供する上で重要な存在となっている。また，ワーキングホリデー従事者のための語学学校（最大4カ月の修学が認められている）や現地での就労の斡旋などに従事する，いわゆるエスニック・ビジネスの市場ともなっている。こんにちでは，このワーキングホリデーや，教育活動，留学，就労などによるさまざまなオーストラリア滞在経験を経て，その後「結果としての移住者」となる，あるいは現地での将来の配偶者との出会いによる「婚姻移住」にいたるなど，現代の日系コミュニティはさまざまな社会的背景をもつ人々によって構成されている。

6　ジェンダー化する日本人移住者？──国際結婚と日本人移住者

　現代オーストラリアの日系コミュニティを特徴づけるとき，「ライフスタイル移民」に加え，もうひとつの注目すべき特徴がある。それはコミュニティ構成員のジェンダー比である。先に述べたように，オーストラリアの日本永住者では，女性の比率が男性より高い。そしてこのことが，現地配偶者との国際結婚に由来することを指摘した。オーストラリア移民省が各国出身者別にまとめた国勢調査の結果によると，2011年度の国勢調査では日本人（日本生まれ）の人口はおよそ3万5000人となっているが，その男女比は男性がおよそ1万人であるのに対し，女性は約2.5万人と記録されている。とりわけ20代後半から40代前半の女性が人口の割合として最も多い。移民省に登録された日本人永住者

図表15-4 出身国別配偶者ビザ件数（2001年1月－10年12月の累計）

出身国	女 性	男 性	不 明	合 計
イギリス	16,941	22,446	0	39,387
中 国	26,405	11,781	0	38,186
インド	20,305	4,961	0	25,266
フィリピン	17,420	4,535	0	21,955
ベトナム	14,480	5,444	0	19,924
アメリカ	8,123	7,359	0	15,482
タ イ	12,251	2,022	1	14,274
レバノン	4,833	5,984	0	10,817
インドネシア	7,012	2,295	0	9,307
日 本	7,723	930	0	8,653
南アフリカ	2,914	2,929	0	5,843
合 計	138,407	70,686	1	209,094

（出典）Department of Immigration and Citizenship 2012より作成

のためのビザ申請については，その種別にかかわらず総じて女性の申請件数が高く，その中でもとりわけ現地在住者（オーストラリア市民あるいは永住者）の配偶者としてのビザ申請が全体の相当数を占める。図表15-4は，配偶者として申請された永住ビザの件数を筆者が申請者の出身国別にまとめたものである。オーストラリアへの移住は，2000年代では年平均15万人以上，そして2010年に入ると20万人程度と増加している。その中で日本人移住者は政府統計でも可視化されることが少ない小規模集団である。にもかかわらず，こうして配偶者として永住する「婚姻移住者」に的を絞ると，日本からの移住者は相当な規模の移民集団として浮かび上がってくる。そしてここで顕著なのが，この区分に属する日本人移住者のジェンダー差である。

　ジェンダー化した日系コミュニティは，エスニック・コミュニティとしての日系コミュニティの組織化や活動にも影響を与えている。たとえば，コミュニティ構成員に現地配偶者との婚姻移住者が多いことで，家庭内の言語環境が日本語と英語（あるいは他の言語）に，あるいは英語中心となっていることが多くみられる。また，家庭内では常々配偶者や子どもの文化交渉が求められることになり，とりわけ子どもの養育や教育については家庭内での慎重な交渉が必要となる。その結果，日系コミュニティへの帰属感や，あるいはコミュニティ内での中心的な活動などに対して慎重になる場合がある（舟木・濱野 2019）。他

方，そうした「多文化」な家庭環境を積極的にとらえ，エスニックな背景によらない広い交流関係や社会的な活動に参加するきっかけとなることも多い。

　現地配偶者との国際結婚による移住は，日系コミュニティの地理的な分布にも影響している。通例，移民の居住地域は地理的に集中する傾向がある。オーストラリア都市圏においても出身国別の集中したコミュニティの形成が各所にみられる。現在，その分布特性が徐々に変容しつつあることは第 1 節で述べた通りだが，現地配偶者の生活圏に依拠する婚姻移住者の居住地は，オーストラリアでは都市の中心部に付置する規模の大きな日系コミュニティから広く離れ，拡散する傾向がある。こうした中心的な日系コミュイティから離れたところでも，それぞれが交流を持続し，地域ごとに日系コミュニティの小集団が形成されることがある。とりわけ，婚姻移住者の女性たちがその中心的な役割を担う。しかし，婚姻移住者は現地生活で自立した生活を送るための社会的資源（言語や生活情報）を必ずしも十分に獲得しないまま移住生活を始めざるを得ない場合も多く，こうした小規模かつ拡散した居住形態ゆえに，定住支援の大きな手助けとなるエスニックな資源を利用できない，あるいはその対象者として可視化される機会に恵まれにくいことも留意しておかなければならない。

7　多文化社会の中の日本人移住者

　日系コミュニティは，オーストラリアで大規模なエスニック・コミュニティを構成しているわけではない。しかし，日本人のオーストラリア移住は前世紀にさかのぼる歴史をもち，そしてこれまでの経緯も複雑なものである。オーストラリア統計局（2017年 3 月30日付け）は，日本人永住者は過去10年で24％もの増加を記録し，アジア諸国からのエスニック・グループの中で増加率が最も著しいエスニック・グループだという（その次に増加率が高い中国出身者でさえ 7 ％程度であった）。こんにち，日本とオーストラリアの国際的な関係はいっそう深まりつつある。その中で，オーストラリアの日系コミュニティは，これからも拡大し続けるだろう。

　本章では，20世紀半ばからこんにちにいたるまでの日本からのオーストラリ

ア移住と，オーストラリア社会で形成されてきた日系コミュニティの特徴を，オーストラリアへの日系移住史の第二幕として概観した。このほかにも，さまざまな理由や目的によって単身で，あるいは家族を伴い日本からオーストラリアへと渡った人たちがいる。オーストラリアの日系コミュニティは，構成員の移住期間や，その動機，そして個々の社会背景もいっそう多様化しつつあり，移民集団としての活動も多元化している。地域や社会属性，家族構成を反映したさまざまな活動にとどまらず，高齢化する家族や構成員へのケアに関する取り組みや，オーストラリア社会の一員として多方面に活躍しつつある次世代への言語や文化継承への組織的な支援に取り組んでいる。日系コミュニティに自分の居場所を定めず，地域社会やオーストラリア社会で広く活躍する人たちも多い。多文化社会オーストラリアにおいて移住者が形成するコミュニティは，定住支援のための自助組織としてだけではなく，その固有の文化をオーストラリア社会に広く知らしめ，そしてコミュニティ内の次世代にそれを継承する役割も果たす。自身の望む生き方を実現するために，あるいはコスモポリタンな家族を築くために，現代オーストラリアにはさまざまな日本人移住者がいる。そうしたひとりひとりの移住者とのかかわりから，現代オーストラリアの日系コミュニティが形成されているのである。

【さらに学びたい人のための文献案内】

①遠藤雅子，1989，『チェリー・パーカーの熱い冬——Warbride- A Long Way to Australia』新潮社.
　日本人の渡航がきびしく制限されていた当時のオーストラリアで，最初の戦争花嫁として移住を果たした桜本信子氏をめぐるルポルタージュ。

②長友淳，2013，『日本社会を「逃れる」——オーストラリアへのライフスタイル移住』彩流社.
　クイーンズランドでの調査から，日本人のライフスタイル移住の動機や現地生活を考察した一冊。

③濱野健，2014，『日本人女性の国際結婚と海外移住——多文化社会オーストラリアの変容する日系コミュニティ』明石書店.
　シドニー郊外の日本人女性婚姻移住者たちの移住経緯や，近隣の日系コミュニティへの帰属感を検証した一冊。

④藤岡伸明，2017，『若年ノンエリート層と雇用・労働システムの国際化──オーストラリアのワーキングホリデー制度を利用する日本の若者のエスノグラフィー』福村出版.

ワーキングホリデーで現地滞在する日本人の若者への丹念な聞き取りによって，労働社会学と国際社会学の視点から現代の若年層労働人口の国際移動を検証した一冊。

⑤森川知治，2008，『人生の方程式とジョーカーとスペードの A』東京図書出版会.

ワーキングホリデーを経て永住者となり，シドニーで日本人による初の寿司専門店を開いた著者の自伝。

[濱野　健]

第16章	オーストラリア映画・演劇と日本

Introduction

　本章は，オーストラリア映画・演劇と，日本との関係について論述する。まずオーストラリアの映画と演劇が，日本に関して取り上げる頻度の最も多いテーマとして，戦争について述べる。さらに，映画史，演劇史の中で変わっていく日本人の表象について紹介する。つづいて次節では，映画・演劇というメディアを通して，オーストラリアと日本がどのように出会い，対話し，交流をしてきたのかについて語る。その際，交流と対話を促進するものとして，翻訳上演，表現技法の影響関係，協働に焦点をあて，筆者が実践者としてかかわったプロジェクトを中心に言及する。

　娯楽である演劇と映画は，観客を楽しませることが求められ，映画と演劇の中で描かれるものは，基本的にはフィクションである。しかしそのフィクションは，社会学的・文化人類学的調査をもってしても掘り起こすことのできない真実を伝えることもある。オーストラリア映画・映画が描く日本の姿には，どんな真実があるのか。日本の表現技法を吸収しながらオーストラリアで創り出される作品，あるいはオーストラリアの主題をもちいて日本で創り出される作品は，どんな現実へと観客を案内するのか。この分野の研究を行うには，これらの命題を常に念頭におくべきである。

1　オーストラリアの映画・演劇へのアプローチ

　まずはじめに，オーストラリアの映画・演劇について研究することの意味について述べておく必要がある。オーストラリアの映画・演劇は，オーストラリア地域研究という視点を別にすれば，日本における映画研究，演劇研究において，十分に関心をもたれてきたとはいいにくい。その理由は，世界の演劇史，映画史の中心に，オーストラリアがあるわけではないからであり，さらに，オーストラリア映画，オーストラリア演劇と呼べるものの歴史も浅いからである。これはオーストラリア文学の歴史が浅く，オーストラリア文学も英文学の

キャノンには組み入れられてはこなかったことに重なる。

　映画と演劇というメディアを通して語られる物語から，オーストラリアについて知ることはできる。しかしそれだけでは十分ではなく，映画と演劇を通して自らについて語ろうとすることそのものが，オーストラリアでどのような意味をもっているかを同時に考えることが必要である。

　たとえばオーストラリア映画の歴史は，サイレント映画初期には輝かしい歴史を有していた。1910年代前半には米国をもしのぐ映画の大きな産業が形成され，最初の黄金期を迎えたが，1910年代中盤には停滞し，外国映画の輸入が圧倒的割合を占めるようになった。オーストラリア映画が復興を始めるのは1960年代で，反ベトナム戦争の動きが反米意識を高め，進展する多文化社会化を背景に，オーストラリアのアイデンティティが求められた。外国からの文化的輸入品ではなく，自国の文化芸術を育てるため，積極的な公的助成が映画製作のために投入された。その成果が，1970年代初頭から製作本数が飛躍的に増え，またその質も世界的に評価される，いわゆる「ルネッサンス」と呼ばれる活況につながった。オーストラリア映画ルネッサンスからは，その後世界的な活躍を果たす監督や俳優が登場していった。つまり，ルネッサンスを迎えて，自らを語るためのメディアとしての映画製作からそれまでアクセスを遠ざけられていたオーストラリア人が，それをようやく手にしたのだ。

　演劇についても同じことがいえる。たとえばオーストラリア先住民演劇の歴史では，「先住民には演技ができない」という言説がまかり通り，かれらから演劇という表現メディアが遠ざけられていた時代があった。しかしかれらが演劇を使って自らを表現できる時代になったとき，かれらが語り始めた物語は，それ以前の時代と同じものではなかった。いわば，これまで語ることのできなかった者たちが，表現する力を得て，語り始めた物語である。これが，歴史の浅いオーストラリア演劇・映画が，現代にこそ大きな意味をもっている理由である。

　本章であつかうように，オーストラリア映画・演劇において，日本に関する物語が多数存在するのも，それが「オーストラリアの物語」の一部であるからである（日本においてオーストラリアに関する物語が少ないことと対照的だ）。さらに

いえば，その物語の多くが戦争に関するものであるのは，オーストラリアのアイデンティティと深く結びついているからにほかならない。オーストラリア映画が，米国のそれと同じようなものだという漠然とした認識が日本にはあるが，オーストラリア映画における日本に関する物語は，とりもなおさずオーストラリアのことを語っているのであり，その点を見落としてはならない。

2　日本を描いた映画・演劇

2-1　戦争の記憶

　日本とオーストラリアの最も鮮烈な出会いは，戦争を通してであった。オーストラリアの演劇と映画でも，第二次世界大戦での日豪の戦争をあつかった作品はいくつもある。

　映画では，現実に両国が交戦している時期から，対日戦争を取り上げたものがある。戦時下の1944年，チャールズ・ショーヴェル監督作品『トブルクの鼠』は，リビアでドイツ軍を相手に奮闘したオーストラリア軍第9師団の3人の兵士を主人公にしている。凱旋帰国して市民に大歓迎を受けた後，かれらはニューギニアの対日戦線に投入される。華々しい活躍に見合わない，日本兵との死闘は，作品の厭戦気分を強調している。ドキュメンタリーでは，1942年に製作された『最前線ココダ』がある。ニューギニアで日本軍と対峙するオーストラリア軍の姿を記録した。これは同年，米国アカデミー賞長編ドキュメンタリー部門を受賞したが，これはオーストラリア初のオスカーだった。

　オーストラリア映画で日本との戦争を描いた代表的な作品としては，1990年の『アンボンで何が裁かれたか』（スティーヴン・ウォレス監督）と，1997年の『パラダイス・ロード』（ブルース・ベレスフォード監督）がある。前者は日本軍の捕虜収容所があったインドネシアのアンボン島での，日本の戦争犯罪を問う裁判を舞台にしたもので，後者は日本軍の収容所にいた女性看護師らが合唱隊をつくり歌い続けた物語である。

　日本との戦争を描いたオーストラリア映画の中で，日本の観客も巻き込んで議論となった作品に，2008年の『オーストラリア』（バズ・ラーマン監督）があ

る。この作品がそれまでの映画と一線を画するのは，オーストラリアの俳優たちがハリウッドをはじめ世界で活躍するスターになり，かれらが登場する作品としてグローバルに配給されるようになったことである。そのグローバルな観客の中に，日本人も含まれていた。

　この作品を通しておそらく初めて，ダーウィン爆撃の描写が，多くの日本の観客の目に触れた。そしてこの描写は，オーストラリアと日本が交戦した記憶がもともと希薄な日本の観客の中に，波紋を広げることとなった。主人公のドローヴァーは，伝導の島に収容されたアボリジナルの子どもたちを救出する。その救出を助けたアボリジナルの登場人物は，島に上陸していた日本兵と戦って命を落とす。この描写をめぐって，日本の映画掲示板で批判の声が多数寄せられた。すなわち，伝導の島なる島は実在せず，また史実では日本軍の上陸作戦もなかったことを指摘し，日本を悪者に仕立て白人とアボリジナルが和解する物語は許せないと考える日本の観客が少なからずいたのである。

　しかしこの議論は，オーストラリアと日本の視点の対立にのみフォーカスされていて，アボリジナルの人々の視点が抜け落ちている。それまでの娯楽映画作品の中で，アボリジナルがヒーローとして登場することはほとんどなく，したがって『オーストラリア』のように，アボリジナルの登場人物が英雄的な活躍をみせ，子どもたちの命と引き替えに華々しく散ってみせるシーンは，アボリジナルの多くの観客がおそらく観てみたいと思っていたものだ。たとえばウェズリー・イノックというアボリジナルの演出家は，第一次世界大戦に従軍したアボリジナルを描いた『ブラック・ディッガーズ』を演出する中で，アボリジナルの人々の「ファイティング・スピリッツ」を無視するべきではないと主張している。

　もうひとつ重要なのは，伝導の島は，クロッカー島というモデルがあったことである。その島では，日本軍のダーウィン攻撃をさけるために，ストールン・ジェネレーションのアボリジナルの子どもたちが命からがら島から脱出して，オーストラリア大陸を縦断する逃避行をした史実がある。この史実は，『オーストラリア』に先住民スタッフとしてかかわった映画監督スティーブン・マグレガーが，2012年に『クロッカー島からの脱出』というドキュメンタ

263

リー映画として作品化している。『オーストラリア』がたとえ史実を曲げているとしても，ダーウィン爆撃が，アボリジナルの子どもたちに恐怖と犠牲を強いていた事実は存在している。

　これらのことからいえるのは，日本対オーストラリアという対立軸ではなく，先住民の視点を交えることが大切であり，そうすれば単純な真偽の判定や安易な正義の判断はできなくなるということだ。日本や日本人を描いた作品について，その描写の真偽や史実通りかどうかを論じるのではなく，作品が創られた意図や，意図せずに生じた解釈や影響力，そして単純ではない文脈，それらを，多角的に，できるだけ多くの立場，多くの世代の視点から解き明かすことが必要だということもいえる。

　演劇作品については，日本との戦争を描いた代表的な作品は，次のようなものがある。ジル・シーラー作『シマダ』（1968年初演）は，田舎の自転車工場を買収するためにやって来た日本人ビジネスマンと，その姿に残酷な日本兵の姿をみる，元オーストラリア兵捕虜だった主人公との相克を描いた物語で，ブロードウェイでも上演された。ジョン・ミスト作『シューホーン・ソナタ』（1995年初演）は，シンガポール陥落後，日本軍の収容所に入れられた女性2人の過酷な体験が，2人の再会を機に蘇る。

　そしてオーストラリア演劇史上最も重要な作品が，ジョン・ロメリル作の『フローティング・ワールド』である。1974年にメルボルンの小劇場で初演された。そしてその後何度も，時代時代ごとの意味を問いながら再演されてきた作品である。主人公のレズ・ハーディングは，戦争中に日本軍の捕虜となって，タイ・ビルマ間鉄道建設工事に酷使された経験をもつ。戦後30年あまりが経ち，妻と一緒に豪客船のツアーで日本への観光に出かける。しかし，その船上で，東南アジア系のウェイターに日本兵の記憶が重なり，また，捕虜収容所で死んだ戦友の亡霊に責め苛まれ，精神が崩壊していく。この作品はオーストラリア演劇の古典として評価されている一方で，反日プロパガンダ作品だという批判が，オーストラリア国内にはあった。しかしこの作品が，そのような目的のために書かれたものではないことは明らかだ。主人公は日本軍による虐待を経験したとはいえ，アジア人に対しての強烈な差別意識をもっている。主人

公はラリキン，オッカー（かつてオーストラリア人男性の典型とされた）であり，彼が抱くアジア人蔑視は，オーストラリア人の負の自画像にほかならない。この作品は，オーストラリア人の醜悪な部分に鋭い目を向けている。ジョン・ロメリルは，1960年代終わりから始まった小劇場運動のリーダーとして活躍した。この時代の，小劇場運動の登場とともに誕生した現代オーストラリア演劇は，前述のオーストラリア映画ルネッサンスと同じく，オーストラリア人とは何者かを作品の中で問い続けた。『フローティング・ワールド』は，日本の戦争責任そのものよりも，オーストラリア人自身をするどく批判する目をもっている。アジア人に対する差別心と恐怖心をあわせもち，日本を含めたアジア諸国に取り囲まれた太平洋で孤立しパラノイアに陥るオーストラリアという自画像を描いてみせたのである。

　もうひとつこの作品の面白いところは，再演される時代ごとにその色を変えることにある。作品がもうひとつ焦点をあてているのは，過酷な戦場で壮絶な経験をした兵士たちが，PTSD に苦しむ姿である。2013年の再演では，演出家はこの兵士の PTSD をクローズアップしたという。アフガン，イラク戦争の帰還兵の苦悩が多くの人々に知られた時代ならではの視点である。再演される時代や場所によって重要なテーマが浮上してくるのは，何度も繰り返す衆目による検証に耐え得る多くのテーマを，この作品がもっているからであり，だからこそ，オーストラリア演劇史の「古典」としての位置を勝ち得ているのだ。

2-2　移り変わる日本人表象

　オーストラリア映画で，日本人はどのように描かれてきたのかについてみてみよう。戦後のオーストラリア社会に定着した日本人の中に，日本人の戦争花嫁の存在がある。『八重桜物語〜オーストラリアに渡った戦争花嫁たち』（1989年）と『AYA』（1990年）はともに，ソーラン・ホアス監督が日本人戦争花嫁の戦後の生き様と現在の姿を描いたものである。

　『ヘヴンズ・バーニング』（1997年，監督クレイグ・ラヒフ）は，1992年に起きたオーストラリアに新婚旅行中の花嫁失踪事件から着想を得て，日本人花嫁の逃避行とオーストラリア人男性の恋と冒険を描いている。作品からは，好景気

の日本でオーストラリア・ブームが絶頂に達していた時代が透けてみえる。『ボンダイ・ツナミ』（2004年，監督レイチェル・ルーカス）は，サーフィンをしながら自由奔放に暮らす日本人の若者たちのクールさ，女性の「かわいい」という感覚を，オーストラリアの新しい風俗として描写しようとしている。ワーキングホリデーで日本からオーストラリアに向かう若者たちが多くなった時代を背景にしている。

　『ジャパニーズ・ストーリー』（2003年，監督スー・ブルックス）は，日本人ビジネスマンのオーストラリアでの旅路を描いた作品である。西オーストラリア州のピルバラ鉱山に視察に訪れた日本人ビジネスマンのヒロを，会社の命令で嫌々案内役にさせられた地質学者のサンディが迎える。最初は２人の間にぎすぎすしたものがあったが，奥地の砂漠で車がエンストを起こして一晩２人だけの野宿を余儀なくされ，翌朝力を合わせて窮地を脱したときからうち解け，やがて結ばれる。だが，沼で水遊びをしていたときに事故が起こり，ヒロは死んでしまう。日本から彼の妻がやってくると，サンディは動揺しながらも，気丈に妻の夫との再会をエスコートする。そして妻が機上の人となるとき，ヒロが生前に書いた手紙がサンディに手渡される。そこには，オーストラリアの奥地での出会いに感動したことが書かれていた。

　この映画に登場する日本人に，ビジネスマンが選ばれたことには，背景がある。作品が創られた2000年代初頭までは，日本人は経済大国からやってきた裕福な人々であり，その中心は日本企業の駐在員だというイメージが強かった（塩原 2018）。この作品に登場する日本人ヒロは日本の会社から視察のために到着したばかりの人物ではあるが，この時代の在豪日本人のイメージと重なる。風景をカメラにおさめることを好み，名刺交換をし，酒を飲めば泥酔して正体をなくすところなどは日本人の従前からのステレオタイプを踏襲しているが，白くて細いしなやかな身体をもった日本人男性の容姿は，挙げたような古くさいステレオタイプにはそぐわない，新鮮な印象を残す。サンディはヒロの身体に見とれて，愛おしむ。ヒロのあっけない最期は，サンディが日本という未知の精神に触れようとする物語のアイテムとして，つまりエキゾチックで美しい人形として，ヒロが存在してるようにも思わせる。

　しかし一方で，会社の論理や日本における閉塞感を持ち込んで屈折している
ヒロの心の内も，作品は描いていく。最初は衝突した 2 人が，奥地で危機に遭
遇し，それを乗り越える中で，互いを人間として認め合うことができた。2 人
が，日本人，オーストラリア人という枠を超えて理解し得たのだという読み方
もできる。そして突然の死を迎え，能を彷彿とさせるような厳粛な雰囲気の
中，ヒロは遺体として日本への帰路につく。つまり彼は，サンディにとっての
未知のベールにもう一度包まれていくことになる。

　しかしそのラストシーンに流れる音楽として，沖縄民謡「てぃんぐさぬは
な」が使われている点が興味深い。この沖縄の音に対して，観客はさまざまな
見方ができるだろう。日本の観客にとっては，ヒロと沖縄とのつながりが作品
の中で何も言及されていない以上，日本人自身がエキゾチシズムを感じる沖縄
の音楽に「日本」を象徴させていることに違和感を抱くかもしれない。一方，
沖縄の音階が，旧来の日本のどんなステレオタイプにも汚されていない，新し
い「日本の物語」を醸し出していると読むこともできる。いずれの見方にして
も，日本のイメージが多様化，複雑化し，たとえ日本の内側でそれがマージナ
ライズされていても無関係に，日本の外側からの想像力や関心と結びついて新
しい日本の表象が生まれ得るということを表している。

　オーストラリアの演劇作品でも，同じような日本人の表象は時々顔を出す。
デヴィッド・ウィリアムソン作『Dead White Males ～女と男とシェイクスピ
ア』（1995年）では，日本は女子大生の主人公の祖父がニューギニアで戦った無
敵の軍隊の国であり，また，日本人は主人公の親友のバイト先のショーパブ
で，シープスキンを纏ったウェイトレスと一緒に「Click go the shears」を歌
う陽気な団体客である。キャサリン・トムソン作『キング・タイド』（2007年）
に登場するバック・パッカーでサーファーの日本人青年は，のんきな居候のよ
うにみえて，実は日本社会の閉塞感に疲れ傷つき，オーストラリアでの癒やし
を渇望している。これらは多くのオーストラリア人が想像する日本人像と重な
る。

　しかし近年，ほとんどの人が知らない，忘れ去られた日本人像を掘り起こす作
品が登場している。19世紀後半より，真珠貝採取ダイバーとしてオーストラリ

アに移住した日本人をあつかった作品だ。ジョン・ロメリルの『ミス・タナカ』(2001年) は，戦前の西オーストラリア州ブルームを舞台に，日本人ダイバー田中佐一とその息子和彦が，機知によって同僚のダイバーや雇い主の白人社長を騙して貴重な真珠など財産を巻き上げ，田中の故郷である和歌山県太地町，そしてマニラに高飛びするまでを描いた喜劇である。また，金森マユ作『ヤスキチ・ムラカミ』(2015年) は，戦前のブルームに暮らした日本人写真家村上安吉の残した写真を，作者の分身である登場人物が探し求める旅に出るというものである。

『ヤスキチ・ムラカミ』の一場面では，多数の日本語のささやきが，ユーカリの葉の音擦れとして聞こえてくる。それは，オーストラリアの中に日本人が戦前から移民として根づいていたという事実，そしてその歴史はオーストラリアでは忘れ去られているということに，気づかせてくれる。さらに『ミス・タナカ』では，和彦がアボリジナルと日本人の間に生まれた子どもであったり，太平洋のさまざまな場所からやって来た人々が真珠貝産業を担っている様子が描かれる。つまりブルームでは白人以外では日本人だけが暮らしていたのではなく，この町の多文化多民族の環境に，日本人も溶け込みながら生きてきたことが示されている。

このような物語は，オーストラリアのみならず，日本でも演じられ読まれることに大きな意味がある。『ミス・タナカ』も2012年の日本上演（江戸糸操り人形・結城座）の際，観客から驚きをもって受け止められた。なぜなら戦前のオーストラリアに日本人が暮らしていたということ自体を，多くの日本人が知らなかったからである。

和歌山県太地町からブルームにやってきた日本人と真珠貝産業の歴史は，現在ブルームに住んでいるアジア系，アボリジナル系の住民にとっての歴史にもなっている。近年，象徴的な出来事があった。現在の太地町のイルカ漁を告発する米国のドキュメンタリー映画『ザ・コーブ』(2009年) に端を発して，ブルームと太地町の姉妹都市関係の凍結が議会によってされた。そのとき，アジア系，アボリジナル系住民の声が，その決定を覆し，両市の関係は修復された。その背景には，かれらの存在が主流オーストラリアによって忘れ去られる

のを許さないという気持ちもあった（山内 2012）。これも，前項でふれたように，日豪という二項対立にとらわれていると見失う視点である

　オーストラリアに生きた日本人たちの話が，作品を通して語られ，多くの人々の耳目に触れるとき，日本とオーストラリアの関係だけでなく，両国の歴史の中で埋もれてしまった人々の声や物語を浮かび上がらせる。それがもつ力は，ナショナリズムや異なる価値観のぶつかり合い，歴史をめぐる軋轢に新たな視点を提供し，和解へとつなげる可能性を有している。

3　表現と人の交流

3-1　映画における交流

　次に，映画・演劇を介して，日豪がどのように交流をしてきたかを述べる。これは人的交流，両国の表現者が協働してどんな作品を創ったかということはもちろん，表現方法が互いにどのようなインパクトを与えたかという点も含まれる。

　演じ手と観客が同じ場所と時間を共有することが求められる演劇とは異なり，映画はカメラが移動できるのなら，製作の場所を自由に選ぶことができる。日本映画がオーストラリアをロケ地に選ぶことは多い。日本映画のヒット作の中にも，『タスマニア物語』（1990年），『世界の中心で愛を叫ぶ』（2004年）など，オーストラリアで撮影を行った作品がある。ロケ地としてのオーストラリアは，広大で独特な風景など，魅力が多い。高い映画製作技術と助演俳優の演技力を用いて創られるハリウッド映画もあり，オーストラリアで製作されたことがストーリー上では全く意味をもたない事例も多い。1960年代後半には，高倉健と渡哲也といったスターが出演する映画が，オーストラリアで撮影された。この場合は，オーストラリア映画ルネッサンスの前夜であり，オーストラリア映画の空白期に，日本映画がオーストラリアで創られていたことになる。

　日豪を含め，国際的に製作された映画作品はいくつかある。その嚆矢が『戦場のメリークリスマス』（1983年）で，坂本龍一，デビッド・ボウイ，ビートたけしの起用で日本では注目を集めた作品だが，ジャック・トンプソンという

269

オーストラリアの映画スターが出演していたことはあまり記憶されていない。この映画で助監督をつとめたロジャー・パルバースは，その後も日本と，映画・演劇を通してかかわり続けた。最近のパルバース監督作品に，2017年公開の日豪合作『STAR SAND』がある。また，第二次世界大戦のビルマ・タイ間鉄道建設工事を主題にした『レイルウェイ　運命の旅路』（2013年）は，オーストラリア映画ではあるが英国人捕虜と日本軍人の物語であり，日本は製作にかかわっていないが日本の真田広之が出演し，太平洋戦争をあつかったこれまでのオーストラリア映画と異なる語り口でグローバルな映画作りの一例といえる。

　また，商業映画ではなく小規模な作品の中に，日系人としてオーストラリア社会で生きる人が映画を用いて物語を語る流れもある。金森マユは，ブルームに暮らすアボリジナル女性が和歌山県太地町に実の父親を探す旅にゆく『心の旅』（2001年），オーストラリアで麻薬密輸（メルボルン事件）で投獄された日本人女性に取材した『チカ』（2005年）など，いずれも日本とかかわりのあるドキュメンタリー作品を創っている。世界の多くの映画祭で上映された『ライスボール』（2015年公開）は，オーストラリアで俳優として活躍する宇佐美慎吾が監督した短編映画で，おにぎりという日本文化をキーにした，オーストラリアに住む日本人父子の物語である。このように映画においては，日本とオーストラリアのかかわりをオーストラリア人の視点で描いた作品だけではなく，オーストラリアで現地に根づいた日本人が作り手の側に立つ事例が生まれ始めている。

3-2　オーストラリア演劇の翻訳上演

　一方，演劇においては前述したように，演劇は場所と時間に関しての制限が存在する。それでも，日本とオーストラリアの演劇人はさまざまなかたちで，交流を進めてきた。そのひとつが，翻訳上演である。筆者が舞台翻訳者として直接かかわった演劇の事例の中からいくつか紹介しよう。先述の『フローティング・ワールド』は日本語に翻訳され，日本人キャストにより（夏八木勲，江戸糸操り人形・結城座など），1995年に東京とメルボルンで翻訳上演された。こ

Key Word

翻 訳 劇

　外国語の戯曲を翻訳して上演することを意味するが，日本では坪内逍遙，小山内薫らが翻訳劇を通して日本の近代演劇を創出させようと試みて独自の様式が生まれ，三島由紀夫もその様式性に注目して「翻訳劇」調の戯曲を書いた。演劇の翻訳は小説の翻訳と異なり俳優の身体を通して表現されるため，文化的差異の可視化を避けることはできない。しかし，それを逆手にとり，オリジナルの作り手が予期しなかったかたちで，観客に立ち止まり考えさせる翻訳劇の上演もあり得る。オーストラリア戯曲は，1990年代から日本で翻訳劇による紹介が本格化した。国際フェスティバル，近代演劇の流れを汲む新劇の劇団，またアングラ劇団，人形劇団などさまざまな場で，翻訳劇によるオーストラリア作品の日本上演が行われた。さらに1970年代に登場したオーストラリア先住民による演劇作品を，翻訳して日本人キャストが演じる公演が2000年代以降継続的に行われた。同時に，日本で翻訳劇として演じられる先住民の作品にどのような可能性と限界があるのか，オリジナルの劇作家や演出家，国内外の研究者による議論が交わされた。その成果として，先住民と演劇とのかかわり，そしてそのグローバルな展開について論点が整理され，他の研究分野がいまだ到達していない先住民のアイデンティティと芸術性を明らかにしてきた。一方，劇中の出来事の当事者である俳優が，フィクションと事実がない交ぜになった役柄を演じる作品が，現代演劇のひとつの潮流となっていて，これは来日公演でしか伝えることはできない。今後オーストラリア演劇は，翻訳劇と来日公演の両軸によって，日本への紹介と交流が続けられていくだろう。

の作品が日本語に翻訳され，日本人の俳優に演じられ，日本とオーストラリア両方で上演されたことは，それぞれの国の観客に，全く異なる意味を与えた。日本では，戦後50年で戦争の記憶が薄れる中，なぜ今このような戦争の物語を見せられなければならないのかという苛立ちが，当時20代，30代の若い観客の中にみられた。年配の観客では，主人公の苦しみに共感する感想が多く，戦争の記憶に対するジェネレーションギャップがはっきりと浮かび上がった。一方オーストラリアでは，「翻訳劇」の構造がもたらす効果が，注目を集めた。主人公のオーストラリア兵を日本人である夏八木勲が演じており，その彼が日本人に対する人種差別的な侮蔑の言葉を吐き散らす。この光景は，作品が元来批判的に描くオーストラリア人のレイシズムが，より明白なカリカチュアとしてオーストラリアの観客の目に映ることとなった。そして観客に，オーストラリ

ア人とは何なのか，白人とは何なのかについて，深く考えさせる効果を生んだのである。このように，場所や時間を変えた再演は，演劇的想像力を借りることで，オリジナルの単なる再現ではなく，オリジナルでは意図されなかった視点や読みを可能にするのである。

　筆者は，オーストラリア先住民演劇の日本における翻訳上演にも携わった。代表的な作品として，ジェーン・ハリソン作『ストールン』（1998年初演，2002年日本上演），ウェズリー・イノック＋デボラ・メイルマン作『嘆きの七段階』（1994年初演，2002年日本上演）がある。『ストールン』は，ストールン・ジェネレーションを描いた作品であり，『嘆きの七段階』は，18世紀後半からの植民地化された先住民の嘆きの歴史を語る物語である。『ストールン』では，大きな力によって離ればなれにされてしまった親と子の悲劇が何世代にもわたって行われた事実が明らかになる。親子の愛情と引き離される悲劇の物語がもつ普遍性は，日本の観客にもよく伝わった。一方で，日本人がアボリジナルを演じることは，俳優が「アボリジナルとしての」社会的経験をもっていないという点で限界があることも，同時にみえてきた。『嘆きの七段階』でも同じ問題に突き当たったが，日本での翻訳上演では，韓国人俳優を起用することにより，白人の植民地主義の物語を借りて，日本の植民地主義の問題を観客に意識させた。初演では全く意図しなかった意義を，日本での翻訳上演によって得ることになった。

　2011年には，スコット・ランキン作『ナパジ・ナパジ』（2006年初演）の翻訳上演が日本で行われた。1950年代，60年代のマラリンガ核実験を生き延びたアボリジナルの人々のサバイバルの物語である『ナパジ・ナパジ』は，オリジナルのテクストですでに，広島・長崎についてのエピソードが盛り込まれ，マラリンガの物語をオーストラリア国内だけではなく世界史の中に位置づけようというもくろみがあった。しかし3.11後の日本で上演されたとき，この物語は福島と離散する避難者の姿を観客の前に浮かび上がらせるという結果をもたらした。

　このように翻訳上演は，オリジナル上演に対する二次的なものではなく，上演される時代と場所に即した新しい読みを可能にする。日本の演劇交流にとっ

て，翻訳上演の果たした役割は大きい。

3-3　オーストラリアの日本演劇受容

　次に，オーストラリアが日本の演劇から受け取った影響について考えてみる。オーストラリア演劇における日本からのインパクトは大きかった。1960年代，70年代，オーストラリア映画におけるルネッサンスと同様，「オーストラリアとは？」「オーストラリア人とは？」を問いかけるテーマをもった作品が，若い劇作家たちによって数多く創られた。同時に，西洋由来の演技，劇場のあり方，俳優と観客のあり方が再考され，西洋近代以前の演劇の形式や，西洋以外の地域の演劇への関心が高まった。戯曲のもつ特権に疑いの目が向けられ，俳優の身体に強い関心が寄せられるようになった。西洋近代を乗り越え，独自のものを模索し始めたオーストラリア演劇にとって，日本演劇は特別な存在だった。

　1980年代にオーストラリアに紹介されたのが，鈴木忠志の演劇と，舞踏だった。日本の舞踊は田中泯が1982年に初めてオーストラリアで上演し，1988年に山海塾が，1987年には白虎社がそれぞれ公演を行った。1991年にメルボルン国際芸術祭に参加した大駱駝鑑からは，メンバーのユミ・ウミウマレがメルボルンに定住し，日本の舞踏をオーストラリアに伝えてきた。それらの残した影響は大きく，日本の舞踏はこんにちでも，ド・クエンシー，ゼン・ゼン・ゾーなど身体表現を重視するオーストラリアのカンパニーの基礎となっている。

　鈴木忠志は1988年にシドニー・オペラハウスで白石加代子主演『トロイアの女』を上演した。その後，メルボルンの劇団プレイボックスが，1992年に，鈴木を演出に迎えてシェイクスピア作品の翻案『マクベス年代記』を，日豪で上演した。俳優に自らの身体を常に意識させる鈴木メソッドは，アジア演劇と連携し西洋演劇の文脈から脱却してオーストラリア独自の演劇を目指したプレイボックスにとって，重要な意味をもつものだった。

　平田オリザが率いる青年団は，2004年に『東京ノート』，2012年にアンドロイド演劇『さようなら』を，ともにメルボルンで上演した。平田に代表される「静かな演劇」は，オーストラリアにも影響を与え，レイモンド・コルテーゼ

が書いた2007年の『ホリデイ』を含む一連の作品は，オーストラリア版「静かな演劇」の演劇と評される。

　日本演劇のジャンルの中で，もうひとつオーストラリアで注目されたのが人形劇である。1929年創設の日本の現代人形劇団プーク出身の西本則子は，1980年代にオーストラリアを代表する人形劇団であるフリーマントルのスペアパーツ・パペットシアターに招かれ，人形劇を創り続けた。西本をオーストラリアに招いた人形遣いのピーター・ウィルソンは，文楽など日本の人形劇に多大な影響を受けた表現で，グローバル・クリーチャーズ版『キング・コング』(2013年) のような大規模なスペクタクルから，文楽人形を彷彿とさせるジョン・ロメリルの『ラブ・スーサイズ』(1997年) のような繊細な作品までさまざまな人形を手がけ，オーストラリア演劇を豊かなものにしている。

3-4　協　働——演劇を通した交流

　日豪演劇交流のランドマークとして記憶されているのは，1995年版『フローティング・ワールド』を含む，東京国際舞台芸術フェスティバル（現在のフェスティバル／トーキョー）とメルボルン国際芸術祭の「日豪合同プログラム」だ。これは戦後50周年を機に，戦争をあつかった戯曲を，それぞれの言語で，両国の都市で上演し，そこから和解へとつなげる企画だった。このときオーストラリア側の参加劇団プレイボックスが上演したのは，長崎の原爆で倒壊したマリア像に祈りを捧げる人々を描いた，田中千禾夫作『マリアの首』だった。この企画は，作品をただ紹介するだけにはとどまらない，日豪両国の演劇人の深い交流のきっかけとなった。

　2006年に東京で世界初演されたウェズリー・イノック作『クッキーズ・テーブル』も，日本とオーストラリア先住民の演劇人の交流から生まれた作品だった。『ストールン』のオリジナル上演来日公演，『嘆きの七段階』の日本での翻訳上演に立ち会うことで，日本の演劇人と交流したイノックが，日本語・日本人キャストで，オーストラリアでなく日本で初演することを前提に，流ちょうな日本語を操るエリートのアボリジナル青年が主人公の『クッキーズ・テーブル』を書き，自ら演出も施した。それまでの先住民演劇によくみられた「白人

と先住民」の物語に「日本」が加わるのは新しく，その後の先住民戯曲にも「白人と先住民」の物語から脱却する流れは受け継がれていった。

　日豪を跨いで上演された，日本の劇作家が書いた作品には，坂手洋二作・演出の『カウラの班長会議』（燐光群，2013年初演）がある。第二次世界大戦中のオーストラリア，カウラ捕虜収容所で，日本人捕虜が集団脱走事件を起こし，230余人が命を落とす事件を主題にしている。『カウラの班長会議』は，現代の映画学校の教師と生徒たちが，カウラ事件をテーマに映画を制作する中で，日本人捕虜たちに決死の蜂起を決断する瞬間を再び生きさせるという物語である。オーストラリア人俳優を含めたキャストにより，キャンベラとシドニーで上演された。この作品は坂手がシドニーの国立演劇学校（NIDA）で演出をして以来あたためていたテーマで，カウラ事件という日豪関係史の重要な記念日を現地で飾ることにもなった。

　日本の「アングラ」劇団である新宿梁山泊も，2014年にレック・マッケイヴィッツ作・演出『エブリマンとポールダンサーたち』でメルボルンの小劇場オート・ダ・フェと協働し，日豪同じキャストが，東京とメルボルンで，それぞれ英語・日本語による上演を行った。

　最近では，日豪二国だけではなく，日本とオーストラリアに他のアジア地域も加えた演出家間の協働も始まっている。将来には，日本とオーストラリアが重要な一角となり，また充実したオーストラリア先住民演劇も巻き込んで，長きにわたって世界の模範とされてきた西洋演劇，欧米演劇とは異なる，いわば環太平洋の演劇を創りだしていくことが期待される。

【さらに学びたい人のための文献案内】

① Romeril, John, 1975, *The Floating World*, Currency Press.（佐和田敬司訳，1993，『フローティング・ワールド（オーストラリア演劇叢書 1 巻）』オセアニア出版社.）
　日豪の戦争を描いたオーストラリア文学・戯曲の古典であり，日豪演劇交流の記念碑的舞台のテクストでもある。

② Romeril, John, 2001, *Miss Tanaka*, Currency Press.（佐和田敬司訳，2012，『ミス・タナカ／心中―ラブ・スーサイズ（オーストラリア演劇叢書12巻）』オセアニア出版社.）

ブルームの真珠貝産業と日本人を含めた多文化状況を舞台にした喜劇。江戸糸操り人形・結城座によって翻訳上演された。

③佐和田敬司，2004，『オーストラリア映画史——映し出された社会・文化・文学（増補改訂版）』オセアニア出版社．

サイレント映画から今世紀初頭までのオーストラリア映画の歴史を概観し，代表的な作品に解説を付している。

④佐和田敬司，2006，『現代演劇と文化の混淆——オーストラリア先住民演劇と日本の翻訳劇との出会い』早稲田大学出版部．

オーストラリア先住民演劇の日本での翻訳上演について，演劇史・文化史的文脈を踏まえて論考している。

⑤加藤めぐみ，2013，『オーストラリア文学にみる日本人像』東京大学出版会．

オーストラリア文学に描かれた日本人の表象を，歴史を追って丹念に浮かび上がらせている。

⑥佐和田敬司，2017，『オーストラリア先住民とパフォーマンス』東京大学出版会．

先住民の映画，演劇，ダンス，オペラ，ミュージカルの展開について，日本からの視点を交えながら論考している。

[佐和田　敬司]

| 終　章 | 多文化主義社会のゆくえ |

Introduction

　本章執筆中の2019年5月，オーストラリア連邦総選挙が行われ，大方の予想を覆して野党労働党が敗北し，スコット・モリソン保守連合政権が継続することになった。この選挙の経緯と結果については，これから詳細な分析が行われるだろう。しかし，現時点の印象では，事前の世論調査で優位とされた「リベラルな」勢力が，より排外主義的とされる勢力に喫した敗北は，2016年の米国大統領選挙でのドナルド・トランプの勝利，そして英国での「ブレグジット」を想起させる。これらの出来事がクローズアップした現代先進諸国における「分断」の深刻化という社会問題は，オーストラリアにとっても無縁ではない。

　多文化社会オーストラリアにとっての「分断」とは何か。それを防ぐにはどうしたらよいのか。それらは1980年代から，論争の重要な争点であり続けてきた。一方では，非英語系・非白人系移民の増加，先住民族の権利や尊厳の承認によってもたらされた文化的差異と，それを助長し，マイノリティを優遇する多文化主義や先住民族政策が社会の分断をもたらすと主張された。他方では，リベラルな価値観に基づいて異なった人々を統合し，不平等を是正して社会の分断を防ぐことこそ，多文化主義や先住民族政策の目的なのだと連邦政府は主張してきた。しかし本章の前半で論じるように，こうした論争の構図ではとらえきれない現実が2010年代後半に台頭している。

　また「文化」や「価値観」を主要な分断線とみなす論争が，そもそも見落としてきた現実もある。たとえば，このような論争をジェンダーという観点を導入して分析することで，現代社会の権力関係をより多面的にとらえることが可能になる。こうした視点が本書の各章に含まれていたことも，本章の後半では確認しておきたい。

1　多文化主義は「失敗」か「成功」か

　第8章でも述べたように，2010年代になってヨーロッパ諸国の首脳が相次いで行った「多文化主義は失敗した」という宣言に対抗するように，オーストラ

リア連邦政府は，オーストラリアの多文化主義は成功した，と繰り返し表明してきた。庇護希望者に対して比較的弱腰だとみなされた労働党政権だけではなく，強硬な庇護希望者政策を進めた保守連合政権も（⇨第11章を参照），オーストラリアにおける「多文化主義の成功」を高らかに宣言した。

　多文化主義ははたして，「失敗」なのか「成功」なのか。西欧とオーストラリアでは「多文化主義」政策についての一般的な理解が異なっていることが，さらなる混乱を招く。クリスチャン・ヨプケによれば，西欧では多文化主義は移民・外国人の文化や集団的アイデンティティを承認し放任することで，異なる集団間を疎遠にさせ対立を深めるものだと理解されがちであった。そこで，多文化主義に代わるものとして強調されるのが，移民の市民的統合（社会統合）政策である。一方，オーストラリアの多文化主義は，主流社会のリベラルな諸価値を堅持しつつ，文化的多様性の承認とバランスを取りながら移民を包摂する国民統合理念として発展してきた（Joppke 2017）。そして第9章で論じたように，オーストラリアでは多文化主義の理念に基づき，さまざまな移民定住支援・社会統合政策が連邦・州・地方政府レベルで展開されてきた。

　多文化主義に対する批判はヨーロッパだけではなく，多文化主義を国家政策として採用する移民国家でもみられる。フランス語圏カナダ（ケベック州）の社会学者ジェラール・ブシャールは，カナダ連邦政府の多文化主義に対して，ケベックの「インターカルチュラリズム」の優位を主張する（ブシャール2017）。ブシャールによれば，インターカルチュラリズムは，ある社会において歴史的に形成された支配的集団（マジョリティ）とマイノリティの関係を前提とし，マジョリティ文化の中心性を尊重した上で両者の相互交流を促進し，文化の相互変容と交渉を通じて共通文化を発展させ，バランスの取れた国民統合を達成しようとする。だがオーストラリアの多文化主義の公式理念でも，歴史的・人口学的なマジョリティ集団である英国系（英国／アイルランド系）住民がマジョリティであることが明確に前提とされてきた。またマジョリティとマイノリティの文化間交流や相互変容も強調され，多文化主義的な芸術文化振興政策も整備された（塩原 2005）。そうした成果の一部が，第12・16章で紹介された多文化社会オーストラリアにおける文学・映画・演劇なのである。

2　「マスキュラーな」リベラル多文化主義と
　　アラブ・イスラム嫌悪

　このようにオーストラリアの多文化主義政策は，英語圏カナダの政治哲学者
ウィル・キムリッカのいう，同化主義的な国民国家モデルを修正しつつリベラ
ル・デモクラシーの枠内でエスニック・マイノリティの権利や多様性を承認し
包摂する「リベラル多文化主義」の特徴を強くもっている（キムリッカ 2018）。
第 8 章で紹介されたように，リベラルな諸価値は「中核的価値（core values）」
あるいは「オーストラリア的価値観（Australian values）」などと言い換えら
れ，それを堅持しつつ文化的多様性の承認とのバランスを取るのが「成功した
多文化社会」だと，連邦政府は主張してきた。

　だが一方で，オーストラリア社会でも1990年代以降，反アラブ／イスラム嫌
悪の風潮が活発化してきた。湾岸戦争後には，レバノン系などの「アラブ系」
がスティグマ化・犯罪者化された。さらに2001年 9 月11日の米国でのテロをは
じめ，オーストラリア人が多数犠牲になったインドネシア・バリ島の爆弾テ
ロ，ロンドンでの爆弾テロなどが相次いだ2000年代には，「アラブ系」とテロ
リズムが結びつけて表象される傾向が強まった。その結果，テロリスト対策当
局による人種的プロファイリングや，アラブ系住民へのヘイトクライムが頻発
した。「クロヌラ事件」と呼ばれた騒乱も起きた（塩原 2010; Hage ed. 2002; Hage
2015; Poynting et al. 2004）。

　2010年代になると，「イスラム国（ISIL）」の台頭や，2014年にシドニー中心
部で起きた，イスラム教徒住民による立てこもり事件，2015年にフランスで起
きた「シャルリ・エブド」事件や大規模テロなどの影響で，オーストラリア社
会でも「イスラム嫌悪（islamophobia）」の風潮が台頭した。そこでは宗教的な
違いに基づく共存不可能性が強調され，連邦議会会場でのブルカの着用許可を
めぐる論争などが起こった。アラブ／イスラム住民の「ホームグロウン・テロ
リスト」の脅威が喧伝され，捜査当局による摘発活動も活発化した。2010年代
後半には，草の根極右・反イスラム運動体や小政党の活動が活発化し，ハラー

ル食品への配慮，モスク建設，ムスリム移民受け入れなどへの反対運動が展開された（Iner ed. 2017）。

いくつかの調査によれば，こうしたイスラム嫌悪はオーストラリアの住民意識にある程度浸透している（ICMNMU 2015; Iner ed. 2017）。また第8・10章で詳しく論じられているように，反アラブ／イスラムの風潮は政治の場でも顕在化している。ポーリン・ハンソンのワン・ネイション党の主張も，近年は反イスラムに傾斜している。連邦議会での議席は獲得していないいくつかのキリスト教系の小政党も，反イスラムの主張を行っている。草の根の運動としては，「オーストラリアを取り戻せ（Reclaim Australia）」が2015年以降，各地で街頭デモを展開し，それと連携するネオナチ的な団体が活動している（Iner ed. 2017）。

こうした反アラブ／イスラム嫌悪の風潮と，オーストラリアは「成功した多文化社会」であるという連邦政府の主張は，一見矛盾するが，実は両立する。なぜならイスラム過激主義者のテロリストたちは，リベラルな多文化主義の「寛容の限界」を超えた存在とみなされ，それを社会から排除することが「多文化主義の成功」とされるからである。もっとも，その際に「イスラムのテロリスト」と「ふつうのムスリム住民」は表向き区別される。たとえば2014年，当時のトニー・アボット首相らがISILを「死のカルト（death cult）」と表現したことが物議を醸した。アボットはISILとオーストラリアのムスリム住民全般を明確に区別し，後者をオーストラリア的価値観を受け入れた「一級オーストラリア人（first class Australian）」と賞賛した。そして，ISILに感化された一部の人々が「ホームグロウン・テロリスト」となり，ムスリムを含む一般のオーストラリア市民に危害を加えることを防ぐためだと，対テロ戦争への参加やテロリスト対策法の導入を正当化した（Lentini 2016）。

2015年に発足したマルコム・ターンブル保守連合政権も，多文化社会を擁護する政策の堅持を宣言した（Australian Government 2017）。しかし同政権の市民権・多文化問題担当大臣であったアラン・タッジが2018年7月に行った演説では，オーストラリア的価値観の共有を「力強く（マスキュラーに：muscular）」推進していくことが強調された。それによれば，多様性の尊重は大事だが，シャリーア法などは受け入れられない。そして受け入れ側の社会だけではな

く，新たに移住してきた人々も統合されるように努力しなければいけない。最も重要なのは，私たちがオーストラリア的価値観の下で結束を強めることだ（Tudge 2018）。それが受け入れられない者は「オーストラリアに存在する余地はない」のである（Australian Government 2017）。

このように，2010年代後半のリベラルな多文化主義は，ムスリム住民にオーストラリア的価値観を「マスキュラーに」押しつけ，それを受け入れた者だけを「一級の」多文化社会の一員と認め，さもなければ「マスキュラーに」排除する。根本的に問題なのは，マイノリティにどこまで「寛容」であるべきかが，あくまでもマジョリティ側によって恣意的に決められることである（ハージ 2003）。「寛容の限界」を超えたと認定された瞬間に，かれらを排除することが正当化される。そして政府がリベラルな価値観を「マスキュラーに」押しつけることは，「寛容の限界」を一方的に設定することにほかならない。それゆえ，それはオーストラリア社会を結束させるどころか，むしろアラブ／イスラム住民とそれ以外のオーストラリア人の分断を助長しかねない。その意味で，連邦政府の公定多文化主義とオーストラリア社会の反アラブ／イスラム嫌悪言説は補い合っている（塩原 2019）。

冒頭で述べたように，多文化主義に対する批判の多くは，それが民族・文化的差異を過度に容認した結果「失敗する」と主張する。だが，ひとつの価値観を「マスキュラーに」人々に押しつけすぎたときにも（それが「リベラルな」価値観だったとしても），社会の分断は深まり「失敗」する。こんにちのオーストラリア多文化主義が直面している本当の問題は，実は後者である。

3　移民・先住民族政策と新自由主義

オーストラリアの多文化主義政策のもうひとつの特徴は，それが1990年代以降，新自由主義の影響を強く受けてきたことである（塩原 2005; 2017）。ここでいう新自由主義には大まかにいって，①市場での経済活動を通じた利益の最大化を重視する市場原理主義と，②「個人は自分の責任で，政府の助けを借りないで自立して生きていくべきだ」という福祉依存批判・自己責任規範の押しつ

けという，2つの側面がある。

　①については，多文化主義と移民受け入れはオーストラリアの経済的国益に資することが，連邦政府によって一貫して強調されてきた。そして1990年代に連邦政府が強調した「生産的多様性（productive diversity）」理念では，多様性（ダイバーシティ）がもたらす活力やアイデアが経済を発展させ，オーストラリア経済にグローバルな競争力をもたらす見通しが示された（塩原 2005）。こうした主張は，こんにちの多文化主義の公的文書にも含まれている。

　②の反福祉・自己責任論は，第9章で論じられた，移民・難民に対する定住支援施策の変化に影響している。移民に自立を求めることを前提に，それが難しい難民や家族移民，技能移民の家族などを政策の「ターゲット・グループ」とする残余主義的な特徴が強まった。また高齢の親を呼び寄せる際の保証金制度のように，移民の自助・共助を促す傾向が強まった。一方，庇護希望者は「不法」「列の割り込み者」「犯罪者」「テロリスト」といったレッテルを貼られることで，公的支援を受けるに値しない人々としてスティグマ化され，支援を削減されている（⇨第9章－11章）。

　新自由主義は，先住民族政策に対しても影響を与えている。第Ⅰ部のいくつかの章で論じられた，2007年に開始された「北部準州緊急対応（Northern Territory Emergency Response: NTER）」政策は，先住民族に対して自己責任での自立を促す要素を強く帯びていた。そして2010年代から展開された先住民族社会と非先住民族社会との「格差是正」を掲げる諸政策は結果的に，政府事業のアウトソーシングを促すことで，国際人権法の影響を受けて確立された先住民族の自己決定権を弱める方向にはたらいた。つまり2010年代の先住民族政策には「自己決定から自己責任へ」という傾向がみられたのである（塩原 2017）。留意すべき点は，第2・3章で論じられたように，先住民族に「自己責任」を求める姿勢は，主流社会の側だけでなく，一部の先住民の間にもみられたことである。このことは，新自由主義の下で先住民性が曖昧化する中で，先住民族として自己申告し，自己責任を問うあり方と，生産的多様性のみを許容する主流社会のあり方とが結びついたことを表している。同時にそれは，新自由主義下の先住民族政策はもはや主流社会対先住民族という二元論的な図式ではとらえき

れないことを示している。

　これに関連して藤田智子（2016）は，NTER の施策の中でも，収入管理／所得管理（income management）を社会福祉政策，特に新自由主義的な福祉改革の文脈でとらえ，分析した。それによれば，収入管理はハワード政権によって，特に新自由主義的な福祉改革の一環として導入された政策であり，当初この政策は「一定の年齢の子どもを持つすべての給付受給者に適用することを目指していた」（藤田 2016: 27）。そして，その後労働党政権においては「福祉改革の重要な手段」（*CPD,* HR, 2009/11/25: 12783）と位置づけられ，その政策の適応範囲も拡大された。その政策過程では福祉依存とその世代間連鎖が問題化されるのみならず，福祉受給者の親としての義務や責任が強調された。収入管理は当初より，「特に子どものケアや教育との関係で，社会的に責任ある振る舞いを促進すること」（e.g. *Social Security and Other Legislation Amendment (Welfare Payment Reform) Act 2007,* No. 130, 2007: 123TB）をその主要な目的のひとつとしていた。福祉受給者は親として「社会的に責任ある振る舞い」をしていない「悪い親」とみなされ，それを改善するという点においてこの政策は正当づけられたのである（藤田 2016: 26）。そして，収入管理が特定の地域で，特定の給付を受ける人々を対象に行われてきたことを考えれば，この「悪い親」というカテゴリーは，ある特定の人種，階級，ジェンダー，家族形態などと結びつけられていたといえる（藤田 2016: 24-25）。つまり，先住民コミュニティや「恵まれない」貧困地域に住む失業者やひとり親（特に女性）を含む低所得の親などである。これは，新自由主義的な福祉改革を通して福祉受給者に介入する権力のあり方を示すものである。同時に，先住民やエスニシティ，階級やジェンダー，家族などの社会的カテゴリーの交差が，社会規範からの逸脱や社会的シティズンシップからの排除という点において，一定の人々をより可傷的／被傷的にしていることも示している。新自由主義の下では，その可能性はいっそう高まる。収入管理をめぐる事象は，人種，エスニシティ，階級，ジェンダーなどに基づく排除や差別が複雑に絡み合っていること，そして，新自由主義によって排除がさらに促進されることを表していた。

4 多文化主義・多文化共生とジェンダー

さらにいえば，本書では「多文化社会」オーストラリアというテーマの下に，人種・民族・エスニシティの観点からの考察が中心となったが，それらにジェンダーの観点が加われば，より先住民族や移民，難民をめぐる権力のあり様が立体的にみえる可能性がある。本書では，そのための材料も提供されていたといえる。(なお，ここでいうジェンダーの観点とは，「男性」と「女性」の間，さらには性別二元論とそこから排除されるものの権力関係を自覚的，批判的にとらえるということであって，単に分析の変数として男／女のカテゴリーを使用するということではないことに注意が必要である。) ここではもう少しこの点について議論しておきたい。

第15章では，日本からオーストラリアへの移住者の多くが女性であり，彼女たちの多くは現地に住む男性との国際結婚に基づく「婚姻移住者」であること，そして，彼女たち特有の事情ゆえに，定住支援のためのエスニックな資源にアクセスするのが難しいなどの問題を抱えていることが指摘された。本書では詳細に議論されなかったが，濱野健の別稿によれば，日本女性の婚姻移住には，日本社会におけるジェンダー・ギャップを背景に，キャリアアップのために英語習得を目指した彼女たちが，よりジェンダー平等と期待されるオーストラリアに渡り，結婚を機に「逗留」から「移住」へと移行したケースがみられるという (濱野 2014)。オーストラリアへの「女性化」した移住には，日本国内，そして日豪間のジェンダー関係が深く絡んでいるのである。

さらに，本章の第2節で，ムスリム住民に対するリベラルな価値観の「マスキュラーな／力強い」押しつけについて論じた。先に言及したように，これは当時市民権・多文化問題担当大臣であったタッジが，移民と社会的連帯／結束 (social cohesion) について述べた演説で使用した言い回しである。この演説でタッジは，FGM（女性性器切除）を「野蛮」だと言い，FGMや児童婚，女性への教育の禁止や移動の自由の制限に対しては，「寛容であるべきではない」と述べた。その上で，「自分たちの価値観のマスキュラーな……推進が必要であ

る」とし，その価値観のひとつとして性別間／男女間の平等を挙げたのであった（Tudge 2018）。すでに述べたように，ある一定の価値観がマイノリティに対して「マスキュラーに」押しつけられ，「寛容の限界」がマジョリティの側によって設定されることにまず問題がある。同時に，ジェンダーの観点からすれば，一定の人々を排除するために，ジェンダーに関するより「進歩的」と考えられる価値観が掲げられ，それが「マスキュラーに」押しつけられること，それによって生じる問題にも目を向けるべきだろう。ジェンダー不平等な状況はオーストラリア社会全体に根強く残っており，特定のマイノリティ集団に限られたことではない。にもかかわらず，ある行為が「オーストラリア的価値観」から外れ，「野蛮」と表象されるとき，オーストラリア社会にはびこるその他のジェンダー不平等や差別，人権侵害などは覆い隠されてしまう。オーストラリア社会がいまだに男性優位な社会であることを見えなくするのである。同時にこのような言説自体の差別性をも見えなくしてしまう。（なお，ここではジェンダー平等を否定しているのでは決してないということは強調しておきたい。）

　これに関連して，ジェンダーの観点から多文化主義やその政策，多文化共生の概念などの問題点についても論じておこう。多文化主義に対しては，一部のフェミニストから「多文化主義が体現する柔軟性と多様性の尊重が，マイノリティ文化の女性が提起したジェンダー平等の要求を拒否するかたちで，女性を抑圧するあまりに，頻繁に利用されている」，「多文化主義が文化間の差異に注意を払い過ぎ，文化的集団内の差異を無視」しているとの批判がなされてきた（オルセン 2010: 45-46）。これは，Introduction や第 2 節でふれた，多文化主義が民族的・文化的差異を過度に容認しているとの批判とは異なり，また単に集団的アイデンティティの強調が集団内部の多様性をみえなくしてしまうことを問題としているのでもない。多文化主義政策において尊重される「文化」や「理念」，「価値観」がその社会，集団の中でも権力のある者，一定の階級に属す，異性愛の「男性」の視点から定義され，特徴づけられたものではないかとの批判である。つまり，そこで想定されている（政治的）主体とはいかなるものかということをめぐる問題である。オーストラリアにおいては，多文化主義をめぐり，特に2000年代以降は政府によって「リベラルな価値観」が強調されてき

たが，フェミニズムはリベラリズムにおける政治的主体が男性性に基づくことを批判してきた（e.g. 岡野 2012）。

　また，「多文化共生」という概念についても同様の批判が可能であろう。「多文化共生」とはどのような人々の間の「共生」なのか。「ホモソーシャル（homosocial）」な社会（セジウィック 2001），つまり男性同士の絆と連帯に基づく「共生」が想定されているのではないか。

　さらに，先住民族をめぐる問題や政策に対しても似たような問題提起が可能ではないか。それを示すように，第2章では，連邦政府の介入政策，NTERに対し，男性中心のコミュニティ運営に批判的な女性の先住民リーダーたちが，暴力の深刻さなどを問題視し，特に警察の常駐などについては歓迎していたことが紹介されていた。先住民／非先住民，そしてマジョリティ／マイノリティの二元論において想定されている政治的主体を批判的にとらえ，そこから排除される構成的外部についても考察の対象としていくことが重要だろう。

5　「分断」を越えて

　本書の多くの章では，オーストラリア社会やマイノリティのコミュニティにおいて「分断」がみられることが指摘された。「分断社会」について，塩原良和は，「異なるカテゴリーの人々のあいだで利害対立や不平等が生じていると同時に，それらの人々のあいだで交流・接触が減少し，相互への敵意が増長し，相手への想像力が衰退している状況」と概念化する（塩原 2019）。新自由主義は人々の間の経済的格差を拡大し，「プレカリティ／不安定性（precarity）」の条件を不均衡／差別的に配分する（バトラー 2018）。また，新自由主義が強調する経済的な価値や自己責任の規範は，それを果たす能力などに応じて人々を序列化する（塩原 2017）。マイノリティのコミュニティ内部の多様化や人々の個人化によって，その集団的凝集性も低下している。そのようななか，「わかりやすい」言説を通して特定の人々を他者化すること，あるいは彼ら／彼女らを格差や貧困などの経済・社会的な問題の原因と表象することで排除しようとする政治によって，人々は分断・統治されているのである。

　では，このような「分断」を乗り越えるにはどうしたらよいのか。本書では，そのためのヒントも示すことができた。まず重要なのは，このような「分断」の政治を批判的に読み解いていくことだろう。ボートピープルの問題をあつかった第11章では，2000年代以降，連邦政府が難民問題を国家主権の問題，安全保障の問題と表象することで，自らの政治的支持につなげてきたこと，つまり難民問題を政治的に利用してきたことが明らかにされた。また，本章でも反アラブ／イスラム嫌悪が政治を通して助長されることにより，アラブ／イスラム住民とそれ以外のオーストラリア人の分断が起こる可能性を指摘した。「外敵」，さらには「内なる敵」を作り出すと同時に，人々を一定の価値観に沿って序列化することで統治しようとするその政治を詳細に分析し，批判的に考察していくことが必要なのである。

　さらに，第6章では，新自由主義がもたらす経済的困難や差別という共通の経験が，「先住民」と「非先住民」という二項対立，さらには先住民族と移民・難民というエスニシティの境界を越えた人々の間の連帯を生み出す可能性が示された。先住民性やエスニシティなどの垣根を超えて，「プレカリティ／不安定性」にともに抗するための連帯・運動は，連帯する人々自体の多様性と，社会的カテゴリーによって人々を同一化することの暴力性を明確にしながら，社会における構造的な差別や不平等に対して異議を申し立てることを可能にする。それは集団的アイデンティティの下に行われる「アイデンティティ・ポリティクス」の限界を超え，そして，経済／文化，再分配／承認という二元論の限界をも超えて，人々が連帯し，抵抗する，そのあり方の一例を示しているといえるのである。

［塩原　良和・藤田　智子］

引用・参照文献

序　章

法務省，2019，「平成30年末現在における在留外国人数について」プレスリリース，（2019年 9 月11日閲覧，http://www.moj.go.jp/nyuukokukanri/kouhou/nyuukokukanri04_00081.html）．

丸山淳子・木村真希子・深山直子，2018，「序論　いま，なぜ先住民か」深山直子・丸山淳子・木村真希子編『先住民からみる現代世界——わたしたちの〈あたりまえ〉に挑む』昭和堂．

Australian Bureau of Statistics（ABS），2017a, "2071.0 - Census of Population and Housing: Reflecting Australia - Stories from the Census, 2016: Cultural Diversity in Australia: 2016 Census Data Summary," （Retrieved May 2, 2019, https://www.abs.gov.au/ausstats/abs@. nsf/Lookup/by%20Subject/2071.0~2016~Main%20Features~Cultural%20Diversity%20 Data%20Summary~30）．

————, 2017b, "2071.0 - Census of Population and Housing: Reflecting Australia - Stories from the Census, 2016: Cultural Diversity in Australia, 2016: 2016 Census Article," （Retrieved May 2, 2019, https://www.abs.gov.au/ausstats/abs@.nsf/Lookup/by%20Subject /2071.0~2016~Main%20Features~Cultural%20Diversity%20Article~60）．

————, 2018a, "3238.0.55.001 - Estimates of Aboriginal and Torres Strait Islander Australians, June 2016," （Retrieved May 2, 2019, https://www.abs.gov.au/AUSSTATS/ abs@.nsf/Lookup/3238.0.55.001Main+Features1June%202016?OpenDocument）．

————, 2018b, "3302.0.55.003 - Life Tables for Aboriginal and Torres Strait Islander Australians, 2015-2017," （Retrieved September 19, 2019, https://www.abs.gov.au/ausstats/ abs@.nsf/Lookup/by%20Subject/3302.0.55.003~2015-2017~Main%20Features~Life%20 expectancy%20at%20birth%20of%20Aboriginal%20and%20Torres%20Strait%20Islander%20 Australians~5）．

————, 2019a, "3101.0 - Australian Demographic Statistics, Mar 2019," （Retrieved September 22, 2019, https://www.abs.gov.au/ausstats/abs@.nsf/mf/3101.0）．

————, 2019b, "3105.0.65.001 - Australian Historical Population Statistics, 2016 [2019]," （Retrieved May 3, 2019, https://www.abs.gov.au/AUSSTATS/abs@.nsf/DetailsPage/3105. 0.65.0012016?OpenDocument）．

————, 2019c, "3412.0 - Migration, Australia, 2017-18: Australia's Population By Country Of Birth," （Retrieved October 27, 2019, https://www.abs.gov.au/AUSSTATS/abs@.nsf/ Latestproducts/3412.0Main%20Features22017-18?opendocument&tabname= Summary&prodno=3412.0&issue=2017-18&num=&view=）．

Australian Institute of Aboriginal and Torres Strait Islanders Studies（AIATSIS）with Bruce Pascoe, 2018, *The Little Red, Yellow Black Book: An Introduction to Indigenous Australia (Fourth Edition),* Aboriginal Studies Press.

Australian Institute of Health and Welfare, 2017, "Australia's Welfare 2017," （Retrieved May

9, 2019, https://www.aihw.gov.au/reports/australias-welfare/australias-welfare-2017/contents/table-of-contents).

Department of Home Affairs (DOHA), 2019, *Australia's Migration Trends: 2017–18 Highlights*, DOHA, (Retrieved September 22, 2019, https://www.homeaffairs.gov.au/research-and-stats/files/migration-trends-highlights-2017-18.PDF).

OECD, 2019, "Foreign-Born Population (indicator)," doi: 10.1787/5a368e1b-en, (Retrieved May 3, 2019, https://data.oecd.org/migration/foreign-born-population.htm).

第 1 章

鎌田真弓, 2002, 「国民国家のアボリジニ」小山修三・窪田幸子編『多文化国家の先住民』世界思想社.

――――, 2014, 「国家と先住民――権利回復のプロセス」山内由理子編『オーストラリア先住民と日本――先住民学・交流・表象』御茶の水書房.

金田章裕, 2002, 「白人入植者とアボリジニ」小山修三・窪田幸子編『多文化国家の先住民』世界思想社.

小山修三, 2002, 「アボリジニと自然環境――ブッシュファイアの技術とこころ」小山修三・窪田幸子編『多文化国家の先住民』世界思想社.

小山修三・窪田幸子編, 2002, 『多文化国家の先住民』世界思想社.

友永雄吾, 2013, 『オーストラリア先住民の土地権と環境管理』明石書店.

藤川隆男編, 2004, 『オーストラリアの歴史――多文化社会の歴史の可能性を探る』有斐閣.

保苅実, 2003a, 「オーストラリア先住民とジャパニーズ――開かれた『和解』のために」『オーストラリア研究』15.

――――, 2003b, 「カントリーの生命を維持するために――牧場開発とアボリジニ」スチュアート・ヘンリ編『野生の誕生――未開イメージの歴史』世界思想社.

――――, 2018, 『ラディカル・オーラル・ヒストリー――オーストラリア先住民アボリジニの歴史実践』岩波書店.

松岡智広, 2014, 「ウラン採掘地から福島へのオーストラリア先住民の眼差し」山内由理子編『オーストラリア先住民と日本――先住民学・交流・表象』御茶の水書房.

松本博之, 2002, 「『トレス海峡条約』と先住の人々」小山修三・窪田幸子編『多文化国家の先住民』世界思想社.

松山利夫, 2006, 『ブラックフェラウェイ――オーストラリア先住民アボリジナルの選択』御茶の水書房.

村井吉敬, 2016, 「海の民と先住民の交流史」村井吉敬・内海愛子・飯笹佐代子編著『海境を越える人びと――真珠とナマコとアラフラ海』コモンズ.

モーリス＝スズキ, テッサ（松村美穂・山岡健次郎・小野塚和人訳）, 2009, 「液状化する地域研究――移動のなかの北東アジア」『多言語多文化――実践と研究』(2).

山内由理子, 2014, 「日本人とオーストラリア先住民の交流史」山内由理子編『オーストラリア先住民と日本――先住民学・交流・表象』御茶の水書房.

ローズ, デボラ・バード（保苅実訳）, 2003, 『生命の大地――アボリジニ文化とエコロジー』平凡社.

Attwood, B., 1989, *The Making of the Aborigines*, Allen and Unwin.

————, 2005, *Telling the Truth about Aboriginal History*, Allen and Unwin.

Australian Bureau of Statistics (ABS) "1301.0 Year Book Australia 1994". http://www.abs. gov.au/ausstats/abs@.nsf/7d12b0f6763c78caca257061001cc588/8dc45512042c8c00ca2569de0 02139be!OpenDocument (accessed 13 April 2019)

Broome, Richard, 2010, *Aboriginal Australians: A History since 1788*, fourth edition, Allen and Unwin.

Butlin, N., 1993, *Economics and the Dreamtime: A Hypothetical History*, Cambridge University Press.

Clarkson, Chris Z. et al., 2017, "Human Occupation of Northern Australia by 65,000 years ago," *Nature* 547.

Ganter, R., 2006, *Mixed Relations: Asian-Aboriginal Contact in North Australia*, University of Western Australia Press.

Hage, G., 2000, *White Nation: Fantasies of White Supremacy in a Multicultural Society*, Routledge.

Kerwin, D., 2010, *Aboriginal Dreaming Paths and Trading Routes: the Colonisation of the Australian Economic Landscape*, Sussex Academic Press.

Lourandos, H., 1983, "Intensification: A Late Pleistocene-Holocene archaeological sequence from south-western Victoria," *Archaeology in Oceania* 18.

Macknight, C., 1976, *The Voyage to Marege': Macassan Trepangers in Northern Australia*, Mebourne University Press.

————, 2011, "The View from Marege': Australian Knowledge of Makassar and the Impact of the Trepang Industry across Two Centuries," *Aboriginal History* 35.

Pascoe, Bruce, 2014, *Dark Emu: Black Seeds: Agriculture or Accident?*, Magabala Books.

Read, Peter, 1981, The Stolen Generations: The Removal of Aboriginal Children in New South Wales 1883 to 1969, New South Wales Department of Aboriginal Affairs.

Rolls, M. and M. Johnson, 2011, *Historical Dictionary of Australian Aborigines*, Historical Dictionaries of Peoples and Cultures, No. 11, The Scarecrow Press.

※映像資料

SBS Australia, 2008, *First Australians: The Untold Story of Australia*.

第2章

塩原良和, 2010, 『変革する多文化主義へ——オーストラリアからの展望』法政大学出版局.

————, 2017, 『分断するコミュニティ——オーストラリアの移民・先住民族政策』法政大学出版局.

友永雄吾, 2013, 『オーストラリア先住民の土地権と環境管理』明石書店.

Gelder, Ken and Jane M. Jacobs, 1998, *Uncanny Australia: Sacredness and Identity in a Postcolonial Nations*, Melbourne University Press.

Langton, Marcia, 2013, *Boyer Lectures 2012: The Quiet Revolution: Indigenous People and the Resources Boom*, ABC Books.

McGregor, Russell, 2011, *Indifferent Inclusion: Aboriginal People and the Australian Nation*, Aboriginal Studies Press.

Pearson, Noel, 2011, *Up From the Mission: Selected Writings*, Black Inc.

第3章

飯嶋秀治, 2010, 「Before ／ After Intervention——オーストラリア先住民への「介入」政策」
オーストラリア先住民研究報告書編集委員会編『オーストラリア先住民研究——国家・伝
統・コミュニティと切り結ぶ日常的実践』遊文舎.

上橋菜穂子, 2004, 「オーストラリア——国民の創出」青柳真智子編『国勢調査の文化人類学
——人種・民族分類の比較研究』古今書院.

————, 2005, 「アボリジニ政策について——隔離と同化のダブル・スタンダード」早稲田
大学オーストラリア研究所編『オーストラリアのマイノリティ研究』オセアニア出版社.

鎌田真弓, 2014a, 「国家と先住民——主権回復のプロセス」山内由理子編『オーストラリア先
住民と日本——先住民学・交流・表象』御茶の水書房.

————, 2014b, 「オーストラリア・ネイションへの包摂」山内由理子編『オーストラリア
先住民と日本——先住民学・交流・表象』御茶の水書房.

————, 2014c, 「戦争とオーストラリア先住民」山内由理子『オーストラリア先住民と日
本——先住民学・交流・表象』御茶の水書房.

窪田幸子, 1993, 「多文化主義とアボリジニ」石川栄吉監修, 清水昭俊・吉岡政徳編『オセア
ニア3 近代に生きる』東京大学出版会.

————, 2009, 「オーストラリアにおける先住民政策の展開とアボリジニの実践」窪田幸
子・野林厚志編『「先住民」とはだれか』世界思想社.

クラーク, マニング（竹下美保訳）, 1978, 『オーストラリアの歴史——距離の暴虐を超えて』
サイマル出版会.

栗田梨津子, 2018, 『多文化国家オーストラリアの都市先住民——アイデンティティの支配に
対する交渉と抵抗』明石書店.

塩原良和, 2017, 『分断するコミュニティ——オーストラリアの移民・先住民政策』法政大学
出版局.

パーキンス, チャールズ（中野不二男訳）, 1987, 『黒い私生児』くもん出版.

ハージ, ガッサン（保苅実・塩原良和訳）, 2003, 『ホワイト・ネイション——ネオ・ナショナ
リズム批判』平凡社.

藤川隆男, 1992, 「北アメリカとオーストラリアにおける先住民の人口規模」『帝塚山大学教養
学部紀要』31輯.

————, 2000, 「オーストラリア史」山本真鳥編『新版世界各国史27 オセアニア史』山川
出版社.

細川弘明, 1994, 「アボリジニーの先住権をめぐる新たな状況——マボ判決, 先住権原法, そ
して人類学者の役割」『民博通信』No. 65.

————, 1997, 「先住権のゆくえ——マボ論争からウィック論争へ」西川長夫ほか編『多文
化主義・多言語主義の現在——カナダ・オーストラリア・そして日本』人文書院.

Broome, Richard, 1982, *Aboriginal Australians: Black Response to White Dominance 1788-
1980*, Allen and Unwin.

Burgmann, Verity, 1998, *Power and Protest: Movements for Change in Australian Society*, Al-
len and Unwin.

Gibbs, Ronald M., 1969, *A History of South Australia*, Balara Books.

Pearson, Noel, 2009, *Up from the Mission*, Black Inc.

Rowley, Charles D., 1970, *The Destruction of Aboriginal Society; Aboriginal Policy and Practice*, Australian National University.

第 4 章

上村英明，2008,「『先住民族の権利に関する国連宣言』獲得への長い道のり（特集2　国連先住民族権利宣言の歴史的採択）」『プライム』(27).

太田好信，2012,「21世紀における政治的アイデンティティの概念化」太田好信編『政治的アイデンティティの人類学──21世紀の権力変容と民主化にむけて』昭和堂.

小坂田裕子，2017,『先住民族と国際法──剥奪の歴史から権利の承認へ』信山社.

塩原良和，2017,『分断するコミュニティ──オーストラリアの移民・先住民族政策』法政大学出版局.

清水昭俊，2012,「国際法から『先住の民，先住民』への呼びかけ」太田好信編『政治的アイデンティティの人類学──21世紀の権力変容と民主化にむけて』昭和堂.

友永雄吾，2013,『オーストラリア先住民の土地権と環境管理』（世界人権問題叢書84）明石書店.

────，2017,「オーストラリア先住民運動──普遍性の主張と差異の承認をめぐる政治」『国際文化研究』21号（龍谷大学国際文化学会）.

────，2018,「先住民と自己決定権」世界人権問題研究センター編『考えたくなる人権教育キーコンセプト』.

Ritter, David, 2009, *The Native Title Market*, UWA Press.

Strelein, Lisa, 2006, *Compromise Jurisprudence: Native Title Cases since Mabo*, Aboriginal Studies Press.

Sutton, Peter, 2003, *Native Title in Australia: An Ethnographic Perspective*, Cambridge University Press.

Tobin, Brendan, 2014, *Indigenous Peoples, Customary Law and Human Rights- Why Living Law Matters*, Routledge.

第 5 章

窪田幸子，2002,「ジェンダーとミッション──オーストラリアにおける植民地経験」山路勝彦・田中雅一編著『植民地主義と人類学』関西学院大学出版会.

────，2005,『アボリジニ社会のジェンダー人類学──先住民・女性・社会変化』世界思想社.

────，2006,「キリスト教とアボリジニの葬送儀礼──変化と持続の文化的タクティクス」杉本良男編『キリスト教と文明化の人類学的研究』（国立民族学博物館調査報告62）.

────，2014a,「オーストラリア・ナショナリズムの変化と先住民」杉本良男編『国立民族学博物館論集②　キリスト教文明とナショナリズム──人類学的比較研究』国立民族学博物館.

────，2014b,「アボリジニの困難と現代アボリジニアートの希望」山内由理子編『オーストラリア先住民と日本──先住民学・交流・表象』御茶の水書房.

———, 2019, 「ナショナルな歴史経験とトラウマ」田中雅一・松嶋健編『トラウマ研究II トラウマを共有する』京都大学学術出版会.

Broome, Richard, 2010[1982], *Aboriginal Australians: A History Since 1788*, Allen & Unwin.

Goot, Murray and Tim Rowse, 2007, *Divided Nation?: Indigenous Affairs and the Imaged Public*, Melbourne University Press.

Harris, John, 2013, *One Blood: 200 Years of Aboriginal Encounter with Christianity: A Story of Hope*, Australians Together.

Humby, Louise with Dr. Gumbule, 2015, "Development of Collecting at the Milingimbi Mission," in Peter Toner ed., *Strings of Connectedness: Essays in honour of Ian Keen*, ANU Press.

Kowal, Emma, 2015, *Trapped in the Gap: Doing Good in Indigenous Australia*, Berghahn Books.

McKenzie, Maisie, 1976, *Mission to Arnhem Land*, Rigby Adelaide.

Sutton, Peter, 2009, *The Politics of Suffering: Indigenous Australia and the end of Liberal Consensus*, Melbourne University Press.

Wells, Edger, 1982, *Reward and Punishment in Arnhem Land, 1962-1963*（AIAS new series）, Australian Institute of Aboriginal Studies.

第6章

栗田梨津子, 2018, 『多文化国家の都市先住民——アイデンティティの支配に対する交渉と抵抗』明石書店.

鈴木清史, 1995, 『都市のアボリジニ——抑圧と伝統のはざまで』明石書店.

Broome, Richard, 1982, *Aboriginal Australians: Black Response to White Dominance 1788-1980*, Allen and Unwin.

Gale, Fay, 1972, *Urban Aborigines*, Australian National University Press.

Greenop, Kelly and Paul Memmott, 2013, "Aboriginal Identity and Place in the Intercultural Settings of Metropolitan Australia," in E. Peters and C. Andersen eds., *Indigenous in the City: Contemporary Identities and Cultural Innovation*, UBC Press.

Inglis, Judy, 1964, "Dispersal of Aboriginal Families in South Australia (1860-1960)," in M. Reay ed., *Aborigines Now: New Perspective in the Study of Aboriginal Communities*, Angus and Robertson.

Keeffe, Kevin, 1988, "Aboriginality: Resistance and Persistence," *Australian Aboriginal Studies* 1.

Pierson, James C., 1977, "Aboriginality in Adelaide: an Urban Context of Australian Aboriginal Ethnicity," *Urban Anthropology* 6.

Reay, Marie, 1945, "A Half-Caste Aboriginal Community in North-Western New South Wales," *Oceania* 15.

Schwab, Jerry, 1988, "Ambiguity, Style and Kinship in Adelaide Aboriginal Identity," in I. Keen ed., *Being Black: Aboriginal Cultures in 'Settled' Australia*, Aboriginal Studies Press.

Yamanouchi, Yuriko, 2010, "Kinship, Organisations and 'Wannabes': Aboriginal Identity Negotiation in South-Western Sydney," *Oceania* 80.

第7章

アンダーソン，ベネディクト（白石隆・白石さや訳），2007，『定本 想像の共同体——ナショナリズムの起源と流行』書籍工房早山.

加藤めぐみ，2013，『オーストラリア文学にみる日本人像』東京大学出版会.

クラーク，マニング（竹下美保子訳），1978，『オーストラリアの歴史——距離の暴虐を超えて』サイマル出版会.

関根政美，1982-83，「オーストラリアの歴史的発展と現代の諸問題(1)−(3)」『法學研究』（慶應義塾大学法学部）55巻11号，55巻12号，56巻1号.

————，1989，『マルチカルチュラル・オーストラリア——多文化社会オーストラリアの社会変動』成文堂.

関根政美・鈴木雄雅・諏訪康雄・加賀爪優・竹田いさみ，1988，『概説オーストラリア史』有斐閣.

竹田いさみ，2000，『物語オーストラリアの歴史——多文化ミドルパワーの実験』中央公論新社.

竹田いさみ・永野隆行・森健編，2007，『オーストラリア入門』東京大学出版会.

津田博司，2012，『戦争の記憶とイギリス帝国——オーストラリア，カナダにおける植民地ナショナリズム』刀水書房.

藤川隆男，1990，『オーストラリア歴史の旅』朝日新聞社（朝日選書）.

————，2016，『妖獣バニヤップの歴史——オーストラリア先住民と白人侵略者のあいだに』刀水書房.

————編，2004，『オーストラリアの歴史——多文化社会の歴史の可能を探る』（有斐閣アルマ）有斐閣.

ブレイニー，ジェフリー（長坂寿久・小林宏訳），1980，『距離の暴虐——オーストラリアはいかに歴史をつくったか』サイマル出版会.

————（加藤めぐみ・鎌田真弓訳），2000，『オーストラリア歴史物語』明石書店.

森田勝昭，1994，『鯨と捕鯨の文化史』名古屋大学出版会.

Cochrane, Peter, 2018, *Best We Forget: War for White Australia 1914-18*, Text Publishing Company.

Lake, Marilyn and Henry Reynolds, 2008, *Drawing the Global Colour Line: White Men's Countries and the International Challenge of Racial Equality (Critical Perspectives on Empire)*, Cambridge University Press.

Newton, John, 2013, *A Savage History: Whaling in the Pacific and Southern Oceans*, University of New South Wales Press.

第8章

浅川晃広，2012，『オーストラリア移民政策論』中央公論事業出版.

飯笹佐代子，2007，『シティズンシップと多文化国家——オーストラリアから読み解く』日本経済評論社.

石井由香・塩原良和・関根政美，2009，『アジア系専門職移民の現在——変容するマルチカルチュラル・オーストラリア』慶應義塾大学出版会.

カースルズ，S.／M. J. ミラー（関根政美・関根薫監訳），2011，『国際移民の時代〔第4版〕』

295

名古屋大学出版会.

鎌田真弓編, 2012, 『日本とオーストラリアの太平洋戦争——記憶の国境線を問う』御茶の水書房.

キムリッカ, ウィル (稲田恭明・施光恒訳), 2018, 『多文化主義のゆくえ——国際化をめぐる苦闘』法政大学出版局 (サピエンティア56).

塩原良和, 2017, 『分断するコミュニティ——オーストラリアの移民・先住民族政策』法政大学出版局.

ジョーデンス, アン＝マリー (加藤めぐみ訳), 2018, 『希望 オーストラリアに来た難民と支援者の語り——多文化国家の難民受け入れと定住の歴史』明石書店.

関根政美, 1989, 『マルチカルチュラル・オーストラリア——多文化社会オーストラリアの社会変動』成文堂.

————, 2000, 『多文化主義時代の到来』朝日新聞社.

ブシャール, ジェラール (丹羽卓監修／荒木隆人・古地順一郎ほか訳), 2017, 『間文化主義（インターカルチュラリズム）——多文化共生の新しい可能性』彩流社.

ミュデ, C.／C. R. カルトワッセル (永井大輔・高山裕二訳), 2018, 『ポピュリズム——デモクラシーの友と敵』白水社.

Burke, Anthony, 2008, *Fear of Security: Australia's Invasion Anxiety*, Cambridge University Press.

Jupp, James, 2018, *An Immigrant Nation Seeks Cohesion: Australia from 1788*, Anthem Press.

Levey, Geoffrey B. and Tariq Modood ed., 2009, *Secularism, Religion and Multicultural Citizenship*, Cambridge University Press.

第 9 章

小井土彰宏編, 2017, 『移民受入の国際社会学——選別メカニズムの比較分析』名古屋大学出版会.

塩原良和, 2005, 『ネオ・リベラリズムの時代の多文化主義——オーストラリアン・マルチカルチュラリズムの変容』三元社.

————, 2010, 『変革する多文化主義へ——オーストラリアからの展望』法政大学出版局.

————, 2017, 『分断するコミュニティ——オーストラリアの移民・先住民族政策』法政大学出版局.

————, 2018, 「オセアニア——オーストラリアの移民政策を中心に」移民政策学会設立10周年記念論集刊行委員会編『移民政策のフロンティア——日本の歩みと課題を問い直す』明石書店.

関根政美, 1989, 『マルチカルチュラル・オーストラリア——多文化社会オーストラリアの社会変動』成文堂.

濱野健, 2014, 『日本人女性の国際結婚と海外移住——多文化社会オーストラリアの変容する日系コミュニティ』明石書店.

森恭子, 2018, 『難民のソーシャル・キャピタルと主観的統合——在日難民の生活経験への社会福祉学の視座』現代人文社.

Access and Equity Inquiry Panel (AEIP), 2012, *Access & Equity for a Multicultural Austra-*

lia.

Acil Allen Consulting, 2015, *AMEP Evaluation.*

Australian Government, 2017, *Multicultural Australia: United, Strong, Successful-Australia's Multicultural Statement.*

Department of Education and Training（DEAT）, 2018, *Skills for Education and Employment*（Fact Sheet）.

Department of Home Affairs（DOHA）, 2018a, *2017-18 Migration Program Report.*

————, 2018b, *Australia's offshore Humanitarian Program: 2017-18.*

————, 2018c, *Immigration Detention and Community Statistics Summary, 31 December 2018.*

————, 2018d, *IMA Legacy Caseload: Report on Processing Status and Outcomes December 2018.*

————, 2018e, *Onshore Humanitarian Program 2017-18: Delivery and outcomes for Non-Illegal Maritime arrival (Non -IMA) as at 30 June 2018.*

Department of Immigration and Border Protection（DIBP）, 2013, *Asylum Trends Australia: 2012-13.*

————, 2016, *Onshore Humanitarian Programme 2015-16: Delivery and outcomes for Non-Illegal Maritime arrival (Non-IMA) as at 30 April 2016.*

Department of Social Services（DSS）, 2016, *The National Settlement Framework.*

————, 2017, *Multicultural Access and Equity in Australian Government Services Report 2013-2015.*

————, 2018, *Humanitarian Settlement Program.*

Hugo, G., S. E. Khoo and P. McDonald, 2006, "Attracting Skilled Migrants to Regional Areas: What Does it Take," *People and Place* 14(3) pp. 26-36.

Refugee Advice and Casework Service（RACS）, 2016, *Fast Track Processing*（fact sheets）.

Social Policy Research Centre（SPRC）, 2017, University of New South Wales, *2017, Evaluation of Settlement Grants — Final Report.*

van Kooy, John and Tony Ward, 2018, *An Unnecessary Penalty: Economic Impacts of Changes to the Status Resolution Support Services (SRSS),* Refugee Council of Australia.

※主な参照ウェブサイト（2019年10月アクセス）

オーストラリア難民協会　https://www.refugeecouncil.org.au/

連邦政府教育省　https://www.education.gov.au/

連邦政府内務省　https://immi.homeaffairs.gov.au/

連邦政府社会サービス省　https://www.dss.gov.au/

TIS National　https://www.tisnational.gov.au

第10章

杉田弘也, 2017,「第4章　多文化主義と歴史認識——オーストラリアに学ぶ」高城玲編著『大学生のための異文化・国際理解——差異と多様性への誘い』丸善出版.

Australian Bureau of Statistics, 2017, 2071.0-Census of Population and Housing: Reflecting Australia-Stories from the Census 2016, 2017/6/28.

Bongiorno, Frank, 2015, *The Eighties: The Decade That Transformed Australia*, Black Inc.

Brent, Peter, 2019, "Votes by the boatload?" *Inside Story*, 2019/2/18.

Brett, Judith, 2005, *Relaxed & Comfortable: The Liberal Party's Australia*, Quarterly Essay Vol. 19, Black Inc.

Errington, Wayne and Peter van Onselen, 2007, *John Winston Howard*, Melbourne University Press.

Fraser, Malcolm and Margaret Simons, 2010, *Malcolm Fraser: The Political Memoirs*, The Miegunyah Press.

Fukuyama, Francis, 2018, *Identity: the Demand for Dignity and the politics of Resentment*, Farra, Straus and Giroux.

Grattan, Michelle, 2000, "John Winston Howard," in Michelle Grattan ed., *Australian Prime Ministers*, New Holland Publishers.

Hanson, Pauline, 1996, *House of Representatives Hansard*, 10 September 1996.

Jupp, James, 2003, *From White Australia to Woomera: The story of Australian immigration*, reprinted with correction, Cambridge University Press.

Jupp, James and Juliet Pietsch, 2018, "Migrant and Ethnic Politicsin the 2016 Election," in Anika Gauja, Peter Chen, Jennifer Curtin and Juliet Pietsc eds., *Double Disillusion: The 2016 Australian Federal Election*, ANU Press.

Kingston, Margo, 2004, *Not Happy, John! Defending our democracy*, Penguin Books.

Manne, Robert, 2013, "Tragedy of Errors," *The Monthly*, March 2013.

Mares, Peter, 2002, *Borderline: Australia's response to refugees and asylum seekers in the wake of the Tampa*, second edition, UNSW Press.

Megalogenis, George, 2012, *The Australian Moment: How we were made for these times*, Penguin Group (Australia).

————, 2015, *Australia's Second Chance: What our history tells us about our future*, Penguin Group (Australia).

Soutphommasane, Tim, 2012, *Don't Go Back To Where You Came From: Why multiculturalism works*, NewSouth Books.

————, 2015, *I'm Not Racist But... 40 Years of the Racial Discrimination Act*, NewSouth Books.

————, 2018, "Counting the Return of Race politics," *Whitlam Institute Lecture*, Western Sydney University, 2018/8/6.

————, 2019, "Why Morrison's prefferd M-word is migrant rather than multicultural," *Sydney Morning Herald*, 2019/1/19.

Watts, Tim, 2019, *The Golden Country: Australia's Changing Identity*, Text Publishing.

第11章

飯笹佐代子，2007，『シティズンシップと多文化国家——オーストラリアから読み解く』日本経済評論社.

————，2015，「豪州の『対ボートピープル戦争』——変幻自在で脱領土化する排除の『境界』」『21世紀東アジア社会学』7号.

―――――, 2018, 「オーストラリアのボートピープル政策とバリ・プロセスの展開――難民保護をめぐる攻防」『国際政治』190号.

竹田いさみ, 1994[1991], 『移民・難民・援助の政治学――オーストラリアと国際社会』勁草書房.

Balint, Ruth, 2005, *Troubled Waters: Borders, Boundaries and Possession in the Timor Sea*, Allen and Unwin.

Brennan, Frank, 2003, *Tampering with Asylum: A Universal Humanitarian Problem*, University of Queensland Press.

Evans, Chris, 2008, "Last refugees leave Nauru," *Press Releases*, Friday, 8 February 2008, Department of Immigration and Citizenship.

Expert Panel on Asylum Seekers, 2012, *Report of the Expert Panel on Asylum Seekers*, Australian Government.

Fitzpatrick, John, 1997, "European Settler Colonialism and National Security Ideologies in Australian History," in Richard Leaver and Dave Cox eds., *Middling, Meddling, Muddling: Issues in Australian Foreign Policy*, Allen and Unwin.

Jupp, James, 2002, *From White Australia to Woomera: The Story of Australian Immigration*, Cambridge University Press.

Kevin, Toney, *A Certain Maritime Incident: The Sinking of SIEV X*, Scribe Publications.

Marr, David and Marian Wilkinson, 2003, *Dark Victory: How A Government Lied Its Way to Political Triumph*, Allen and Unwin.

Neumann, Klaus, 2015, *Across the Sea: Australia's Response to Refugees A History*, Black Inc.

Phillips, Janet, 2014, "Boat Arrivals in Australia: A Quick Guide to the Statistics," *Research Paper Series, 2013-14* (Parliamentary Library), Parliament of Australia.

Viviani, Nancy, 1996, *The Indochinese in Australia 1975-1995: from Burnt Boats to Barbecues*, Oxford University Press Australia.

Weber, Leanne and Sharon Pickering, 2014[2011], *Globalization and Borders: Death at the Global Frontier*, Palgrave Macmillan.

第12章

有満保江, 2003, 『オーストラリアのアイデンティティ――文学にみるその模索と変容』東京大学出版会.

佐藤渉, 2013, 「エスニシティの境界を越えて書く――ナム・リーの短編小説に見るアジア系オーストラリア文学の新たな展開」立命館法学別冊『ことばとそのひろがり』5号.

関根政美, 2009, 「オーストラリア多文化主義の歴史的発展とその変容――共生から競生へ」石井由香・関根政美・塩原良和著『アジア系専門職移民の現在――変容するマルチカルチュラル・オーストラリア』慶應義塾大学出版会.

Ahmad, Michael Mohammed, 2014, *The Tribe*, Giramondo Publishing.

―――――, 2018, *The Lebes*, Hachette.

Ahmed, Tanveer, 2011, *The Exotic Rissole*, University of New South Wales Press.

Birch, Tony, 2011, *Blood*, University of Queensland Press.

―――――, 2015, *Ghost River*, University of Queensland Press.

Boochani, Behrouz, 2018, *No Friend but the Mountain: Writing from Manus Prison,* Picador.

———, 2019, Behrouz Boochani's literary prize acceptance speech — full transcript, *The Guardian.* https://www.theguardian.com/world/2019/feb/01/behrouz-boochani-on-literary-prize-words-still-have-the-power-to-challenge-inhumane-systems (accessed 23 February 2019)

Castro, Brian, 1983, *Birds of Passage,* Allen & Unwin.

———, 1999, "Memoirs of a Displaced Person," *Looking for Estrellita,* University of Queensland press.

Cho, Tom, 2008, *Look Who's Morphing,* Giramondo.

Clarke, Maxine Beneba, 2014, *Foreign Soil,* Hachette.

——— ed., 2019, *Growing Up African in Australia,* Black Inc.

de Kreser, Michelle, 2012, *Questions of Travel,* Allen & Unwin.

———, 2018, *The Life to Come,* Allen & Unwin.

Demidenko (Darville), Helen, 1994, *The Hand That Signed the Paper,* Allen &Unwin.

Dessaix, Robert, 1991, "Nice Work If You Can Get It," *Australian Book Review* 128.

Do, Anh, 2010, *The Happiest Refugee,* Allen & Unwin.

Gunew, Sneja and Kateryna Longley, 1992, *Striking Chords: Multicultural Literary Interpretations,* Allen & Unwin.

Gunew, Sneja, 1996, "Performing Ethnicity: The Demidenko Show and its Gratifying Pathologies," *Australian Feminist Studies,* Vol. 11, No23.

Hage, Ghassan, 1998, *White Nation: Fantasies of White Supremacy in a Multicultural Society,* Pluto Press.

———, 2015, Writing Arab-Australian Universes, *Overland.* https://overland.org.au/2014/05/writing- arab-australian-universes/ (Accessed 23 February 2019)

Hall, Stuart and Paul Du Gay, 1996, *Questions of Cultural Identity,* Sage.

Heiss, Anita, 2007, "Writing Aboriginality: Authors on 'Being Aboriginal'," in Birns Nicholas and Rebecca McNeer eds., *A Companion to Australian Literature Since 1900,* Camden House.

——— ed., 2018, *Growing Up Aboriginal in Australia,* Black Inc.

Hollinger, David A., 1995, *Postethnic America: Beyond Multiculturalism,* BasicBooks.

Jordens, Ann-Mari, 2012, *Hope: Refugees and Their Supporters in Australia Since 1947,* Beaver Galleries. （アン＝マリー・ジョーデンス，2018，『希望 オーストラリアに来た難民と支援者の語り――多文化国家の難民受け入れと定住の歴史』加藤めぐみ訳，明石書店.）

Le, Nam, 2008, *The Boat,* Hamish Hamilton. （ナム・リー，2010，『ボート』小川高義訳，新潮社.）

Malouf, David, 1985, *12 Edomondstone St,* Penguin.

———, 1993, *Remembering Babylon,* Random House. （デイヴィッド・マルーフ，2012，『異境』武舎るみ訳，現代企画室.）

Morgan, Sally, 1987, *My Place,* Fremantle Arts Centre Press. （サリー・モーガン，1992，『マイ・プレイス――アボリジナルの愛と真実の物語』加藤めぐみ訳，サイマル出版会.）

Ommundsen, Wenche, 2012, "Transnational Imaginaries: Reading Asian Australian Writing,"

Journal of the Association for the Study of Australian Literature 12(2).

Pilkington, Doris, 1996, *Follow the Rabbit-Proof Fence*, University of Queensland Press.

Pung, Alice, 2006, *Unpolished Gem*, Black Inc.

————, 2011, *Her Father's Daughter*, Black Inc.

———— ed., 2008, *Growing Up Asia in Australia*, Black Inc.

Rorabacher, Louise ed., 1963, *Two Ways Meet: Stories of Migrants in Australia*, Cheshire.

Scott, Kim, 1999, *Benang: From the Heart*, Fremantle Arts Centre Press.

————, 2010, *That Deadman Dance*, Picador.（キム・スコット，2017，『ほら，死びとが，死びとが踊る――ヌンガルの少年ボビーの物語』下楠昌哉訳，現代企画室.）

————, 2011, "Indigenous Author Wins Miles Franklin Award," interview by Tony Eastley, *ABC Radio.* http:/www.abc.net.au/am/content/2011/ s325109.htm（Accessed 3 March 2018）

Tsiolkas, Christos, 1995, *Loaded*, Vintage.

————, 2008, *The Slap*, Allen & Uniwin.（クリストス・チョルカス，2015，『スラップ』湊圭史訳，現代企画室）

————, 2014, "Christos Tsiolkas on How He Wrote The Slap," The Guardian Book Club, 16 January 2014. https://www.theguardian.com/books/2014/jan/16/christos-tsiolkas-slap-book-club（Accessed 23 February 2019）

Waten, Judah, 1952, *Alien Son*, Angus & Robertson.

Wright, Alexis, 2006, *Carpentaria*, Giramondo Publishing.

————, 2015, *The Swan Book*, Giramondo Publishing.

第13章

小野塚和人，2011，「観光地ケアンズの生成と日本企業――イメージ戦略をめぐる政治過程と地域社会変動」『オーストラリア研究』(24).

Australian Government, 2017, *Foreign Investment Review Board Annual Report. 2015-2016*, The Treasury.

Daly, Maurice, 1982, *Sydney Boom Sydney Bust*, Harper Collins.

Hajdu, Joe, 2005, *Samurai in the Surf: The Arrival of the Japanese on the Gold Coast in the 1980s*, Pandanus Books.

Homelessness Australia (HA), 2017, *Homelessness in New South Wales*, HA.

———— (HA), 2018, *Homelessness Statistics*, HA.

House of Representatives Standing Committee on Economics (HRSCE), 2014, *Report on Foreign Investment in Residential Real Estate*, HRSCE.

Hugo, Greame, 2008, "Australia's State Specific and Regional Migration Scheme," *Journal of International Migration and Integration* 9(1).

————, 2014, "Skilled Migration in Australia: Policy and Practice," *Asian and Pacific Migration Journal* 23(4).

Mares, Peter, 2018, *No Place Like Home: Repairing Australia's Housing Crisis*, Text Publishing.

McCrindle, 2015, *Future of Sydney Report*, McCrindle.

Morris, Alan, 2018, "The Financialisation of Housing and the Housing Affordability Crisis in Sydney," *Housing Finance International* Summer 2018.

National Australia Bank (NAB), 2016, *NAB Residential Property Survey: Q4 2015*, NAB.

Newsmonth, 2018, "Young Teachers Priced Out of Sydney Housing Market," *Newsmonth* 38(2).

Phillips, Janet and Harriet Spinks, 2012, *Skilled Migration*, Parliamentary Library.

Rogers, Dallas, Alexandra Wong and Jaqueline Nelson, 2017, "Public Perceptions of Foreign and Chinese Real Estate Investment," *Australian Geographer* 48(4).

Salt, Bernard, 2011, *The Big Tilt*, Hardie Grant Books.

Stone, W., M. Reynolds and T. Burke, 2017, "Home Ownership Remains Strong in Australia but it Masks Other Problems," *The Conversation* 27 June 2019.

Wokker, Chris and John Swieringa, 2016, *Foreign Investment and Residential Property Price Growth*, The Treasury.

Wulff, Maryann and A. Dharmalingam, 2008, "Retaining Skilled Migrants in Regional Australia," *International Migration and Integration* (9).

第14章

鎌田真弓，2013，「ダーウィンの真珠貝産業と日本人」『名古屋商科大学論集』57(2).

永田由利子，2016，「捕虜になったダイバーたち——日本とオーストラリアの狭間で」村井吉敬・内海愛子・飯笹佐代子編著『海境を越える人びと——真珠とナマコとアラフラ海』コモンズ.

村上雄一，2016，「戦前までのオーストラリアの日本人労働者」長友淳編『オーストラリアの日本人——過去そして現在』法律文化社.

Sissons, D. C. S., 2001, "Japanese," in James Jupp ed., *The Australian People: An Encyclopedia of the Nation, Its People and Their Origins*, Cambridge University Press.

Oliver, Pam, 2001, "Japanese under White Australia," in James Jupp ed., *The Australian People: An Encyclopedia of the Nation, Its People and Their Origins*, Cambridge University Press.

第15章

海外移住事業団調査課，1964，「大学生の移住意識に関する調査集計表」海外移住事業団.

外務省，2018，『海外在留邦人数調査統計　平成30年要約版』外務省領事局政策課.

クリフォード，ジェームズ（毛利嘉孝ほか訳），2002，『ルーツ——20世紀後期の旅と翻訳』月曜社.

国際協力事業団，1981，『オーストラリア移住者実態調査』国際協力事業団.

佐藤真知子，1993，『新・海外定住時代——オーストラリアの日本人』新潮社.

独立行政法人国際協力機構，2018，「JICA の移住者・日系人支援連携事業」．https://www.jica.go.jp/regions/america/support.html（2019年2月23日閲覧）

林かおり・田村恵子・高津文美子，2002，『戦争花嫁——国境を越えた女たちの半世紀』芙蓉書房出版.

舟木紳助・濱野健，2019，「オーストラリアの日系コミュニティとその社会的帰属意識——シ

ドニー日本語補習校等へのアンケート調査を事例として」『オーストラリア研究』32.

Australian Bureau of Statistics, 2014, *3105.0.65.001 — Australian Historical Population Statistics*, ABS.

Department of Immigration and Citizenship, 2012, *Settlement Reporting*. http://www.immi.gov.au/settlement/ (accessed 29 March 2012)

Li, Wei, 2009, *Ethnoburb: The New Ethnic Community in Urban America*, University of Hawai'i Press.

Mizukami, Tetsuo, 2006, *The Sojourner Community: Japanese Migration and Residency in Australia*, Brill.

第16章

塩原良和, 2018, 「移住者がサスティナブルになるということ──シドニーの日本永住者の経験から」宮崎里司・樋口くみ子編著『サスティナビリティ・サイエンスとオーストラリア研究──地域性を超えた持続可能な地球社会への展望』オセアニア出版社.

山内由理子, 2012, 「オーストラリア北部の日本人移民とその子孫──歴史と現在を生きる」早稲田大学オーストラリア研究所編『世界の中のオーストラリア──社会と文化のグローバリゼーション』オセアニア出版社.

終 章

岡野八代, 2012, 『フェミニズムの政治学──ケアの倫理をグローバル社会へ』みすず書房.

オルセン, フランセス（中村文子訳）, 2010, 「フェミニズムから見た『多文化共生』──それはいかにジェンダー平等と関連するか」辻村みよ子・大沢真理編『ジェンダー平等と多文化共生──複合差別を超えて』東北大学出版会.

キムリッカ, ウィル（稲田恭明・施光恒訳）, 2018, 『多文化主義のゆくえ──国際化をめぐる苦闘』法政大学出版局.

塩原良和, 2005, 『ネオ・リベラリズムの時代の多文化主義──オーストラリアン・マルチカルチュラリズムの変容』三元社.

────, 2010, 「オーストラリアの難民申請者政策──溶け合う『国境』と『国内』」近藤敦・塩原良和・鈴木江理子編著『非正規滞在者と在留特別許可──移住者たちの過去・現在・未来』日本評論社.

────, 2017, 『分断するコミュニティ──オーストラリアの移民・先住民族政策』法政大学出版局.

────, 2019, 「分断社会における排外主義と多文化共生──日本とオーストラリアを中心に」『クァドランテ』21.

セジウィック, イヴ・K.（上原早苗・亀澤美由紀訳）, 2001, 『男同士の絆──イギリス文学とホモソーシャルな欲望』名古屋大学出版会.

ハージ, ガッサン（保刈実・塩原良和訳）, 2003, 『ホワイト・ネイション──ネオ・ナショナリズム批判』平凡社.

バトラー, ジュディス（佐藤嘉幸・清水知子訳）, 2018, 『アセンブリ──行為遂行性・複数性・政治』青土社.

濱野健, 2014, 『日本人女性の国際結婚と海外移住──多文化社会オーストラリアの変容する

日系コミュニティ』明石書店.

藤田智子, 2016, 「新自由主義時代の社会政策と社会統合――オーストラリアにおける福祉給付の所得管理をめぐって」『オーストラリア研究』29.

ブシャール, ジェラール（荒木隆人ほか訳), 2017, 『間文化主義――多文化共生の新しい可能性』彩流社.

Australian Government, 2017, *Multicultural Australia: United, Strog, Successful-Australia's Multicultural Statement.*

Hage, Ghassan, 2015, *Alter-Politics: Critical Anthropology and the Radical Imagination*, Melbourne University Press.

─── ed., 2002, *Arab-Australians Today: Citizenship and Belonging*, Melbourne University Press.

Iner, Derya ed., 2017, *Islamophobia in Australia 2014-2016*, Islamophobia Register Australia.

International Centre for Muslim and non-Muslim Understanding (ICMNMU), 2015, *Islamophobia, Social Distance and Fear of Terrorism in Australia: A Preliminary Report.*

Joppke, Christian, 2017, *Is Multiculturalism Dead?: Crisis and Persistence in the Constitutional State*, Polity Press.

Lentini, Pete, 2016, "Demonizing ISIL and Defending Muslims: Australian Muslim Citizenship and Tony Abbott's 'Death Cult' Rhetoric," in Virginie Andre and Douglas Pratt eds., *Religious Citizenships and Islamophobia*, Routledge.

Poynting, Scott et al., 2004, *Bin Laden in the Suburbs: Criminalising the Arab Other*, Sydney Institute of Criminology.

Tudge, Alan, 2018, "Maintaining Social Cohesion in a Time of Large, Diverse Immigration," Speech at the Australia-UK Leadership Forum, London, July 19, 2018.

執筆者紹介

（執筆順，＊は編著者）

＊関根　政美　慶應義塾大学名誉教授　　　　　　　　　　　　　　　　　はじめに・第7章・第8章

＊藤田　智子　九州大学大学院比較社会文化研究院講師　　　　　　　　　序章・終章

＊栗田梨津子　神奈川大学外国語学部助教　　　　　　　　　　　　　　　序章・第6章

山内由理子　東京外国語大学総合国際学研究院准教授　　　　　　　　　第1章

鎌田　真弓　名古屋商科大学国際学部教授　　　　　　　　　　　　　　第2章

飯嶋　秀治　九州大学大学院人間環境学研究院准教授　　　　　　　　　第3章

友永　雄吾　龍谷大学国際学部准教授　　　　　　　　　　　　　　　　第4章

窪田　幸子　神戸大学大学院国際文化学研究科教授　　　　　　　　　　第5章

＊塩原　良和　慶應義塾大学法学部教授　　　　　　　　　　　　　　　　第9章・終章

杉田　弘也　神奈川大学経営学部特任教授　　　　　　　　　　　　　　第10章

飯笹佐代子　青山学院大学総合文化政策学部教授　　　　　　　　　　　第11章

一谷　智子　西南学院大学文学部教授　　　　　　　　　　　　　　　　第12章

小野塚和人　神田外語大学外国語学部専任講師　　　　　　　　　　　　第13章

村上　雄一　福島大学行政政策学類教授　　　　　　　　　　　　　　　第14章

濱野　健　　北九州市立大学文学部准教授　　　　　　　　　　　　　　第15章

佐和田敬司　早稲田大学法学学術院教授　　　　　　　　　　　　　　　第16章

Horitsu Bunka Sha

オーストラリア多文化社会論
—— 移民・難民・先住民族との共生をめざして

2020年2月15日　初版第1刷発行

編著者	関根政美・塩原良和 栗田梨津子・藤田智子
発行者	田靡純子
発行所	株式会社 法律文化社

〒603-8053
京都市北区上賀茂岩ヶ垣内町71
電話 075(791)7131　FAX 075(721)8400
https://www.hou-bun.com/

印刷：中村印刷㈱／製本：㈲坂井製本所
装幀：谷本天志

ISBN 978-4-589-04053-4

©2020 M. Sekine, Y. Shiobara, R. Kurita,
T. Fujita Printed in Japan

長友 淳編

オーストラリアの日本人
―過去そして現在―

A5判・252頁・4800円

質的調査を通じて移民政策の歴史的転換過程を克明に分析。第1部は戦前・戦中・戦後の白豪主義下の歴史と記憶を取り上げ，第2部では多文化主義が導入された1970年代以降の社会のなかでの日本人コミュニティを位置づける。

南川文里著

アメリカ多文化社会論
―「多からなる一」の系譜と現在―

A5判・228頁・2800円

多文化社会アメリカをより深く理解するための概説書。文化的多様性と市民的編入の実現のなかで生み出される葛藤に注目し，「多からなる一」という理念の具現化への展開を包括的に考察する。「多文化共生」社会の構想への示唆に富む。

大賀 哲・蓮見二郎・山中亜紀編
〔共生社会の再構築Ⅰ〕

シティズンシップをめぐる包摂と分断

A5判・238頁・4200円

共生社会を"多様なアクターが共存可能な「開かれた社会」"と定義し，そのために必要な「社会基盤形成のためのメカニズム」を明らかにするシリーズ。第Ⅰ巻（制度分析編）では，排除と包摂，共生の契機を，シティズンシップの3つの位相（法・制度・政策）から検討。

上村英明著

新・先住民族の「近代史」
―植民地主義と新自由主義の起源を問う―

A5判・218頁・2500円

植民地主義により権利を奪われ，差別・抑圧・搾取されてきた先住民族の眼差しから「近代史」を批判的に考察する。歪められた近代社会の歴史と構造の本質をつかみとり，隠された私たちの歴史的責任を明らかにする。

岡部みどり編

人 の 国 際 移 動 と EU
―地域統合は「国境」をどのように変えるのか?―

A5判・202頁・2500円

欧州は難民・移民危機にどう立ち向かうのか。難民・移民への対応にかかわる出入国管理・労働力移動・安全保障など，EU並びに欧州各国による諸政策の法的・政治的・経済的問題を実証的かつ包括的に考察する。

金 敬黙編著

越 境 す る 平 和 学
―アジアにおける共生と和解―

A5判・234頁・2600円

現場と学術的視点から，これからの平和学を考える。Ⅰ部は現場から平和学の新しい方法論を模索し，Ⅱ部は日本の内なる越境と共生の実態を捉える。Ⅲ部ではいかに平和の主体になりうるかを問い直す。ジャーナリスト安田菜津紀氏と編著者の対談を付す。

―――― 法律文化社 ――――

表示価格は本体（税別）価格です